ESCANDALOSA MISERICORDIA

Cuando el Señor excede todo límite

Al emplear las expresiones "La Virgen se aparece..." o "La Virgen dice...", el autor y el editor de este libro no pretenden de manera alguna adelantarse al juicio de la Iglesia en lo referente a la autenticidad de las apariciones de María en Medjugorje. Sólo expresan su opinión personal, o la de los testigos, de los hechos que ocurren en Medjugorje en la actualidad.

Ambos declaran que publican este libro con un fin informativo y se someterán al discernimiento de la Iglesia cuando ésta se pronuncie.

ISBN: 978-3-9524986-8-2

Título original: "Scandaleuse miséricorde: Quand Dieu dépasse les bornes".
Traducido del francés por Juan Antonio Timor
Corrección y adaptación para Latinoamérica: Annick Garrison y Gisele Riverti
Diseño de tapa y diagramación: Alessandro Agus
Foto de tapa: "Forgiveness", óleo sobre lienzo de Daniel F. Gerhartz

© 2017 Lumen Cordium GmbH
Marktgasse, 20 - 9000 Sankt Gallen - Svizzera
+39 335 5600967 – www.lumencordium.com

SOR EMMANUEL MAILLARD

Escandalosa Misericordia

Cuando el Señor excede todo límite

*L*umen
cordium

ÍNDICE

A nuestro tierno Padre de Misericordia,

A Chrissey, Ann-Marie y Laurence,
que agregaron un toque de belleza a este libro,

A los buenos y malos ladrones de hoy en día,

A todos aquellos que están sedientos de felicidad.

PREFACIO

El Jubileo de la Misericordia fue proclamado por el papa Francisco y clausurado al finalizar el año litúrgico 2016. Esta clausura no implica, obviamente, un punto final después del cual la meditación de la Iglesia debería focalizarse en otros temas. Al contrario, el también conocido como Año de la Misericordia abre una nueva etapa en la vida de la Iglesia en la que este misterio inagotable ha de ser entendido y acogido cada vez con mayor profundidad.

Mientras la Iglesia prosigue con su misión en todo el mundo, se la conmina cada vez más a vivir de la misericordia infinita de Dios y a dar testimonio de ella. Es su único tesoro, su única verdadera riqueza: la Iglesia sólo es realmente ella misma y lleva a cabo la misión que le ha sido asignada por el Salvador en la medida en que proclama y comunica a todos los corazones el amor misericordioso que es el corazón de la Revelación.

El libro de sor Emmanuel nos ofrece la oportunidad, a través de variados relatos, de verla en acción de forma extremadamente viva y personal. La misericordia no es una idea abstracta, sino una realidad que ha cambiado y transformado radicalmente la vida de muchas personas. Los diversos capítulos que componen esta obra ilustran cómo el amor benevolente y gratuito de Dios puede irrumpir en una existencia humana y operar verdaderas resurrecciones, justo allí donde a veces todo parecía perdido.

En un libro donde priman los testimonios y no los discursos, no tiene mucho sentido extenderme en el prefacio; sin embargo, me gustaría permitirme una pequeña reflexión sobre el tema del perdón.

La misericordia divina se manifiesta bajo formas muy diversas y es mucho más amplia que la única gracia del perdón.

No es menos cierto que el perdón es una de las expresiones más bellas e importantes de la misericordia. El perdón que recibimos de Dios, que nos libera y reconstruye de manera extraordinaria; y también el perdón que somos capaces de dar, que es una de las mayores victorias del amor. Muchos de los relatos recogidos por sor Emmanuel ilustran este tema: el perdón recibido de Dios o el perdón concedido al otro, un perdón que a veces parecía imposible, pero que finalmente ha sido concedido por una persona a alguien que fue un terrible enemigo.

Estamos en un mundo loco por la libertad. Sin embargo, de forma un tanto sorprendente, éste no es lo suficientemente consciente de la fuerza liberadora del perdón. Aspiramos a la libertad, ¡pero no siempre ponemos los medios! Uno de los beneficios del libro de sor Emmanuel, a través de los ejemplos de vida que nos propone, es que nos ayuda a darnos cuenta de que al perdonar y al aceptar el perdón, nos hacemos verdaderamente libres.

Sólo nos liberamos acogiendo, con confianza y humildad, el perdón que Dios está siempre dispuesto a darnos, con independencia de la gravedad de nuestras faltas. En el corazón de cada hombre hay una exigencia de verdad que nunca podremos eliminar por completo. El que ha pecado gravemente, el que ha cometido el mal, podrá intentar acallar su conciencia o buscar justificaciones de cualquier tipo, pero nunca se sentirá libre del mal que ha cometido sin recibir el perdón de Dios. El hombre no puede absolverse a sí mismo. Si quiere ser liberado, un día tendrá que reconocer de verdad aquello de lo que es culpable e invocar la misericordia de Dios. Sólo podemos perdonarnos a nosotros mismos y reconciliarnos plenamente recibiendo el perdón de Dios. Es entonces cuando puede darse ese milagro increíble de la misericordia que hace que aun el peor de los criminales se sienta limpio, renovado, pacificado y curado hasta lo más profundo del alma. De todo el mal que ha cometido sólo le queda una inmensa gratitud hacia Dios. *Bendice al Señor, alma mía, y no olvides ninguno de sus beneficios. ¡Él, que perdona todas tus culpas, que cura todas tus dolencias, rescata tu vida de la fosa, te corona de amor y de ternura!"*, proclama el salmo 102. "El recuerdo de mis faltas me humilla, me lleva a no apoyarme nunca en mi fuerza, que no es más que debilidad, pero ese recuerdo me habla aún mas de misericordia y de amor", dijo Santa Teresita de Lisieux.

Para ser verdaderamente libres también tenemos que perdonar. Mientras yo no perdone al que me ha hecho daño, estaré atado a mi pasado y voy a seguir dependiendo de ese enemigo a quien guardo rencor y que me provoca cólera y amargura. El rencor ocupará un sitio en mi corazón que me impedirá ser libre y vivir con plenitud. El perdón, a veces, es difícil; incluso puede parecer imposible; es una gracia que hay que implorar humildemente en la oración y que en ocasiones tarda mucho tiempo en conseguirse. Sin embargo, sigue siendo absolutamente necesario. Quien no perdona nunca se curará completamente del mal que ha sufrido y de las heridas que se le han infligido.

En la sociedad moderna cuidamos mucho a las personas que han sido víctimas; para acompañarlas, para permitirles que expresen su dolor, para arrojar luz sobre su sufrimiento, para que se conozca la verdad y obtengan la justicia a la que tienen derecho. Esto es algo bueno. No obstante, a menudo nos olvidamos de hacerles comprender a las víctimas que la curación completa de su pasado no se producirá si no toman un día la decisión de perdonar. Esta decisión no es natural, exige valor; pero es necesaria para encontrar la paz, la curación y la libertad.

La fuente primordial de todo perdón se encuentra en Dios, en el corazón infinitamente misericordioso del Padre. Los testimonios recogidos por sor Emmanuel suponen para nosotros una invitación a volvernos con confianza en la oración hacia esa fuente generosa e inagotable.

En esa fuente es donde todas las heridas del hombre obtendrán curación y consuelo. Quienes acuden a ella para apagar su sed un día encontrarán una felicidad y una alegría sin parangón con los sufrimientos que hayan podido experimentar o el mal que hayan padecido o cometido.

Ojalá podamos comenzar ya en esta vida a hacer lo que haremos durante toda la eternidad: cantar las misericordias del Señor, como dice Santa Teresita de Lisieux.

Padre Jacques Philippe, cb

INTRODUCCIÓN

¡Quien escribe ha sido rescatada por la misericordia! Ciertamente, si comparo mi itinerario con el de algunos personajes de este libro como Rafael, Nivaldo, Natalia, o incluso Bruno, que quería asesinar a Pío XII, mi propio descenso a los infiernos parece más suave. Sin embargo, en aquella época lejana de mi juventud, Jesús me salvó la vida in extremis y pude experimentar – y todavía experimento – la inmensa alegría de sumergirme en los brazos de mi Creador y Salvador, luego de haber analizado cuidadosamente los medios para... dejar este mundo.

Pero no es necesario haber estado al filo de la muerte para encontrarse con la misericordia, para descubrir las entrañas maternas de Dios ¡que se derrite de amor ante el abismo de nuestra pobreza humana! Cada uno de nosotros lleva dentro de sí esa sed intrínseca, visceral, ineludible, de la comunión en el amor; y este libro quisiera anunciarte una buena noticia: ¡es posible encontrarla y vivirla! No me he propuesto aquí disertar sobre la misericordia, más bien he tratado, como una buscadora de perlas, de reconocerla en la vida concreta de las personas de mi entorno, durante mis misiones y en los relatos conmovedores que me han contado, como en el caso de Maïti (ver capítulo 32).

Antes de que comiences a leer y a descubrir el amor que emana de estas historias, he de darte un consejo de amiga: no devores los capítulos demasiado rápido, como probablemente lo hayas hecho con *El Niño escondido*[1], porque corres el riesgo de no ob-

---

[1] El Niño Escondido de Medjugorje, Sor Emmanuel Maillard, Ediciones Paulinas

tener todo el beneficio posible. Esfuérzate en leer sólo un capítulo por día. Cada historia es atractiva por sí misma, por supuesto, pero también despierta el interés por conocer las demás (¡como en las películas!) y tendrás la tentación de pasar al capítulo siguiente. Pero en el corazón de cada relato hay un mensaje para tu vida, por muy banal que parezca; una palabra que intentará penetrar dentro de ti para fortalecerte, iluminarte, consolarte y ayudarte a elegir la vida con entusiasmo. ¡Déjale tiempo a esa palabra para que te colme!

Para muchos de nuestros contemporáneos, la vida es muy difícil; para algunos es hasta cruel. Por lo que, sin ocultar las sombras que pesan sobre nuestro futuro, he querido dar pistas para que puedas decir al cerrar el libro: "¡Oh, qué bueno es nuestro Dios; nunca me hubiera imaginado que fuera tan bueno!" Mi objetivo (secreto) consiste en ¡hacerte caer en sus brazos, en invitarte a permanecer en ellos colmado de felicidad! Todos los personajes que he elegido en este libro quieren gritar que, quienquiera seas, tienes al alcance de tu mano un corazón que te ama con locura. Son humildes ecos de la llamada apremiante del mayor sediento de amor. ¿Su nombre?

¡Rey de misericordia!

1
EL "FAN" DE MADRE TERESA

Madre Teresa de Calcuta (Foto de Archivo/autorizada)

Jim soñaba con conocer personalmente a la Madre Teresa. Esta mujer lo fascinaba y hacía mucho tiempo que buscaba la ocasión oportuna de ir a visitarla. Con sus treinta y dos años, Jim es robusto, rebosante de salud, de buena presencia y disfruta de ese buen sentido práctico que poseen los marines de la Armada de los Estados Unidos.

Por fin llegó el "Día D": Jim contaba con diez días de permiso y dejó su base en San Francisco para volar a Calcuta. El choque cultural lo impresionó cuando el taxi se abría camino por la maraña de callejuelas húmedas, tórridas y polvorientas de esa ciudad. Llegó a la puerta del convento de las Misioneras de la Caridad y llamó. Una hermana india, muy menudita, le abrió:

– Buenos días, hermana. Vengo de lejos y me gustaría ver a la Madre Teresa.

– Lo siento, señor. La Madre Teresa no está aquí; ha tenido que viajar a Roma.

Jim se sintió profundamente decepcionado: había recorrido todos esos kilómetros para encontrarse con alguien ausente. Tragó saliva, tratando de digerir su frustración y después de unos segundos dijo:

– Bueno, ya que estoy aquí ¿puedo quedarme?; ¿puedo ayudar de alguna manera?

– ¡Naturalmente!

Entre las tareas que se proponían a los voluntarios, el cuidado de los moribundos no le atraía y para la cocina era un cero a la izquierda; así que eligió la limpieza de la casa.

Le asignaron una pequeña celda que daba a la calle, cerca de la puerta de entrada, pero las horas de verdadero descanso fueron escasas porque el ruido era constante. Las bocinas de los *ricks-haws*[2] no paraban de sonar. Durante una semana Jim hizo todo lo posible para acostumbrarse. Lejos de los mármoles relucientes de su América natal, intentó olvidar su miedo intrínseco a contaminarse con los microbios. Al final de la semana, se enteró de que tenía un día libre: "¡Perfecto!", exclamó para sus adentros, al pensar que así podría ordenar sus pensamientos y prepararse para la partida. Sin embargo, le pidieron que atendiera la puerta de entrada, lo que echó por tierra su idea de pasear por la ciudad.

---

[2] Los *rickshaws* son motocicletas con dos asientos en la parte de atrás, protegidos por un ligero toldo. ¡Son un peligro!

Esa misma mañana sonó el timbre y cuando Jim abrió la puerta… ¿quién se encontraba allí? La Madre Teresa en persona. "¿Estoy alucinando o qué?", se dijo. La Madre Teresa, que tenía más o menos la mitad de su tamaño, levantó la cabeza y lo miró fijamente a los ojos. Irradiaba bondad. Con ese acento inimitable de Albania que le había escuchado alguna vez en los reportajes, para su asombro la religiosa le soltó sin rodeos:

– ¡Ven conmigo, tenemos trabajo!

Todo el mundo sabe que "el trabajo" de la Madre Teresa consistía en ir por los barrios miserables de la India en busca de los más pobres entre los pobres. ¡La Madre Teresa me lo ha dicho, tengo que obedecer…! pensó Jim, y se puso en marcha. Como ella permanecía silenciosa, él no se atrevió a abrir la boca embargado por la emoción. Además, tampoco comprendía muy bien ni adónde iba ni lo qué le aguardaba en esa expedición cuando menos inesperada.

La Madre Teresa caminaba a buen paso. En el horizonte se vislumbraba un puente. Poco a poco el aire se fue cargando de un hedor pestilente. Como era de esperar, la Madre Teresa se dirigió hacia el puente, como atraída por un imán: se notaba que conocía el terreno. Cuanto más se acercaban, más insoportable se volvía el olor. ¡No era de extrañar! Una vez debajo del puente, Jim vio una forma tendida en el suelo: un hombre medio desnudo, de mediana edad, que yacía en medio de un charco formado por sus heces, su orina, sus vómitos… por no hablar de la suciedad acumulada en sus miserables andrajos durante meses, o talvez años. El americano sintió nauseas. La Madre Teresa, acostumbrada a ese tipo de situaciones, miró al pobre infeliz con ternura y le susurró a Jim:

– ¡Tómalo!

Jim vaciló. "¿Tomarlo? ¿Qué pretende que haga? ¿Tomarlo en mis brazos?", se preguntó. Pero la Madre Teresa había hablado y había que obedecer… Se inclinó sobre el hombre y lo levantó ligeramente, sin embargo el olor era tan fuerte que apartó la cara con asco. Tuvo ganas de vomitar. Se dio cuenta de que el hombre tenía muchas úlceras y que sus heridas infectadas atraían a las moscas. Jim se dijo para sus adentros: "Hagas lo que hagas, ni se te ocurra tocarlo", de manera que se estiró las mangas de la camisa para cubrir sus manos y evitar el contacto directo con el hombre. Luego se irguió y lo transportó, caminando junto a la Madre Teresa hasta la casa de las hermanas. Una vez allí, lo colocó sobre una estera en el suelo en una habitación grande donde las Misioneras de la Caridad cuidaban de los moribundos. Entonces, Madre Teresa le dijo:

– Dale un baño.

Jim la miró aturdido y después se volvió hacia el moribundo. De nuevo le asaltó el mismo pensamiento: "Ni se te ocurra tocar a ese hombre". No obstante, como no quería decepcionar a la Madre Teresa, puso manos a la obra. Tomó al hombre y lo colocó en una bañera para asearlo.

Quizá por la oración de Madre Teresa, Jim recapacitó: "Este hombre morirá pronto; sería terrible que, al dejar este mundo, su último recuerdo fuera el de un joven que le vuelve la cara por el asco que le provoca. ¡Y, además, si lo trato bien, una vez en el Cielo rogará por mí!". Jim comenzó a lavarlo lo mejor que pudo, con todo cariño. Usando una esponja frotó muy delicadamente sus heridas infectadas, pero el hombre se deslizó varias veces hacia el fondo de la bañera. La emoción crecía en el corazón de Jim. "¿Cómo puedo ser tan egoísta? Este hombre necesita saber que no está solo". Entonces pasó un brazo por debajo de las axilas del moribundo para sostenerlo y poder derramar agua limpia sobre sus heridas. Acto seguido lo acunó en sus brazos.

En ese momento, el hombre se transformó: era el mismo Jesús quien yacía en los brazos de ese marine grandote y lo miraba con una dulzura infinita. Jesús se dejó limpiar con gratitud. Jim tembló de emoción. ¡Estaba sosteniendo al Señor en sus brazos! No era una visión, ¡era el mismo Jesús en persona! Tenía agujeros en las manos y en los pies. Su costado estaba atravesado. Su cara tumefacta mostraba las huellas de los golpes. Jim, fascinado, no podía creer lo que veían sus ojos. Levantó la vista hacia la Madre Teresa como para que corroborara la escena. Pero antes de que pudiera articular palabra, ella le dijo con una amable sonrisa:

– Lo has visto, ¿verdad?

Ella lo sabía. Cuando Jim bajó de nuevo la vista, el hombre volvió a ser otra vez el pobre indio moribundo. Las hermanas de la congregación acudieron con premura a su lado y la Madre Teresa abandonó el lugar.

Misión cumplida. Jim se dispuso a regresar a su pequeña celda. Un verdadero terremoto había sacudido sus pensamientos y sentimientos. Necesitó de algunas horas para recuperarse de la impresión causada. "¿Qué me ha sucedido?", se preguntaba. Quería tener la certeza de lo ocurrido, no en vano era militar; tenía que entender, necesitaba saber. La Madre Teresa seguramente le explicaría… Detuvo a una hermana que pasaba a su lado y le dijo:

– Hermana, quiero ver a la Madre Teresa antes de irme. ¿Puede decirle que Jim quiere hablar con ella?

– Lo siento, pero la Madre Teresa no está aquí; todavía estará unos días más en Roma.

– Imposible, yo he estado con ella esta mañana en la ciudad e incluso juntos hemos traído a un moribundo. Estoy seguro de que está aquí.

La hermana calló por unos segundos y, esbozando una humilde sonrisa le contestó:

– Ah, sí… comprendo… ¡esto lo hace algunas veces…!

Entre los marines de San Francisco hay uno que, desde aquel momento, vio hacerse realidad su sueño más allá de lo que podía imaginar y cuya vida ya nunca será igual: debajo de un puente de Calcuta, en medio de la indigencia humana y la soledad más negras, había tocado a Dios.

2
¡MI REGALO ERES TÚ!

Rafael y su familia (Foto/Alleanza di Misericordia)

Fue en Roma, en la primavera de 2015, donde finalmente tuve el placer de conocer al hombre del cual me hablaban como si de un héroe se tratara y pude conversar con él. Se llama Rafael Ferreira de Brito, un joven brasilero con cara de ángel, no muy alto, de pelo rizado, vivaracho, con una mirada que irradia la alegría de vivir y que hace gala de un excelente humor. ¡Y, sin embargo!

Ruth, la madre de Rafael, fue violada a la edad de dieciséis años por Jaci, un joven de unos veinticinco años, en Barretos, cerca de San Pablo, en Brasil. Así fue como el niño fue concebido con violencia.

Jaci desapareció del mapa al poco tiempo de cometer el delito. Unos meses más tarde, cuando el embarazo ya era evidente, un tío de Ruth, bajo los efectos del alcohol, tomó un palo de escoba y empezó a golpearla mientras le decía:

– ¡Si no abortas tú, yo mismo me encargaré de que lo hagas!

Ruth, gravemente herida, fue llevada al hospital regional, donde la higiene brillaba por su ausencia; casi ninguno de los bebés prematuros sobrevivía. Al ver su estado los médicos declararon:

– ¡Es ella o el niño!

No iban a poder salvarlos a los dos. Pero Ruth, que consideraba su vida un desastre, eligió que el niño viviera.

Éste nació con cinco meses y veintinueve días. Los médicos no le daban más que unas pocas horas de vida: algunos de sus órganos vitales, como los pulmones, no estaban todavía maduros. Sor Brígida, que trabajaba en la maternidad y murió unos años después en olor de santidad, preguntó a la madre moribunda si podía bautizar al niño.

– Me da igual lo que haga; lo importante es que viva – respondió ella.

Iba a llamarse Marco Aurelio, pero la religiosa insistió para que recibiera el nombre de Rafael y gozara de una fuerte protección angélica. Con una jeringa vertió unas gotas de agua dentro de la incubadora en la que el pequeño se hallaba y lo bautizó. Durante seis meses, la monja se hizo cargo del recién nacido. Ocho meses más tarde Rafael fue dado de alta y confiado a su abuela, quien cuidó de él durante cuatro años. Ruth por su parte, y para sorpresa de todos, sobrevivió a la operación y pudo volver a trabajar en los campos de algodón.

Luego Rafael fue acogido en casa de su tía, donde fue educado por testigos de Jehová que le inculcaron una franca aversión hacia los católicos y la Virgen María. A los ocho años vendía helados en la calle para ganarse la vida. Estos fueron los "maravillosos" primeros pasos de Rafael en este mundo.

A pesar de todo, era bastante feliz hasta que un día estalló el drama que conmocionó su vida en un instante. Era el día del padre y Rafael tenía entonces nueve años. En la escuela veía que sus amigos preparaban dibujos para sus padres y se sentía desesperado por no tener a un padre a quien regalar el dibujo que había hecho para la ocasión. "¡Qué maravilloso debe ser tener un papá!", exclamó para sus adentros. Aquella noche, a la hora de la oración (de los testigos de Jehová), abrió el libro del profeta Jeremías y leyó:

"Antes de que te formaras en el vientre de tu madre te conocí; incluso, antes de que nacieras, te consagré. Te establecí como profeta de las naciones" (Jer 1, 5).

Al leer ese pasaje, Rafael concluyó "¡Así que Dios es mi padre! Me conoce desde el momento de mi concepción". Por la noche le pidió al Señor que viniera a recoger el regalo que le había preparado para el Día del Padre. En su corazón de niño tenía la certeza de que Él vendría a recogerlo en persona. Pero no pasó nada. Dios no acudió y, por la mañana, el regalo todavía seguía allí.

En aquel preciso instante, profundamente decepcionado y herido, Rafael decidió que ya no rezaría más, al creer que Dios, al igual que su propio padre, lo había abandonado. Poco tiempo después, empezó a salir con malas compañías, a tomar drogas y a vivir todo tipo de experiencias destructivas. Durante tres años, se metió hasta el cuello en el mundo de las drogas, el alcohol y el sexo. El éxtasis lo volvía loco en las fiestas.

Sin embargo, el 11 de agosto de 1998 a las cinco de la tarde, su vida hizo un giro radical en el medio de una fiesta con mucho alcohol y drogas que duraba ya tres días. Aquel fue el momento que eligió Dios para inundar la vida de Rafael con su misericordia y lo hizo en un tiempo récord. A pesar de su corta edad – solo quince años – Rafael ya estaba completamente acabado. De repente, uno de sus amigos le pidió que se fueran de allí. "¡Qué raro!", pensó. Todavía le pareció más extraña su insistencia:

– Ven conmigo a misa: voy a hacer mi primera comunión.

Rafael abrió bien grande los ojos porque, debido a su educación como testigo de Jehová, nunca había entrado en una iglesia. Pero al final aceptó. Completamente borracho y drogado, permaneció en el fondo del templo, desde donde contempló cómo en el púlpito un joven pidió a la asamblea que orara por los padres presentes y ausentes, ya que era el Día del Padre.

En estado de shock, Rafael se puso a temblar. ¡El Día del Padre...! ¿Orar por los padres? ¡No, por favor, eso no! ¿Acaso su padre no lo había abandonado sin dejar ninguna dirección? Además, ¿estaría vivo todavía? Para Rafael, aquel día era, sin duda alguna, el más siniestro del año.

Mientras Rafael estaba imbuido en estos pensamientos, el joven continuaba hablando desde el púlpito, pero en un momento dado, señaló con el dedo hacia la asamblea – Rafael tuvo la sensación de que se dirigía directamente a él – y comenzó a leer el pasaje del profeta Jeremías: *"Antes de que te formaras en el vientre de tu madre te conocí"*.

Rafael cayó de rodillas y se echó a llorar: era la segunda vez que oía las palabras de Jeremías, que resonaron profundamente en él. Después de tantos años, aquellas palabras tuvieron el efecto de un búmeran. Rafael vio pasar su vida ante sus ojos como en una película... y especialmente el momento en que Dios no había recogido su regalo. Fue entonces cuando, aún de rodillas, escuchó una voz que hablaba en su corazón y le decía: "Rafael, ¡eres mi hijo! Aquel día no fui a buscar tu regalo porque ¡mi regalo eres tú! ¡Tú eres mi mayor deseo! ¡Levántate, cambia de vida y sígueme!"

Luego se hizo el silencio y Rafael se percató de que la misa había terminado. Le parecía que aquello había durado sólo unos segundos. Se levantó y, para su sorpresa, no sentía ningún efecto de la droga. Buscó de inmediato a un sacerdote para contarle lo que le acababa de ocurrir y éste le dijo:

– Alégrate, hijo mío, porque hoy has sido visitado por Dios.

Desde aquel día, Rafael no tomó más drogas ni abusó del alcohol. Comenzó a asistir a catequesis para prepararse para la confirmación, a pesar de la estricta oposición de su padrino, afiliado a una secta que practicaba la magia negra. Pero Rafael se mantuvo firme.

Poco después, la segunda parte de la profecía resonó en él de una manera especial: ¡El tiempo de la misión ha llegado!

Lo más destacado de esta situación se produjo el 31 de diciembre de 1999, víspera de la entrada en el tercer milenio. Como Rafael insistía en ir a la iglesia, su padrino le pegó violentamente. Ensangrentado, alterado y encolerizado, le pidió ayuda al Señor.

Para su sorpresa, nuevamente la primera lectura del día era la del profeta Jeremías:

"*Antes de que te formaras en el vientre de tu madre te conocí; incluso, antes de que nacieras, te consagré. Te establecí como profeta de las naciones*" (Jer 1, 5).

El evangelio de aquel día contenía una exhortación: "*Amen a sus enemigos y oren por quienes los persiguen*". Rafael comprendió entonces el mensaje y, de regreso a su casa, rodeó a su tío y padrino con sus brazos y comenzó a orar por él imponiéndole las manos. Justo en aquel momento, el hombre se desplomó. Acababa de vivir una conversión instantánea. Durante toda la noche Rafael le habló de Dios… El tío quería ir a confesarse lo antes posible, pero no llegó a hacerlo porque se volvió a caer. Postrado en el suelo, le murmuró a Rafael palabras de agradecimiento y finalmente murió, fulminado por un ataque cardíaco.

A través de todos estos acontecimientos, Rafael comprendió que Dios lo llamaba a algo más grande. Tenía dieciocho años. Formaba parte de la comunidad Aliança de Misericórdia[3], "Aquí – se dijo – puedo vivir mi vocación de misionero laico y anunciar el gran amor de Dios, que por gracia he experimentado".

---

[3] *Aliança de Misericórdia* es una comunidad brasileña que acoge a gente de la calle. www.misericordia.com.br Tel +55 11 3120 9191

"¿Estaré soñando?"

Rafael pasó un año en esa comunidad sin ver a su madre, hasta el momento en que los misioneros volvían a casa de sus padres para visitarlos. Fue a Barretos para ver a su madre. Aprovechó su estadía allí para llevar a cabo tareas pastorales en la calle; entre otras, la de visitar a las personas sin techo. Les proveía de alojamiento y les ofrecía comida. Cierto día su madre había salido para visitar a una tía enferma. Durante su ausencia, Rafael fue a la plaza central, donde se encontró con cinco mendigos a quienes invitó a ir con él. Sorprendentemente, sólo uno de ellos aceptó la invitación. ¡Su aspecto era aún más lamentable que el de los otros cuatro!

Después de bañarlo cuidadosamente, afeitarlo y vestirlo con ropas limpias, Rafael lo sentó a la mesa para ofrecerle una buena comida. Las muestras de afecto se multiplicaron, hasta tal punto que el hombre encontró el valor de abrirle su corazón. ¡Un corazón literalmente destrozado!

Durante la conversación muy alegre en la que reinaba la confianza, Rafael casi se cayó de espaldas. Le hizo repetir al hombre lo que acababa de decir, palabra por palabra.

– Espera... ¿estoy soñando? ¿Ella se llamaba Ruth? ¿Y fue en Barretos, en esas fechas?

– Sí – afirma el hombre –, eso es.

Rafael se quedó mudo de estupor y luego se puso a llorar. ¡La mujer que aquel hombre había violado era su madre! ¡Y el pobre mendigo que tenía frente a él era su padre! Su corazón dio un vuelco; no sabía si debía reír o llorar... En estado de shock se puso a besarlo, sin parar de dar gracias a Dios por el regalo inimaginable que acababa de hacerle... El Señor había cumplido el deseo de un niño de nueve años con el corazón roto: el de conocer a su padre, después de haberle hecho descubrir a un Padre aún más enamorado de él.

¡Ni que decir que, aquel día, el padre de Rafael recibió una catequesis extraordinaria de parte del hijo reencontrado! Llegó justo a tiempo, porque la salud arruinada de aquel hombre no le iba a dar mucho margen antes de dejar este mundo.

En la actualidad Rafael continúa su misión con su esposa Lilian y su hijo Daniel en Cerdeña (Italia), siempre con un único objetivo: permitir que muchos conozcan y experimenten, como él, la infinita misericordia de Dios. Durante una misión en Polonia el 15 de mayo de 2013, con motivo de un gran retiro para sacerdotes de la diócesis de Koszalin, Rafael se enteró de la muerte de su padre, justo cuando daba su testimonio. Había muerto dos días antes, el 13 de mayo de 2013 (¡Fátima!). La misa estaba a punto de comenzar, pero tuvo tiempo de avisar del fallecimiento a los sacerdotes, por lo que, durante la Eucaristía, todos los celebrantes oraron por él nominalmente. ¿Los sacerdotes? Digamos más bien la enorme multitud de sacerdotes presentes alrededor del altar aquel día… ¡unos ochocientos, con tres obispos! Y todos se comprometieron a ofrecer la misa del día siguiente por aquel hombre. ¿Qué otro fallecido ha tenido esa suerte?

¿Acaso las maravillas de la misericordia de Dios se acabarán? ¡Eso sería desconocer a nuestro Creador!

Sí, el Padre había ido a buscar el regalo de su pequeño y se lo había devuelto con creces. ¡Más del céntuplo!

3

LA COLOMBIANA PERDIDA EN LA COLINA

Colina de las apariciones en Medjugorje (Foto EDM/Gabriel Michel)

Estamos en junio de 2001, durante el vigésimo aniversario de las apariciones de la Virgen María en Medjugorje. Recién llegada de Colombia, Juanita se había quedado sola en el Monte Podbrdo que domina la pequeña aldea de Bijakovici. Había subido con su grupo de peregrinos y había estado rezando con ellos ante la gran cruz de madera que preside el segundo misterio gozoso. Su marido acababa de morir y ella estaba desolada. Abismada en sus recuerdos perdió la noción del tiempo y, cuando abrió los ojos, el grupo se había ido; estaba completamente sola, perdida, en aquella colina desconocida. El momento de pánico no duró mucho porque, casi enseguida, se acercó a la cruz un padre franciscano. Juanita le preguntó:

– Padre, ¿puede indicarme el camino para bajar de la colina?

– No baje inmediatamente, señora – le dijo – ¡Rece!

– ¡Pero si ya he rezado!

– ¡Rece más! Quédese un ratito más.

Al ver la dulzura de aquel sacerdote y su mirada luminosa, aprovechó la oportunidad para hacerle preguntas, de vital importancia para ella.

– ¿Qué ha dicho la Santísima Virgen sobre la muerte, el Cielo, el Purgatorio, la oración y el sufrimiento?

El franciscano, animado, le ofreció una catequesis maravillosa, transmitiéndole punto por punto las enseñanzas medulares de la Virgen. Al ver que el sacerdote era un hombre de Dios, le abrió el corazón… En pocas frases se desahogó y le contó la situación tan dolorosa en la que se encontraba. Casada desde hacía veinte años con un hombre que anteriormente había contraído matrimonio eclesiástico, empezó por alejarse de los sacramentos y terminó abandonando la Iglesia. Sabía que estaba metida en el pecado hasta las cejas, una triste certeza a la que se añadía la infinita tristeza de haber perdido a quien consideraba el hombre de su vida.

El franciscano hablaba español con fluidez. ¡Qué suerte! Le dio muy buenos consejos y la invitó a poner en adelante al Señor Jesús en el primer lugar en su vida, lo que le devolvería – aseguró – la paz a su corazón. Tras dos horas de conversación inesperada, Juanita debía volver a encontrarse con su grupo. Le pidió al sacerdote que la confesara después de veinte años de alejamiento.

– Mejor vaya a los confesionarios de alrededor de la iglesia – le aconsejó él –. En el segundo confesionario, después de la estatua de San Leopoldo Mandic, hay un sacerdote que habla español y él la confesará. Después vaya a misa y comulgue. ¡Jesús estará muy contento de su regreso a Él!

El corazón de Juanita ya había cambiado. Bajó la montaña con entusiasmo, saltando de piedra en piedra con la ligereza de un corazón liberado, con todo su ser inflamado con una alegría desconocida hasta entonces, y se dirigió a la iglesia.

Encontró al sacerdote que el franciscano le había indicado, hizo una profunda confesión con el corazón, recibió la absolución y entró en la iglesia para vivir la misa más bella de su vida. De vuelta en el hotel, se reencontró con los peregrinos de su grupo y cenó con ellos. ¿Cómo ocultarles la experiencia maravillosa que acababa de vivir en el Monte de las Apariciones? Juanita comenzó entonces un relato detallado de su conversación con el franciscano. Su voz vibraba por la emoción. ¡Su vida había dado un nuevo giro!

– Si alguien quiere entender los mensajes y recibir consejos para su vida, les recomiendo a ese franciscano – les comentó –. Es muy bueno y, además, habla nuestro idioma a la perfección, ¡y eso aquí es raro!

– ¿Cómo se llama? – preguntó Pablo, el responsable del grupo.

– ¡Olvidé preguntárselo! ¡Qué lástima! Pero como es francis-cano, seguramente lo encontraremos mañana por los alrededores de la iglesia.

Los peregrinos estaban muy felices porque Juanita les había abierto los ojos sobre la belleza de algunos mensajes que aún no habían captado. Llegó el momento de la última oración antes de irse a dormir. El grupo formó un círculo y rezó el último rosario. A continuación, Pablo repartió a cada uno una estampita que tenía una hermosa oración de adoración que rezaron juntos para concluir la velada. Al finalizar, Juanita dio vuelta la estampa.

– ¡Pero si es él! – exclamó muy asombrada. ¡Es quien ha estado conmigo en la montaña! ¡Es él, lo reconozco!

En aquel momento Pablo, en estado de shock, se precipitó a la cocina porque no podía contener las lágrimas. Todo el mundo se preguntaba qué podía haberle pasado. Juanita había notado la ex-presión de su cara y preguntó:

– ¿Qué hice? ¿Quién es ese sacerdote? ¿Cuál es el problema?

Juanita se volvió hacia su hermana con una mirada inquisitiva.

Con la voz quebrada por la emoción, le contestó:

– Juanita, ¡es el padre Slavko Barbaric que murió hace seis meses!

Ella tampoco pudo seguir hablando porque también se le había hecho un nudo en la garganta y los ojos se le habían llenado de lágrimas, conmovida ante semejante milagro.

Todo el mundo lo había escuchado y se hizo un profundo silencio en el grupo de peregrinos. Todavía hoy, muchos años después, se acuerdan de aquel favor tan insigne que el Cielo les había hecho: un santo se le había aparecido a Juanita, la oveja perdida que habían llevado con ellos a Medjugorje por pura misericordia, para intentar de aliviar su dolor.

4
LAS ENTRAÑAS MATERNAS DEL PADRE

La misericordia, esa maravillosa realidad divina, constituye el atributo mayor de Dios[4]. Vayamos más allá de la etimología latina de la palabra "misericordia" y concentrémonos en su etimología hebrea, constitutiva de la Biblia, porque nos introduce a una comprensión más profunda de ella.

En hebreo, en efecto, "misericordia" se dice *rahamim,* palabra derivada de la palabra *rehem*, que significa "seno materno, útero". Es la parte más íntima y más noble de la mujer. Un nido protegido donde la vida toma cuerpo y crece el embrión. A ese maravilloso pequeño tabernáculo desciende el Creador para realizar un nuevo milagro: la chispa de la vida. ¡Extraordinaria belleza del lenguaje bíblico que expresa los conceptos más místicos mediante las realidades más concretas de la Tierra! Para hacer entender la intensidad de su misericordia, Dios escogió esa palabra que hace referencia al útero. Tengamos en cuenta que el término está en plural (*rahamim* y no *rehem*) para describir mejor la profundidad de sus propias entrañas. No es que Dios tenga varios úteros maternos, sino que se trata más bien de un plural de intensidad, dado que lo que ocurre en las entrañas de Dios es aún mayor de lo que sucede en las de una mujer que se convierte en madre.

---

[4] Ver *Los diálogos* de Santa Catalina de Siena y el *Diario* de Santa Faustina Kowalska.

En el evangelio de San Lucas, en el capítulo 15, Jesús nos proporciona una maravillosa imagen del Padre celestial en la parábola del hijo pródigo. Es la historia de un hijo que, de repente, reclama su parte de la herencia, reivindica su independencia y abandona la casa paterna.

En un momento de inconsciencia y ceguera, ese joven se imagina que en esa independencia encontrará la verdadera felicidad: por desgracia, sólo es un espejismo, una trampa sutil tendida por el Maligno. El corazón de ese padre sumido en el dolor, sangra al ver a su hijo víctima de un terrible engaño. ¿Cómo se le ocurre querer vivir la vida a su antojo, lejos de la mirada de su padre, para sentirse autónomo y libre? ¡Lo que sucede es todo lo contrario! El hijo cae en la esclavitud de su pecado, alcanzado por la concupiscencia de la naturaleza humana, de alguna manera retorcida y ciega. Jesús a continuación nos instruye en su descenso al abismo de la miseria, puesto que llega incluso a desear comer la comida de los cerdos para no morir de hambre. ¡Comida no muy *kosher* para un judío!

¿Por qué el hijo cae en la miseria? ¡Porque quiso comportarse como un electrón suelto, un satélite sin órbita! No había comprendido que, viviendo con su padre en una profunda comunión con él, era la única manera de encontrar no sólo la felicidad, sino también su verdadera autonomía[5]. Aquí, por supuesto, la figura del padre encarna la del Padre celestial.

Esta parábola nos afecta profundamente porque cuánto más nos acercamos a la Santísima Trinidad, más nos adentramos en el abrazo de la comunión con Dios. Este abrazo es el deseo más profundo del hombre. Cuanto más nos alejamos, más nos salimos

---

[5] Para lograr la autonomía, meta alcanzada finalmente por el hijo pródigo, hay que pasar por cuatro etapas: 1) Se pasa de la dependencia (como los niños) a 2) la contra dependencia (rebelión, crisis de la adolescencia), y luego 3) la independencia (el hijo que vive lejos de su padre y la autoridad), para llegar a 4) la autonomía verdadera y sana que permite una interdependencia libremente escogida entre las personas.

de la órbita y más perdemos la paz. Justamente la distancia que ponemos entre Dios y nosotros es lo que nos hace perder la paz.

Dios asume un gran riesgo: ha decidido dejarnos plena libertad para que decidamos vivir con Él o sin Él, porque el verdadero amor tiene que ser libre. En la parábola, el hijo es quien decide dejar a su padre y no es el padre el que abandona a su hijo. En el corazón del padre queda un vacío: el de su hijo amado que lo ha dejado. Para él es un vacío insoportable. Día y noche, como un centinela, con una esperanza inquebrantable, el padre espera el regreso de su hijo para permitirle ocupar el lugar único que tiene en su corazón.

Démonos cuenta de que el padre podría haberse dejado roer por la amargura y optar por poner punto final a la relación con ese hijo desagradecido. "¿Se ha querido ir? ¡Que asuma las consecuencias!" ¡No, en absoluto! El padre espera ansiosamente cada día el regreso de su hijo, atisbando las curvas del camino. Esas entrañas maternas que se revuelven sólo con pensar que el hijo se aleja y pierde así la felicidad, la paz, la alegría y la comunión, ¿no son acaso una buena ilustración de la misericordia de Dios? La misericordia divina se parece al amor maternal más puro que pueda existir. ¡Todas las madres entienden esto instintivamente!

Cuando el hijo de la parábola se ve reducido a querer comer la comida de los cerdos para sobrevivir, ¿en qué piensa? "Los servidores están mejor atendidos en la casa de mi padre". Entonces decide volver a casa. ¿Movido por un fuerte impulso de amor por su padre? No, se ve atormentado por el hambre y sabe dónde encontrar pan. Tenemos que admitir que inicia el camino de regreso con un espíritu bastante interesado.

¿Cómo reacciona su padre cuando vislumbra a lo lejos que vuelve su hijo? A pesar de que está muy sucio, vestido con andrajos y huele mal, (¡los cerdos no huelen a rosas!) corre hacia él, lo acoge con los brazos abiertos, le da un largo y afectuoso abrazo y lo cubre de besos con una ternura infinita. Su corazón de padre desborda de alegría y ordena a sus criados que preparen rápidamente un banquete, para el cual manda matar al ternero engordado.

Asimismo, les pide que le traigan las mejores ropas para que lo vistan, le pongan un anillo al dedo y sandalias en los pies[6]. Jesús hace hincapié en este punto en otro pasaje del Evangelio:

"Hay más alegría en el Cielo por un solo pecador que se convierte que por noventa y nueve justos que no necesitan convertirse" (Lc 15, 7).

Pensemos en una gran amiga de Dios, santa Faustina Kowalska de Polonia, que había cometido un pecado (porque todos los santos han pecado, excepto la Virgen María). Sintió una gran vergüenza, una profunda confusión, y se humilló ante Dios, consciente de haberlo ofendido. Pero la respuesta de Jesús es tan magnífica y tan alentadora... "Hija mía – le dijo –, la humildad con la que te has arrepentido de tus pecados te ha aportado una gloria y una belleza superiores a las que habrías obtenido si no los hubieras cometido".

Es una prueba de que Dios es tan bueno que carga con nuestro pecado. En lugar de condenarnos y castigarnos transforma ese mal en positivo si volvemos a Él. Es verdad que el pecado siempre huele mal, incluso apesta, pero si experimentamos una verdadera contrición por amor a Jesús, entonces Él transforma el hedor en perfume. Se trata de una verdad sorprendente, confirmada por varios santos, especialmente por santa Catalina de Siena en sus *Diálogos* con el Padre celestial.

Entremos sin tardanza – tal como estemos – en el abrazo del Padre y ¡echemos nuestro pecado en su corazón ardiente de amor! El Padre nos espera.

---

[6] La vestidura blanca simboliza la pureza recobrada; el anillo llevaba un sello que permitía comprar, vender y sellar contratos; las sandalias simbolizan la libertad recobrada (los esclavos iban descalzos).

5
EL DESCONOCIDO DE SIERRA NEVADA

Gloria Polo (Foto PR/autorizada)

Sangraba por la nariz. En vano trataba de ocultar las manchas que ensuciaban su pañuelo. Además, rengueaba un poco. Pero, ¡qué mirada! Dulce y fuerte, luminosa y alegre. Así es como me la encontré por primera vez en Italia, antes de la gran reunión de Desio (Lombardía) en 2011, donde siete mil personas la estaban esperando. Su nombre: Gloria Polo. Su traductora me sopló al oído el motivo de su hemorragia nasal, pero si lo digo ahora, no me creerás. Me lo reservo para después.

Gloria no debería estar allí: tendría que haber muerto hace mucho tiempo. Su vida y la experiencia increíble de la que ahora da testimonio se las debe a un hombre que no conoció en vida y del cual no sabe ni siquiera el nombre. Ese desconocido de Bogotá es el verdadero corazón de esta historia; forma parte de ese grupo numeroso de santos que sólo descubriremos en el Cielo. Como todos los santos, es humilde. Su presencia está escondida dentro de esta historia. Pero primero, ¿quién es Gloria?

Oriunda de Neiva (Huila, Colombia), Gloria es cada vez más conocida en Europa; por eso no es mi propósito parafrasear el maravilloso testimonio de esta mujer[7]. Hay que verla y oírla para no perderse ni un ápice de lo que transmite. Gloria pertenece a ese tipo de testigos muy escasos que reviven visceralmente su experiencia mientras la entregan a los demás. Su fogosidad de sudamericana se suma a lo enternecedor de su experiencia.

A la edad de veinticinco años, Gloria podía presumir de ser una mujer de vanguardia. Joven, rica, hermosa, seductora, sexy, inteligente, capaz, bien casada… Se creía el ombligo del mundo y se lo hacía notar a quienes, según ella, no tenían su nivel. Los despreciaba abiertamente. Feminista convencida, defendía el aborto (ella misma había vivido uno a los dieciséis años) y la eutanasia. También aconsejaba a las mujeres que dejaran a sus maridos: "Si tu marido te engaña, ¡déjalo! ¡No te sometas nunca más a un hombre!" Así destruyó a muchas familias.

Además, animaba a los demás a no creer ya en Dios. Afirmaba con toda claridad que los que creían en Él eran unos pobres ignorantes. Para ella el pecado no existía, como tampoco el Diablo y el Infierno. Atacaba a la Iglesia, la despreciaba y desaconsejaba la confesión a todo el mundo, a la vez que se burlaba de los sacerdotes. De más está decir que estaba ciega ante sus propios defectos.

Mentía como un sacamuelas (era odontóloga, por cierto) y añadía con mucho gusto después de cada mentira: "Si miento, que el fuego del Cielo caiga sobre mí". En definitiva, todo aquello olía a chamusquina.

---

[7] Ver el sitio https://utabby.com/en_US/video/020/l-y9zdXFGoA
Buscar en Youtube – Gloria Polo

Pero no se provoca al Cielo impunemente. Un día que se dirigía con su sobrino a la Universidad Nacional de Colombia, Bogotá, donde cursaba un posgrado en odontología, de repente se desató una gran tormenta y mientras ambos corrían en busca de refugio hacia una puerta cochera, fueron alcanzados por un rayo. Era el 5 de mayo de 1995. Su sobrino murió en el acto, pero Gloria corrió otra suerte.

El diu[8] que llevaba había atraído el fuego del cielo y la dejó medio muerta. ¡Entonces comenzó para ella una aventura increíble en la cual el *desconocido de Bogotá* tendría un papel central!

Mientras la llevaban al hospital, entre la vida y la muerte, vivió la salida de su cuerpo como cuentan a veces aquellos que tienen una experiencia de muerte inminente, lo que también se conoce como "la vida después de la muerte". Pero para Gloria había un plus, ¡y era enorme! Expongo aquí sólo un breve resumen de su historia para llegar a mi objetivo.

Justo cuando cayó el rayo, fue transportada a una luz magnífica, una luz muy viva, como un sol blanco y radiante. Entonces, sin dejar de avanzar hacia esa luz, se dio cuenta de que estaba en los brazos de Jesús...

"Sepan que cuando morimos, Jesús nos toma en sus brazos como a los niños pequeños y, con gran amor, nos levanta y nos estrecha contra su corazón", afirma.

Jesús la abrazó con todo su amor y mientras estaba junto a su corazón, se percató de que ese corazón estaba abierto con una herida profunda. Entonces vio una puerta. Había dos árboles vivos a ambos lados de esa "puerta" y, al fondo, se veía un jardín con agua viva, con flores vivas y un amor vivo. Allí reinaba una gran paz y un amor inmenso. Gloria quería entrar en el jardín a

---

[8] El diu no es un medio anticonceptivo sino abortivo, porque impide la anidación en el útero del óvulo fecundado. ¡Esos niños existen en el otro mundo y están bien vivos!

toda costa, pero no podía porque sólo se admitía a las personas en gracia.

En la adolescencia se había separado del amor de Dios al caer en un pecado grave, mortal, del que nunca se había confesado porque era del todo impensable para ella confesarse con esos hombres (los sacerdotes) a quienes consideraba "peores que los demás". Sin duda, ese fue el argumento más sutil y engañoso del Diablo que la hundió en el orgullo impidiéndole, a partir de entonces, buscar la misericordia de Dios.

Jesús la amaba tanto que había respetado su libertad. Gloria se sintió aspirada a descender atravesando niveles sucesivos que conducían a un abismo.

Allí vio a una multitud de criaturas que se precipitaban hacia ella con una mirada llena de odio, odio que la aterrorizó: su fealdad era insoportable. Se puso a gritar: "¡Soy una buena católica, no tengo nada que hacer aquí!" Entonces oyó una voz muy dulce que le decía: "Si eres una buena católica, dinos cuáles son los diez mandamientos de Dios".

¿Dónde estaba la Gloria brillante que siempre se salía con la suya? Tuvo una actuación lamentable… Balbuceó que debemos amarnos unos a otros – era un vago recuerdo que le había oído a su madre en su infancia –, pero sus conocimientos se acabaron allí. Entonces, la voz le describió, en la más pura verdad y con una precisión asombrosa, cómo había pisoteado todos los mandamientos de la ley de Dios y cómo había exhortado a otros a hacer lo mismo. Ningún detalle escapaba a aquel inventario de luz. Sin embargo, Gloria no dio muestras de arrepentimiento. ¡Desde su punto de vista todo lo había hecho bien!

Esto se llama obstinación orgullosa. Ella se empecinaba en afirmar que no había cometido falta alguna: la cima de la ceguera.

Continuó bajando y bajando, inexorablemente. Pasó a través de los diferentes grados del Purgatorio, donde encontró a gente que había conocido, a su padre en particular… Sufría cada vez más y gritaba desesperada que ella no tenía nada que hacer en aquellos abismos aterradores. Hasta que llegó a tener bajo sus pies las puertas del Infierno. Como después de la muerte no hay más que la verdad desnuda, que se revela a la conciencia, supo que, si cruzaba ese umbral, permanecería allí durante toda la eternidad.

Entonces, como un flash, afloró un recuerdo en su mente. Había tenido un paciente que rezaba mucho y que le había dicho en privado: "Doctora, usted es muy materialista y un día necesitará de esto: cuando se encuentre en peligro inminente, pídale a Jesucristo que la cubra con su sangre, porque Él nunca la abandonará. Jesucristo ha pagado un precio de sangre por usted".

¿Cómo le vinieron a la cabeza las palabras de aquel paciente en ese preciso momento? ¡Las había borrado por completo de su memoria! Y, sin embargo, ahora estaba corriendo aquel terrible e inminente peligro. Se puso a gritar con todas sus fuerzas: "Jesucristo, Señor ¡ten piedad de mí! ¡Perdóname, Señor! ¡Dame una segunda oportunidad!"

El resultado no se hizo esperar: se vio subiendo la pendiente para encontrarse con el mismo Jesús, radiante de luz y de amor. Estaba fascinada. Él la saludó con ternura como a un hijo pródigo que retorna y pronunció claramente estas palabras: "Volverás, Gloria. Tendrás una segunda oportunidad. Debes saber que, si has sido salvada, no se debe tanto a las oraciones de tu familia sino, más bien, a todos aquellos que, sin siquiera conocerte, han elevado sus oraciones a mí con todo su corazón con un inmenso amor por tu alma".

Entonces Gloria vio encenderse muchas lucecitas, como llamas de amor. Eran las personas que rezaban por ella mientras estaba en el hospital. Y entre aquellas llamitas, había una de la que emanaba más amor y que refulgía con más intensidad. Trató de ver quién era aquella persona. Entonces el Señor le explicó detalladamente cómo y por qué había recibido una segunda oportunidad y, asimismo, a quién le debía haber escapado del Infierno por un pelo.

El campesino pobre

Entre las almas más fervientes de Colombia, había un santo que resplandecía de una manera especial. ¡Era él! La persona a quien Gloria le debía su segunda oportunidad. Un campesino pobre que vivía al pie de la Sierra Nevada de Santa Marta. ¡Jesús le describió el corazón de ese hombre como la llama más grande de todas las llamas del país! El Señor le dijo: "Ese hombre que ves te quiere muchísimo, incluso sin conocerte".

Ese humilde campesino había visto arder toda su cosecha por culpa de la guerrilla. Ni él ni su familia tenían siquiera un trozo de pan para llevarse a la boca. Los guerrilleros también querían apoderarse de su hijo mayor para integrarlo a sus filas.

No obstante, aquel domingo, el día después del accidente de Gloria, se puso su mejor ropa y se dirigió al pueblo con sus hijos. Entró en la iglesia para asistir a misa y, ante el altar, se puso boca abajo, con los brazos en cruz y empezó a rezar embargado inmediatamente por una gran alegría. El Señor invitó a Gloria a escuchar atentamente su oración: "¡Señor, te amo, gracias por la vida! ¡Gracias por mis hijos! ¡Gracias por concederme la gracia de amarte! Por favor, ¡haz que mis hijos te amen, que Colombia te ame, que Colombia se vuelva buena!" Era una oración altruista de alabanza y de súplica. ¡Qué alma tan bella! ¡Ahí tienes a un cristiano verdadero!

Entonces el Señor le hizo ver a Gloria lo que el campesino tenía en el bolsillo: un billete de diez mil pesos (unos tres euros) y otro de cinco mil: era todo lo que tenía. Cuando pasaron la colecta en el momento de la ofrenda echó los diez mil pesos. Gloria tuvo vergüenza… ¿Qué echaba ella? ¡Los billetes falsos con que le pagaban de vez en cuando en su consultorio!

Cuando ese hombre recibió la santa comunión, Gloria vio una explosión de luz en su corazón, cómo entraba la Santa Trinidad en él y cómo irradiaba luz.

Después de la misa, salió de la iglesia. Con el billete de cinco mil pesos que le quedaba, compró una panela[9] y sal. El vendedor envolvió la panela en papel de diario. Era una media hoja del periódico *El Espectador* en donde se describía cómo Gloria había sido alcanzada por un rayo. En una fotografía se veía su cuerpo quemado. Cuando nuestro granjero descubrió aquella foto, fue presa de una emoción tan fuerte que empezó a leer el artículo. Como casi no sabía leer, tuvo que hacer grandes esfuerzos... Gloria le oía pronunciar lenta y entrecortadamente cada palabra: "Den-tis-ta" ¡Qué ternura! A cada frase que leía aumentaba su compasión por ella, ¡como si Gloria fuera su propia hija!

Entonces rompió a llorar y, rostro en tierra, le rogó al Señor: "Padre – decía –, ¡ten piedad de mi hermanita! ¡Señor, sálvala! Señor, si salvas a mi hermanita, iré andando hasta el santuario de Buga[10]. ¡Sálvala Señor!"

¡No tenía ni para comer y prometía atravesar casi todo el país por ella! Estaba dispuesto a andar durante cinco días seguidos por una desconocida. Llamaba a Dios "Padre" y a ella la llamaba "su hermanita". Aquello conmovió profundamente al Señor, que señalando al humilde campesino le dijo a Gloria: "¿Ves? Eso es amor al prójimo".

Un alma humilde... ¡Qué maravilla! ¡El Señor no se le puede resistir!

Gloria pidió al Señor que le revelara el nombre de la persona y la forma de encontrarlo para darle las gracias. Pero esto no le fue concedido. "No lo conocerás aquí en la Tierra – afirmó – porque no quiero quitarle nada de su gloria".

Después de hablarle del santo campesino el Señor, con un amor infinito, le confió a Gloria una gran misión: "Lo que has

---

[9] Bloque de jugo de caña solidificado por cocción, sin refinar.

[10] Buga, ciudad del Valle del Cauca, a unos 1.150 kilómetros de la Sierra Nevada de Santa Marta, en la que se encuentra la basílica menor donde se venera la imagen milagrosa del Señor de los Milagros.

visto y oído, vas a repetirlo no mil veces, sino mil veces mil, y ¡ay de aquellos que te escuchen y no cambien! Todos ellos serán juzgados con más severidad – ya sean consagrados, sacerdotes o simples fieles – como tú misma lo serás cuando vuelvas aquí, porque no hay peor sordo que el que no quiere oír ni peor ciego que el que no quiere ver".

Gloria aclara en su testimonio: "¡Eso, hermanos y hermanas, no es una amenaza! Al contrario, es la exhortación de un Dios que nos ama, que quiere evitar que vayamos a ese terrible agujero que es el Infierno, porque nos quiere con Él en la alegría eterna. Cuando cada uno de ustedes vea abierto el libro de su vida ante sus ojos en el momento de la muerte, lo verá todo como lo vi yo. ¿Sabes lo que más dolor produce en el juicio particular? Darnos cuenta de que nuestro Dios, lleno de amor y ternura inefables, nos ha estado llamando y buscando a lo largo de nuestra vida y ver la escasa respuesta que le hemos dado".

Hoy en día, Gloria continúa dialogando con el Señor, varias horas al día, cuando lo adora en el Santísimo Sacramento. Él la instruye acerca de muchas realidades de nuestra sociedad actual. También le reconstruyó completamente su cuerpo quemado. La ciencia no puede explicar por qué Gloria está tan bien. Los expertos estudian con asombro los numerosos informes médicos emitidos después de su accidente. Gloria es un milagro viviente y un ejemplo magnífico de la misericordia divina: sus ovarios habían sido quemados, porque el diu que llevaba atrajo el rayo sobre sí misma. ¡Sin embargo, tres años más tarde dio a luz a una niña!

Satanás no está nada satisfecho con ella y trata de evitar que dé testimonio. El día en que la conocí y al que antes hice referencia, ¿por qué estaba sangrando por la nariz? Porque al bajar del tren, en la pequeña estación de Desio, ¡le dio un puñetazo en la cara! ¿Por qué rengueaba? ¡Porque le había dado patadas en las piernas! ¿La reacción de Gloria? "¡Es una buena señal para la misión de esta noche; dará mucho fruto!"

Hace algunos años, el Señor le reveló a Gloria que el campesino de Sierra Nevada y toda su familia habían sido asesinados por la guerrilla. Ese día, pudo ver la cara de aquel hombre por primera vez, ya que acudió a visitarla en una visión. No pronunció palabra. Se estableció un profundo silencio entre ellos, pero en su alma, Gloria supo que era él: tenía una mirada de ternura infinita. Se sonrieron... Se lo dijeron todo con aquella mirada.

A partir de aquel día, cada vez que Gloria da testimonio o se encuentra en una situación delicada, siente la presencia de ese amigo extraordinario que la acompaña solícito, como un ángel de la guarda suplementario, para que lleve a cabo su misión especial. El Señor le ha revelado que sería así hasta que ella vaya al Cielo, donde la está esperando.

Aquel campesino santo, cuya alma era la más luminosa de Colombia, seguirá siendo para nosotros el desconocido de Sierra Nevada de Santa Marta...

6
¡CUIDADO! ¡FALSA MISERICORDIA!

Cuando Gloria Polo era adolescente, aunque de origen católico, había derivado poco a poco hacia una vida disoluta, queriendo imitar a sus amigas que, abandonadas en el plano espiritual, no eran conscientes de las consecuencias de lo que estaban haciendo. ¡Ovejas sin pastor! Al quedar embarazada a la edad de dieciséis años se asustó. ¿Qué hacer? ¡Imposible decírselo a sus padres? ¡Imposible también ocultárselo! Estaba entre la espada y la pared, profundamente angustiada. Pero sus buenas amigas no tardaron en darle la llave mágica que podía sacarla del atolladero: "Haz como nosotras, no seas estúpida, no es nada, ¡en una hora te librarás del problema! ¡Además, es gratis!"

Gloria pidió una cita en una clínica de interrupción voluntaria del embarazo. También en aquello tenía que adaptarse a las nuevas modas y a los nuevos vientos que soplaban sobre los jóvenes de su pueblo. Cuando se encontró en el quirófano, acostada bajo las luces de la lámpara de operaciones, quiso escapar. "¡No quiero matar a mi bebé!", pensó. Pero era demasiado tarde, el bisturí ya había comenzado su funesto trabajo. Así fue como su primer hijo desapareció sin dejar rastro. ¿Sin dejar rastro? ¡Mentira! Aún hoy, treinta años más tarde, no puede hablar de ello sin que se le retuerza el corazón.

Poco después de su aborto tuvo remordimientos de conciencia; un profundo malestar se apoderó de ella. Tenía la percepción íntima de que su estilo de vida estaba equivocado y no la conducía a la verdadera felicidad. Una pregunta crucial no se le iba de la cabeza: "¿Adónde voy a ir a parar viviendo así? ¡Mi comportamiento no es correcto! Me estoy echando a perder, me hundo, ¡hay algo que anda mal! ¡Estoy resbalando por una mala pendiente!"

Queriendo darle un nuevo rumbo a su vida, decidió ir en busca de un sacerdote para abrir su corazón y pedirle consejo. ¡Deseaba ver la luz!

El sacerdote la escuchó mientras pasaba revista a sus decisiones, sus caídas y sus profundas dudas sobre su forma de vivir. Luego sonrió y le dijo para que se sintiera a gusto: "¡No te preocupes! Eres joven; disfruta de la vida, haz como tus amigas. ¿Por qué quieres ponerte en evidencia? Dios es bueno y perdona siempre. ¡No te preocupes! ¡Vete en paz!"

Desde aquel día, como ella misma lo atestigua, Gloria se lanzó de lleno a la inmoralidad. ¿Por qué privarse? Después de todo, Dios es bueno y, además, ¿acaso no había recibido el aval de la Iglesia? Por otra parte, ¿el Diablo y el Infierno existían realmente?

Una fórmula asesina

Estos comentarios reflejan lo que podríamos llamar la "falsa misericordia". De hecho, nuestra generación, a veces, tiende a asimilar la misericordia con el laxismo, por afán de ser bondadosa y "comprensiva". En cambio, la misericordia de Dios llevó a Cristo a la cruz. Para liberarnos del pecado, tuvo que soportar sufrimientos inimaginables, sufrimientos del cuerpo y – aún más intensos – sufrimientos del alma. ¿Cómo podemos pensar o decir que el pecado no es tan grave, si le hizo sufrir semejante pasión a Jesús? ¿Cómo podemos tomar a la ligera los mandamientos de la ley de Dios si, por nuestras transgresiones, la palabra hecha carne tuvo que padecer la atrocidad de su pasión y su crucifixión para librarnos del infierno eterno?

Imaginemos a un médico que, para no hacer sufrir a un paciente enfermo de cáncer, le dijera: "No se preocupe, de eso no se muere; continúe fumando y bebiendo, no necesita ningún tratamiento especial". Obrando así lo privaría de toda posibilidad de supervivencia.

¡Sí! El pecado es grave e incluso se agrava más si, voluntariamente, decidimos obstinarnos. El pecado lleva a la pérdida del alma. Cuando nos damos cuenta de ello, la misericordia de Dios puede obrar en nosotros. Esto es lo que nos dice el papa Francisco en su libro *El nombre de Dios es misericordia,* cuando habla de la "vergüenza" necesaria que debe acompañar a la conciencia de haber pecado. Ese sentimiento de vergüenza es el que nos impulsa a mirar hacia la misericordia infinita de Dios manifestada en Jesús.

La falsa misericordia consiste en negar la realidad del pecado y su gravedad y, en consecuencia, la necesidad que tenemos de ser salvados. Así hacemos inútil la cruz de Cristo. Se trata de una sutil trampa del enemigo, ya que se disfraza de bondad, comprensión, compasión... ¡Imitación sutil! La expresión: "No pasa nada, todo el mundo lo hace" es criminal. Nos priva de la misericordia y del perdón de Dios; lo mismo que si a nuestro paciente con cáncer se le priva de su tratamiento, su enfermedad empeora. Si antes de la absolución, se le da al penitente un consejo demasiado indulgente, se le transmite la idea de una falsa misericordia. Lo que necesita es reconocer que ha cometido un pecado contra Dios y tener propósito de enmienda.

Entendámoslo bien: no tenemos que buscarle una excusa a nuestro pecado, aunque la haya – y a veces la hay – ¿Por qué? Porque nuestras excusas sólo nos proporcionan una paz ilusoria y de corta duración, tal vez un confort psicológico, porque en realidad nos impiden pedir perdón a Dios ¡ya que nos hemos absuelto nosotros mismos! En cambio, el perdón de Dios sobrepasa infinitamente el pobre y efímero alivio que nos dan nuestras disculpas. El perdón de Dios extiende un bálsamo de ternura sobre nuestras heridas, nos restituye nuestra dignidad, nos devuelve la confianza en Él y en nosotros mismos. Nos fortalece frente al próximo combate contra nuestras malas tendencias y, con frecuencia, de confesión en confesión, el perdón nos libera de esas inclinaciones y nos sana. Es la sangre preciosa de Cristo que se derrama sobre nuestras heridas infectadas y las convierte en fuentes de bendición.

Te lo confieso: ¡Prefiero diez mil veces caer en las manos de Dios misericordioso que arreglármelas con mis propias excusas!

¡Venga a ver a Marthe![11]

En los años setenta, un hombre llegó al Foyer de Charité de Châteauneuf-de-Galaure para hacer un retiro de cinco días[12]. En aquella época, el padre Finet, cofundador de los Foyers y padre espiritual de Marthe Robin, todavía estaba vivo y bien vivo. Se destacaba en el arte de hablar a los fieles que realizaban los retiros, ganando sus corazones para Cristo.

Ese jueves, tercer día del retiro, aquel hombre le dijo al padre Finet que sus historias sobre Satanás eran anticuadas porque simplemente no existía. ¿Qué objeto tenía hacer un refrito de viejas creencias de la Edad Media? El padre Finet le sonrió y no trató de convencerlo. Sabía que las palabras le resbalarían a aquel francés tan engreído, empapado en las ideas desastrosas que han impregnado toda Francia desde aquel famoso Siglo de la Oscuridad, mal llamado Siglo de las Luces. "Bueno, – le dijo – venga conmigo a ver a Marthe. Esta noche, volverá a revivir la pasión y tengo que orar junto a ella en ese momento crucial. ¡Sepa que le estoy haciendo un favor!"

El hombre estaba feliz. Había oído cosas extraordinarias sobre Marthe y este favor inesperado de poder estar cerca de ella lo llenó de alegría. Subió al auto del padre Finet y los dos empren-

---

[11] Para quienes lean francés pueden consultar la web: www.martherobin.com

[12] Los Foyers de Charité fueron fundados por indicación de esta mística francesa, Marthe Robin, inspirada por el Espíritu Santo para realizar retiros espirituales. Ver www.lesfoyersdecharite.com

dieron camino por esas sendas pedregosas de las salvajes colinas del Drôme. La conversación, durante los diez minutos del trayecto, fue casi inexistente. El padre conducía evitando los baches; su pensamiento parecía estar ausente, sin duda absorto en el profundo misterio del que, una vez más, sería testigo privilegiado. El hombre estaba más preocupado por agarrarse a su asiento cuando el religioso tomaba las curvas que por centrarse en lo que le esperaba en casa de Marthe.

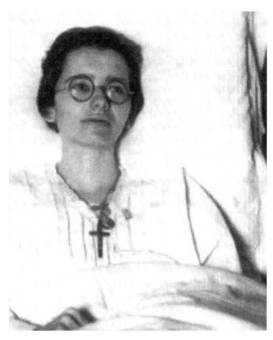

Venerable Marthe Robin en Francia
(Foto Archivo/Foyer de Charité-Châteauneuf-de-Galaure)

Justo cuando estacionaron en el patio de *La Ferme* (la casita de Marthe), la atmósfera se enrareció. ¡Se oyó un ruido ensordecedor! Una algarabía infernal, horribles risas sardónicas, gritos como de bestias, aullidos insoportables... El padre permaneció con una tranquilidad pasmosa, ya que estaba acostumbrado a ello. Únicamente le susurraba a su compañero:

– ¡Es Satanás! Siempre se manifiesta antes de la pasión de Marthe para impedirle que diga sí; ¡no se preocupe!

Pero el hombre se puso a temblar de pies a cabeza; la sangre se le congeló en las venas... sólo pensaba en escapar porque un terror mortal se había apoderado de él.

– ¡Vámonos de aquí! – le dijo al padre Finet con un tono de voz suplicante –. ¡Ya está! Lo comprendí. ¡Vámonos enseguida de aquí!

– ¡Ahora lo ha escuchado con sus propios oídos! Era lo que usted necesitaba para comprender que Satanás existe, que es real...

Durante sus retiros, el padre Finet siempre contaba este episodio memorable. Lo oí de su boca y he visto el impacto de esa historia en los participantes. Hoy en día, incluso en ambientes católicos, sonreímos con condescendencia a los pobres anticuados que se atreven a decir que Satanás existe y que trabaja para nuestra perdición. ¡Si supiéramos!

7
Scott vuelve de muy lejos

Scott Sayer en el Reino Unido (Foto Archivo/autorizada)

2013, en un bosque de Manchester

¡Scott Sayer está aterrado! Desde hace dos años practica todas las desviaciones promovidas por la Nueva Era y he aquí que hoy, en el bosque, de repente a su alrededor todo es oscuridad. Ya no ve nada, pero percibe una voz femenina desconocida que le susurra algo. Scott le pide que hable más fuerte con el fin de captar mejor lo que dice. Esta voz le silba al oído: "Te puedo enseñar muchos secretos y proporcionarte todos los conocimientos ocultos que hasta ahora han permanecido escondidos para la humanidad".

Pero no le dice de qué secretos se trata. A continuación, le hace ver su futuro: tendrá mucho dinero, una casa preciosa, etc. Luego añade que, para obtener todo aquello, ella necesita entrar en él. Scott no cede; se da cuenta de que la propuesta huele a azufre y, ante su resistencia, la voz femenina revela su identidad: se llama Baphomet. Intenta entrar en su cuerpo por la fuerza, dando a conocer así la horrible criatura que es. Cuando Scott sale de aquella meditación, ¡se da cuenta de que la experiencia había durado tres horas!

¿Quién es Scott? He podido entrevistarlo y éste es su testimonio:

"Nací y crecí en una familia católica. Tengo veintisiete años, un hermano, una hermana y dos medio hermanos. Cuando era niño, toda mi familia frecuentaba la iglesia y rezábamos juntos el rosario en casa. A los once años de edad, no sé por qué, mis padres dejaron de rezar juntos. Dos años más tarde, se separaron y luego se divorciaron. Ya destrozado por estos sucesos, también me sentí rechazado por mi padre. Quería ignorarlo por completo. Dejamos de hablarnos durante varios años. He acumulado mucho resentimiento interior y, en la vorágine, me alejé de Dios. Mi madre y mi abuela hicieron todo lo posible para que rezara el rosario con ellas, pero yo me negaba y les manifestaba mi total desinterés. Estaba además en plena crisis de adolescencia. Dejé de ir a la iglesia a los dieciséis años. Deslizándome por la pendiente resbaladiza que nuestra cultura de la muerte ofrece a los jóvenes, empecé a fumar marihuana y luego a consumir éxtasis y cocaína. Me encantaban las fiestas bien regadas con alcohol. Dejé mi tierra natal para ir a Australia a estudiar durante un año. Un sentimiento abrumador me consumía por dentro y tenía la certeza de que me faltaba algo importante. ¿Pero qué era? Cualquiera fuera el oficio que planeara ejercer, siempre algo me salía mal. En lo más íntimo de mí sabía que así no llegaría nunca a sentirme realizado. A los veintitrés años, me metí en varios tipos de meditación: meditación trascendental, meditación hindú, meditación budista, meditación egipcia y otras meditaciones que encontré en internet, con las que conseguía aislarme del entorno. Incluso me interesé por el reiki, pero no llegué a practicarlo. El episodio más grave me hizo vérmelas con aquella misteriosa mujer cuya voz escuché y que se presentó como Baphomet[13]. No sabía entonces que Baphomet era el nombre de un demonio y me di cuenta de que había tratado de seducirme con sus mentiras[14]".

En ese momento de la entrevista, noto que Scott está embargado por la emoción: no es fácil para él olvidarse de aquel encuentro horrible que estuvo a punto de hacerlo caer en abismos profundos.

Durante los años que siguieron a esas experiencias demoledoras, Scott sufrió de "parálisis del sueño[15]" sin que entonces se diera cuenta de que aquellos síntomas se debían a sus prácticas de la Nueva Era.

---

[13] Baphomet es el nombre dado por algunos ocultistas del siglo XIX al misterioso ídolo que los caballeros templarios fueron acusados, con o sin razón, de venerar. Frecuentemente es representado con la cabeza de un hombre barbudo; el ídolo era adorado, pero también temido por su fealdad.

[14] Es muy probable que el rosario en familia de su niñez fuera lo que lo protegió durante su encuentro con Baphomet y lo que le permitió resistir, ya que si se hubiera dejado poseer… ¡Imaginemos lo que le hubiera pasado! Cuántos jóvenes hoy en día, por desgracia, no resisten.

[15] La parálisis del sueño consiste en ser incapaz de moverse en estado de vigilia. El cerebro es consciente, pero el cuerpo está en estado de total hipotonía y es incapaz de ejecutar movimientos. Este hecho puede ser vivido por algunas personas como algo muy angustioso. Estos síntomas evocan aspectos de la enfermedad de Gélineau o síndrome de narcolepsia-catalepsia. Puede ser un signo de una enfermedad más compleja, o la mera expresión de daños neurológicos que pueden ser de origen tóxico, infeccioso, psicoafectivo o espiritual. Se da entonces una desconexión del control fisiológico del cuerpo sin alteración de la conciencia. Es una de las características del sueño paradójico y por eso es mejor estar acostado cuando desaparece el tono muscular. *Nota de la autora:* Yo misma he experimentado esto durante mi adolescencia después de sesiones de espiritismo en las que convocábamos a los espíritus, y también tras la adivinación a través de las cartas y la astrología que practiqué con mis amigas. Entonces no entendía por qué me sentía agotada y sin energía. Era como si mi vida entera fuera absorbida hacia abajo, mientras que yo estaba acostada en la cama. Mi mente no podía ya actuar sobre mi cuerpo. No me podía mover. Véase el capítulo 4 de *El Niño escondido de Medjugorje*, donde cuento mi testimonio.

La misericordia de Dios lo estaba esperando en aquel camino tan peligroso. La abuela de Scott, que oraba mucho por él, discurría una manera para que se volviera a "enganchar" con el Señor. Lo invitó a que la acompañara a Medjugorje, argumentándole que no podía ir sola debido a su edad. ¡Y dio justo en el blanco! La sugerencia le gustó a Scott porque ya había estado allí de pequeño y recordaba que se había divertido mucho.

Al llegar a la tierra de la Virgen, las fuerzas del mal que aún vivían en Scott sin que él lo supiera, se desencadenaron. ¿Acaso no es María la que aplasta la cabeza de la serpiente? Eso explica el malestar de la serpiente en su presencia. Desde el inicio de su estadía, Scott se despertaba por la noche con su cuerpo completamente paralizado. Sus miembros no respondían a su voluntad y sólo podía mover los ojos. Pero eso no era todo: sentía una presencia oscura en la habitación que le producía un efecto como si lo vaciara de toda vida. ¡No podía hacer nada! No le quedaba otra que soportar aquel estado hasta que terminara. Se acordó entonces de que Dios existía e intentó llamarlo. Pero no podía gritar, ni siquiera mover los labios. Sin embargo, mentalmente, se puso a gritar: "¡Jesús, por favor, ayúdame!"

En aquel preciso instante, como si Jesús sólo hubiera estado esperando el grito de su hijo para intervenir, la presencia oscura desapareció. Al no estar ya bajo la influencia de aquella entidad oculta le acudieron a la mente dos pensamientos que lo sorprendieron. ¿Acaso no había abandonado al Señor desde hacía años? "Quiero ser sacerdote y tengo que confesarme".

Debido a las prácticas de la Nueva Era a las que se había dedicado, Scott pensó que tendría que encontrar a un sacerdote capaz de oír su confesión y entender sus incursiones en el ocultismo. Al cabo de unos días, durante la misa del domingo, en la homilía escuchó al celebrante que describía los peligros del ocultismo. "¡Ya está, es él! – pensó –. Él sabrá escuchar mi confesión".

Prosigue con su relato:

"Mi abuela estaba loca de alegría al verme en la cola de los peregrinos que esperaban su turno frente a los famosos confesionarios que tanto abundan en Medjugorje.

Hice una confesión muy sincera. El sacerdote me hacía las preguntas correctas y pude revelarle con facilidad todos los sufrimientos que había padecido en mi vida. Muchas heridas fueron causadas primero por mi relación desastrosa con mi padre y luego con mi madre. A esto hay que añadir que después de tres años de convivencia con mi novia, comprendí que me mentía y me engañaba. Ese fue un nuevo golpe doloroso. Por último, debido a una rodilla deficiente, no me dejaron entrar en el ejército. Esta acumulación de reveses me hizo pensar que yo era un fracaso viviente. Pero después de aquella confesión ¡qué libertad interior experimenté! Nunca antes había vivido algo semejante.

Fue entonces cuando me di cuenta del potencial de alegría y paz que había desperdiciado por mis malas decisiones. El buen sacerdote que me había confesado estuvo muy inspirado con la penitencia que me dio. Debía subir a la cima de la montaña de la cruz, el Krizevac, deteniéndome en cada una de las catorce estaciones. Allí tenía que pensar en un momento de mi vida en el que me habían herido y ofrecérselo a nuestro Señor. Eso fue lo que hice. Al llegar a la cima, recé el rosario entero y bajé orando con todo mi corazón. Durante el descenso me embargó con fuerza la convicción de que debía ser sacerdote. Entonces le dije a Jesús: "Yo sé que estás aquí, sé que mi vida ha sido desastrosa, pero si quieres que sea sacerdote, me tienes que dar una señal. Haré todo lo que quieras".

Al llegar al pie del Krizevac, emprendí el camino que conduce al pueblo. Entonces el rostro de Jesús misericordioso – el que se reveló a santa Faustina – apareció ante mis ojos. No fue una aparición en tres dimensiones, sino una sencilla visión. Su cara era radiante; emanaba de ella una luz dorada que no existe en la Tierra. Me miraba directamente a los ojos. La visión ocupaba todo mi campo visual, de modo que todo lo que había a mi izquierda y a mi derecha había desaparecido. Al mismo tiempo, me encontraba inmerso en un amor inmenso y sentí que Jesús me decía: "¿Qué más necesitas?" Unos segundos más tarde, su rostro había desaparecido".

Es inútil aclarar que, desde entonces, Scott ha cambiado radicalmente su vida; que ahora forma parte de aquellos que, gracias a la misericordia de Dios, han pasado de la muerte a la vida. Se ha convertido en un pilar de su parroquia; asiste diariamente a misa y a la adoración. Además, su relación con María ha resurgido y ha retomado el rosario que la tradición de su familia le había enseñado de pequeño.

Uno de los grandes milagros de los que es consciente es que no sufre ningún efecto secundario que debería tener a causa de las meditaciones de la Nueva Era que practicaba antes de su conversión. Está completamente liberado. Tanto más cuanto que el sacerdote con quien se confesó resultó ser exorcista. Scott no sufre ninguna alteración del comportamiento ni tampoco ningún síndrome de abstinencia que frecuentemente aparece cuando se dejan de tomar drogas.

Ha hablado con su obispo y con el responsable de las vocaciones de su diócesis porque no puede imaginarse la vida fuera del sacerdocio. El responsable de las vocaciones es un hombre muy bueno que entiende a este potencial nuevo candidato. Ciertamente, Scott necesitará un buen año de preparación antes de entrar al seminario. A la fecha no sabe todavía cómo va a ejercer su sacerdocio y servir a la Iglesia. Está abierto y abandona su futuro en manos de Cristo, el Sumo Pontífice, que es feliz compartiendo su propio sacerdocio con aquellos que Él elige, sus hijos predilectos. Abriga la idea de convertirse en predicador. ¡Por cierto su testimonio puede sacudir a más de uno! Ya un protestante, metido hasta el cuello en las prácticas ocultas de la Nueva Era, ha renunciado a ese mal camino desde que conoció a Scott. Comenzó a rezar con frecuencia, va a misa todos los días y se está preparando para abrazar el catolicismo.

Si un día te encuentras con Scott por Manchester, te dirá cuán agradecido está con Jesucristo por la misericordia que ha tenido con él. Te toparás con un hombre feliz y realizado, ¡con esa felicidad que sólo puede venir del Cielo!

8
Confesión de un Vampiro

Padres Antonello y Enrico (Foto/Alleanza di Misericordia)

Si nunca has conocido a auténticos locos por Dios, quiero confesarte que yo conozco a un par un tanto especial. Originarios de Cerdeña, los padres Enrico Porcu y Antonello Cadeddu comenzaron su misión en Brasil en el año 2000. Procedentes de familias bastante acomodadas, se establecieron en medio de una favela, durmiendo en una especie de contenedor cuyo confort era por cierto más que dudoso. Su gran apertura de corazón hacia el mundo de los pobres los ha llevado a vivir experiencias más bien extremas.

Aquella noche, tumbado directamente en el suelo en su pequeña habitación con siete pobres diablos que había encontrado en la plaza central de Sao Paulo, el padre Enrico dormía con un ojo abierto. Debido a su gran experiencia con la gente de la calle, no estaba nada tranquilo; además, conciliar el sueño tirado en el suelo en medio del polvo no era fácil. Por no hablar de algunos insectos encantados de compartir alojamiento con los nuevos efectivos que constituían un manjar exquisito para devorar.

De repente, el padre Enrico vio una sombra que se le acercaba. Sintió una descarga de adrenalina, pero consiguió mantener una calma aparente. Un joven drogadicto estaba allí observándolo, con un cúter en la mano. Era Pedro, de diecinueve años, recogido harapiento por los dos sacerdotes, unas pocas noches antes, después de una breve conversación con ellos. ¡Se lo veía tan triste...! ¿Cómo no pensar en la palabra del Señor: *"El que reciba a uno de estos pequeñuelos, a mí me recibe"* (Mt 18, 5)?

El padre Enrico se puso a rezar con todas sus fuerzas, ¡el cúter no le inspiraba nada bueno! ¡Cuánta razón tenía! Pedro se quedó allí plantado un buen rato – minutos que le parecieron horas al padre – y, a continuación, extrañamente, volvió a acostarse.

Por la mañana, muy agitado, nervioso, ávido de sangre e iracundo, Pedro se acercó al padre Enrico y le hizo una terrible confesión: durante la noche le había asaltado el deseo casi irreprimible de cortarles las venas a todos para beber su sangre. Sin embargo, algo se lo había impedido, ¿pero, qué había sido? El padre Enrico, en cambio, sí lo sabía: ¡la oración con fe!

Pedro, al ver que no era juzgado ni rechazado por los sacerdotes, fue recuperando poco a poco la calma. Comprendió entonces que podía revelar el secreto terrorífico que lo consumía desde la infancia: al nacer, había sido consagrado a Satanás. El Demonio lo tenía sometido, imponiéndole beber sangre humana, la de los demás o incluso la suya. Poseído por un impulso irrefrenable, le resultaba casi imposible resistirse. Ésa era la única manera para él de encontrar algo parecido a la paz. ¡Esa falsa paz típica de Satanás, que siempre nos deja insatisfechos!

Nuestros sacerdotes, estupefactos, se dieron cuenta de que estaban en presencia... ¡de un vampiro! De repente todo se aclaró; comprendieron por qué los brazos de Pedro y varias partes de su cuerpo estaban cubiertos de heridas: se las infligía él mismo cuando no encontraba ninguna presa a quien cortar las venas para poder satisfacer su sed de sangre.

Como era traficante de drogas, estuvo detenido en una cárcel de menores. Allí hacía todo lo posible para que sus "compañeros" de detención se pelearan. Lo tenía todo bien planeado, porque así podía beber la sangre derramada, aunque la tuviera que lamer del suelo.

Pedro había sacado a la luz todo el drama de su corta vida y el sufrimiento de su familia que había terminado por abandonarlo. A partir de aquel momento, nuestros amigos sacerdotes oraron por él y Pedro tuvo entonces una primera manifestación demoníaca.

Unos días más tarde, tuvo otra aún más violenta. De repente le entró una cólera terrible y su rostro se desencajó. Tomó una hoja de afeitar y se precipitó sobre el padre Enrico y los demás jóvenes presentes. Pero se produjo un milagro: había una estampa de la Virgen de Medjugorje entre él y el padre Enrico. Pedro se detuvo en seco y dejando de lado al cura, se arrojó sobre la imagen de la Virgen y mientras gritaba, la hizo añicos. Enseguida la manifestación demoníaca se acentuó. Satanás se desencadenó. Todos oraron por Pedro durante horas, pidiendo a Dios que lo liberara. ¡Y fue liberado!

Unos meses más tarde Pedro fue capaz de "volver al mundo", sereno y tranquilo, con deseos de iniciar una nueva vida. Todo había cambiado en él y daba gusto verlo. Se ha casado. Ahora es un hombre feliz y un testigo excepcional de la extrema bondad del Señor.

¡Demos gracias a Dios y a la Virgen María! ¿Qué milagro no han hecho para salvar a Pedro? ¿Qué nuevos milagros le tienen reservados?

Y nosotros, que sin duda no hemos tenido la vida de Pedro, ¿sabremos acoger la presencia amorosa del Padre en nuestras vidas? ¿Reconoceremos el paso de su misericordia que abraza a todos sus hijos, sin excepción, con la misma fuerza?

El valor de evangelizar

Nuestros dos sacerdotes iban a la plaza central de San Pablo con la idea de rescatar a alguna alma perdida y desesperada. Hallaron a varias que hoy en día han encontrado a Cristo y han cambiado de vida. ¡Todavía hay millones de personas que esperan el anuncio de la salvación! Las hay de todas clases, escondidas tanto en los ricos y elegantes salones de los "poderosos" de este mundo como en los antros llenos de humo de los adictos a las drogas de nuestras capitales. ¿Quién irá a su encuentro?

Si nuestro Creador tiene un plan de vida para cada uno de nosotros, Satanás también tiene su propio plan, el de romper en mil pedazos nuestra vida. El padre Pío decía que el mayor acto de caridad que podemos hacer es liberar a un alma de las garras de Satanás.

Evangelizar requiere un poco de valor; hay que estar preparado para recibir golpes, pero ¡qué alegría cuando una oveja perdida es encontrada, cuando un muerto vuelve a la vida!

Jóvenes adictos en Brasil (Foto Stock/autorizada)

Un hombre sentado en un banco...

Con Jesús en la proa, nunca nos faltarán sorpresas... He aquí un buen ejemplo.

Dos mujeres tenían un gran deseo de aprender a evangelizar para dar a conocer el amor de Dios a los que todavía no tenían ni idea de Él. Decidieron hacer un curso para aprender cómo actuar en la práctica. A mitad del curso, se les pidió a los participantes que fueran de dos en dos para hablar de Dios con la gente que se encontraran en la calle. Las dos mujeres, que al principio estaban inflamadas de entusiasmo con la idea de evangelizar, comenzaron a temblar de miedo a la hora de emprender esa misión. No obstante, se pusieron en camino, un poco al azar, y fueron a dar a un camino solitario que parecía poco frecuentado. Decidieron ir por allí con la esperanza de no encontrar a nadie.

Pero... ¡oh, consternación! Había allí un hombre sentado en un banco, leyendo un periódico. Las dos mujeres se armaron de valor y se sentaron una a la derecha y la otra a la izquierda del desconocido. Una de las dos se atrevió a entablar el diálogo y le preguntó tímidamente: "No creo que tenga ganas de oír hablar de Jesucristo, ¿verdad? El hombre bajó el diario y las escrutó rápidamente. "¡En realidad, sí!", respondió.

Las dos mujeres olvidaron su miedo, felices de ver que el hombre estaba abierto a escuchar e incluso ansioso de oír lo que tenían para decirle. Entonces comenzaron una animada exposición. Luego, hubo un momento de silencio, justo para recuperar el aliento. "¿Puedo hablar yo ahora? – preguntó el hombre –. Permítanme explicarles... Justamente ayer, mi madre tuvo un sueño realmente extraño. 'Imagínate – me dijo ella –, anoche soñé contigo y siento que tengo que contártelo. Te vi de pie en medio de un lago de fuego, pero no tengo ni idea de lo que eso significa'. ¿Un lago de fuego? ¡Yo sabía muy bien lo que aquello quería decir! Soy nadador profesional y he vivido una vida totalmente centrada en mí mismo. Mi objetivo era conseguir todo lo que se me antojaba, incluso en detrimento de mi familia. Cuando mi madre me habló de su sueño, comprendí de inmediato que había tenido una visión del Infierno. ¡Y que yo estaba en ella, de pie justo encima del fuego! Mi hermana lo había intentado todo para que yo regresara a la fe y a la Iglesia, pero continuaba mi vida sin Dios. Ayer por la noche me tomé en serio el sueño inspirado de mi madre y he reflexionado: he decidido cambiar de vida y volver a Dios. Pero… ¿cómo lo hago?; ¡no tengo ni idea!"

El hombre se detuvo por un momento y luego prosiguió: "Ustedes pensaron que estaba aquí sentado leyendo el periódico… La verdad es que estaba pensando en mi vida y rogando a Dios, diciéndole que quería cambiar. Le estaba explicando que tenía que enviarme a alguien para que me ayudara porque no podía hacerlo solo. Entonces llegaron ustedes…"

Eso es la evangelización: un día te dan una bofetada, otro día nos maravillamos al ver que Dios ya ha preparado ese corazón para escuchar su Palabra.

¡En ambos casos, salimos ganando de manera grandiosa! Gracias a la bofetada, somos beneficiarios de la octava bienaventuranza:

"*Bienaventurados cuando la gente los insulte, los persiga y levante contra ustedes toda clase de infamias por mi culpa. Alégrense y regocíjense porque su recompensa será grande en los cielos*". (Mt 5, 11-12).

Y si, por el contrario, nos encontramos con un corazón abierto, recibiremos otro tipo de alegría: haber sido instrumento de Dios para traer al redil a una oveja perdida… así como hay más alegría entre los ángeles de Dios por un solo pecador que se convierta que por noventa y nueve justos, también nosotros participaremos de esa alegría celestial, ¡y nuestro corazón danzará con los ángeles!

9
¿POR QUÉ NO DARLO TODO?

Quiero citar aquí esta maravillosa parábola del gran poeta indio Rabindranath Tagore, que vivía en el estado de Bengala, donde se encuentra Calcuta. Se trata de un mendigo que, para sobrevivir, colocaba su pequeño cuenco junto a la carretera esperando durante largas horas alguna moneda.

Mendiga en India (Foto/Paulo Tacchella)

Un día, vio llegar de lejos una suntuosa carroza conducida por un príncipe ricamente vestido y pensó: "¡Allí llega mi fortuna!". Efectivamente, el carruaje se detuvo ante él, en medio de una gran nube de polvo. El príncipe descendió, se acercó al mendigo y, sorprendentemente, le preguntó: "¿Qué tienes para darme?" El mendigo, estupefacto, se puso a temblar y comenzó a rebuscar en su pequeña alforja, en la que había un puñado de granos de trigo que eran toda su comida. Tomó un grano de trigo y se lo entregó al príncipe, quien le dio las gracias y, acto seguido, se marchó por donde había venido. El mendigo permaneció perplejo. Por la noche, al volver a su precario refugio, tomó sus granos de trigo para cenar y ¡cuál no sería su sorpresa al encontrar entre ellos un grano de trigo de oro! "¡Oh!, pensó. ¿Por qué no se lo habré dado todo?"

Moraleja de la historia: sólo tenemos lo que damos...

10
PEDRO Y JUDAS,
¿CONTRICIÓN O REMORDIMIENTO?

Me pregunto: ¿por qué algunos se sienten aplastados cuando se dan cuenta de su pecado, mientras que otros tienen una reacción opuesta y lo utilizan como trampolín para sumergirse más profundamente en la misericordia de Dios? En el Evangelio tenemos el mejor ejemplo de ello.

Los dos apóstoles Pedro y Judas pecaron gravemente contra el Señor en el momento de su pasión. Uno lo negó y el otro lo traicionó. En ambos casos se trata de un pecado grave. Sin embargo, estos dos hombres tuvieron destinos completamente diferentes después de su falta. ¿Cómo es posible que Pedro se convirtiera en el primer papa y en san Pedro, y Judas terminara sus días colgado de una soga hundido en la desesperación? ¿Acaso Jesucristo habría ofrecido su misericordia a uno y al otro no? ¿Acaso no ardía en deseos de salvar tanto al uno como al otro y llevárselos con Él para toda la eternidad?

Algunos se sorprenden de que Judas, lleno de remordimientos, no hubiera podido beneficiarse del perdón de Jesús y de su misericordia, hecho que lo habría salvado. ¿Qué ocurrió?

Desde el primer día en que Jesús lo llamó en Galilea, Pedro siguió a su Señor con entusiasmo. Le gustaba su forma de hablar, su forma de actuar, se alegraba con cada milagro que realizaba y se regocijaba cuando veía que Jesús dejaba sin palabras a sus detractores con el poder del Espíritu Santo. Poco a poco en su corazón nació un sincero amor por Jesús. Pedro ponía en aquel amor alma, vida y corazón. Frecuentemente era el primero en responder, aunque se le escapara alguna palabra inoportuna. De alguna manera era el que siempre "metía la pata" dentro del grupo de los apóstoles, lo que al final hace que nos resulte bastante simpático. Con paciencia, Jesús lo reprendía, le enseñaba y le mostraba el camino. Pedro amaba a Jesús con todo su corazón, toda su alma y con todo su espíritu a pesar de sus fracasos. No se puede dudar de su buena voluntad. Cuando antes de la pasión Jesús anunció la deserción de los apóstoles, Pedro fue el primero en expresar vehementemente que, aunque los demás lo abandonaran, él estaba dispuesto a seguirlo hasta la muerte. En resumidas cuentas, él era el hombre fuerte con quien Jesús podía contar, incluso en caso de dificultad. Pedro era completamente sincero, pero le faltaba una dimensión muy importante: aún no conocía su miseria. No había sondeado el abismo de debilidad que tenía dentro de él; estaba ciego respecto de sí mismo. Después de la agonía de Jesús en Getsemaní y su arresto, fue el único, junto con Juan, que siguió a su Señor, aunque fuera de lejos; mientras que los demás se apresuraron a huir.

Llegado al patio del sumo sacerdote, con el frío de aquel mes de abril en Jerusalén, Pedro comenzó a flaquear; su valor recibió un duro golpe. Agotado por una noche traumática y la visión de un Jesús que sudaba sangre y que se dejó apresar sin oponer resistencia, Pedro ya no entendía nada. Nada cuadraba y el miedo se apoderó de él. Sus bonitas promesas de valentía se desmoronaron. Instintivamente, se vio abrumado por el miedo y se descubrió negándolo tres veces. Transcurrió una hora entre la segunda y la tercera negación, tiempo durante el cual Pedro se sintió mal, muy mal. El canto del gallo lo sorprendió en plena crisis. Entonces se produjo el milagro: Jesús se dio vuelta y fijó su mirada en Pedro. Ni rastro de reproche, de ira, de indignación o de condena; Jesús seguía siendo ese ser perturbador por su amor y su humildad. Pedro rompió a llorar. Acababa de negar al amor de su vida. Pero justo cuando estaba calibrando su miseria, la mirada de Jesús lo traspasó hasta la médula, con infinita ternura. Percibió entonces qué es la misericordia. Estaba completamente desconcertado.

¡Qué contraste! Tres negaciones puras y tajantes cubiertas por la mirada de Aquel que es tan sólo amor y misericordia. Pedro se desarmó frente a ese amor, ¡le dolía su pecado, le dolía mucho! Hubiera querido no haberlo cometido nunca. ¡Había lastimado a Aquel que había dado sentido a su existencia! Esa noche, Pedro experimentó la medida de su miseria. Pero, porque lo amaba sinceramente y con todo su ser, acogió la mirada de amor de Jesús en su corazón herido y no se hundió en la desesperación.

¿Qué fue lo que salvó a Pedro en aquel momento? Este intercambio de miradas. Pedro comprendió que seguía siendo amado, no porque fuera fuerte e inconmovible, ¡no! Era amado en su totalidad, era amado en su debilidad. Algunos místicos, como la venerable Marthe Robin, nos dicen que Pedro fue al encuentro de la Virgen María y se derrumbó sollozando a sus pies, confesando su triple negación y llorando amargamente por haber causado tanto dolor a su Señor. Aquel día, ese dolor en lo profundo de su corazón produjo en él el maravilloso don del Espíritu Santo que se denomina contrición; que es cuando nos duele haber lastimado a un ser querido. Aquella noche, el hombre fuerte llamado Pedro cayó desde muy alto, se golpeó contra su pequeñez, se dejó revestir de misericordia y se convirtió en san Pedro.

El apóstol Judas también estaba llamado a ser san Judas. ¿Cómo pudo dejar pasar la ocasión de santidad que se le ofrecía, al igual que a cada uno de nosotros? Si Pedro amaba a Jesús de todo corazón, incluso con sus debilidades, no sucedía lo mismo con Judas. Día tras día, como tenía la bolsa de los apóstoles, robaba de la caja y no valoraba el amor de Jesús por los pobres. Se acostumbró a violar un mandamiento importante y lo sabía. De esta forma se fabricó una especie de doble vida. En apariencia estaba con Jesús, físicamente presente en sus misiones, pero en su interior, se dejaba corroer por el amor al dinero y la prosecución de un plan que aquel dinero, pensaba él, le permitiría realizar. No sabemos cuál era su plan, pero parece que Judas se apasionó hasta el punto de que, en el momento de la prueba, se convirtió en una presa fácil para el enemigo.

En efecto, aquella larga infidelidad, de la que nunca se arrepintió, proporcionaba una puerta abierta a Satanás para que accediera todos los días a su corazón y le inyectara veneno. Durante sus tres años de vida en común con los apóstoles, ¿cuántas veces habrá escuchado las palabras de Jesús sobre el dinero, la riqueza y sus peligros, tan desastrosos para el alma? ¿Cuántas veces tuvo Judas la ocasión de postrarse ante Jesús y decirle: "Soy un miserable; hace tiempo que robo el dinero de la comunidad. ¡Perdóname!"? Jesús no esperaba otra cosa. ¡Qué fiesta tan espléndida se habría celebrado en el Cielo por aquel pecador que se arrepentía!

Pero no, Judas era obstinado. Jesús que quería salvarlo a toda costa, le dio muchas muestras de afecto, pero no las aceptó. Su proyecto diabólico lo había vuelto ciego y sordo a las llamadas del Maestro. Sabemos que, durante el *Seder,* la última cena con Jesús, Judas estaba situado muy cerca del Señor. La tradición judía nos dice que el más importante de la cena le ofrece el bocado a aquel de los invitados que más desea honrar a la vista de todos. Aquella noche Jesús quiso manifestar ante los once que había elegido a Judas para honrarlo, pero él no miraba a Jesús. Igual que a los otros, Jesús le había lavado los pies, incluso había anunciado abiertamente *"uno de ustedes me traicionará"*, haciéndole comprender así a Judas que conocía sus planes secretos. Esto tendría que haberle permitido que los confesara más fácilmente. Judas podría haber llevado a Jesús a parte y confesarle: "Me han pagado para que te entregue. Perdóname. ¡Apresúrate a huir por Betfagé!" Y habría sido perdonado inmediatamente.

En el monte de los Olivos, Judas, para señalar a Jesús a la tropa que había conducido, le dio un beso. Fue un beso en la boca. En aquella época tal beso era, para los judíos, un signo que sellaba un acuerdo de confianza entre amigos. Y Jesús le dijo: *"Amigo, ¡haz lo que tengas que hacer!"* (Mt 26,50) "¡Amigo!" Fue la última soga que Jesús le tendió en vida. "¿Me llama 'amigo'?" Judas podría haberse derrumbado ante semejante prueba de amor. Pero no, estaba como teledirigido por su pasión sin darse cuenta de que, de hecho, el miserable era él mismo, que había sido detenido, atado y llevado hacia la muerte por otro dueño al que se había sometido desde hacía tres años.

El Evangelio nos habla del remordimiento de Judas. Satanás no regala nada. Cuando consigue atrapar a su víctima, no es para darle paz y felicidad, sino para manipularla a su antojo. Tenemos entonces a Judas, torturado interiormente por el remordimiento. El remordimiento no tiene nada que ver con la contrición. Judas, al igual que Pedro, tomó conciencia de la profundidad de su miseria en aquel momento crucial de la prueba, pero miró hacia su miseria con una lucidez implacable y desesperada en vez de mirar a Jesús, dándole así plena satisfacción a Satanás.

El remordimiento surge de la contemplación de nuestra miseria. ¡Cuidado! Podemos tener una visión lúcida de nosotros mismos y de nuestra miseria sin que eso implique una visión "iluminada". Ahí, es Satanás el que nos tortura. No es el dolor del arrepentimiento, un dolor de amor hacia el ser herido; al contrario: se trata del dolor de un orgullo frustrado. Mirarnos a nosotros mismos hace que nos hundamos, mientras que mirar a Jesús nos eleva y nos salva. Mirar su miseria no podía más que sumir en la desesperación a Judas. Al ver que Jesús había sido condenado a muerte, habría podido también él, correr en búsqueda de la Virgen María y, anegado en llanto, al igual que Pedro, arrojarse a sus pies. Una vez más, las lágrimas de arrepentimiento habrían provocado una hermosa fiesta en el Cielo[16].

Hoy en día, muchas enfermedades mentales o físicas, o simples malestares, se deben al remordimiento que corroe el alma desde adentro, frecuentemente de manera inconsciente. Mientras que

---

[16] "La humanidad no encontrará la paz hasta que no se vuelva con confianza a Mi misericordia. ¡Oh! ¡Cómo me hiere la incredulidad del alma! Tal alma confiesa que soy Santo, y Justo, y no cree que soy la Misericordia. Desconfía de mi amor. También los demonios creen en mi justicia, pero no creen en mi bondad. Mi corazón se regocija del título de Misericordioso. **Proclama que la Misericordia es el atributo más grande de Dios.** Todas las obras de mis manos están coronadas por la Misericordia" (Diario, § 300).

Dios, en su infinita misericordia hacia el pecador, nos invita al verdadero arrepentimiento y a la contrición.

¿Cómo pasar del remordimiento al arrepentimiento, de la desesperación a la alegría? Es una simple cuestión de punto de vista. Tengo que descentrarme de mí mismo, salir de mi encierro y volver la mirada a mi Salvador que me tiende la mano. ¿Acaso no está escrito: *"El que mire hacia Él resplandecerá sin confusión o vergüenza en la cara"* (Sal 34,6)? El enemigo siempre tratará de señalar el mal que hay en nosotros y encerrarnos, porque él mismo vive en una prisión sin salida. Nos quiere capturar para encadenarnos con él. Afortunadamente, Jesús no ha venido para los justos sino para los pecadores, no ha venido para los sanos sino para los enfermos; en otras palabras, ¡estamos todos en su lista! Su deseo de atraer hacia sí al pecador es inconmensurable. Basta con arrojarse en sus brazos sinceramente para obtener misericordia. Santa Teresita lo explica muy bien.

Un día había cometido un pecado y escribió que enseguida se había sentido invadida por una gran alegría. ¿Cómo podía una santa como ella experimentar alegría después de haber pecado? De repente se acordó de estas palabras de Jesús en el Evangelio: *"Hay más alegría en el Cielo entre los ángeles de Dios por un solo pecador que se convierte que por 99 justos que no tienen necesidad de conversión"* (Lc 15,7) y pensó entonces: ¡Yo soy ese pecador! y se echó en los brazos de Jesús, confiando totalmente en su misericordia. Añadió que al hacerlo así había causado una gran alegría en el Cielo y también ella había participado de la alegría de los elegidos. He aquí el genio de Teresa: no daba lugar a los pensamientos negativos o tentaciones de desaliento después de haber pecado. Inmediatamente se echaba en brazos de su Salvador, sin mirar siquiera la fealdad de su miseria.

El santo no es una persona que nunca peca; una sola criatura nunca ha pecado: la Inmaculada Concepción. El santo es aquel que tiene tal confianza en la misericordia de Dios que no duda en echarse en sus brazos inmediatamente después de tomar conciencia de su culpa. Pero siempre existe la tentación de mirarse a sí mismo, de compadecerse por haber vuelto a caer, de reprocharse por haber cometido nuevamente el mismo error. De esa manera podemos pasarnos horas, meses y años removiendo nuestra miseria, sin aferrarnos a la soga que Jesús nos tiende, porque siempre y en cada momento está dispuesto a ayudarnos. ¡Es tan fácil pasar al lado del tesoro olvidando que está allí para nosotros! Nuestro grado de santidad podría medirse por la velocidad con la que aceptamos la misericordia después de una caída. No le dejemos ningún lapso de tiempo al enemigo para que actúe y dañe nuestras almas con sus sugestiones mortíferas.

Toda miseria es un abismo que nos quiere engullir si no la arrojamos en el corazón de Dios.

Es notorio que, cuantos más confesionarios se han cerrado en las iglesias por falta de usuarios – los pecadores arrepentidos – tanto más se han llenado los consultorios de los psiquiatras. En cambio, en las diócesis donde se han multiplicado las capillas de adoración perpetua, se comprueba una lluvia de bendiciones y conversiones. Los índices de violaciones y crímenes, suicidios, divorcios, abortos y el consumo de drogas disminuyen significativamente a favor de una explosión de gracias.

Si *"el salario del pecado es la muerte",* como enseña san Pablo, el don de Dios es la vida eterna.

Dios y el alma desesperada

Sor Faustina Kowalska, la primera santa canonizada del tercer milenio, nos relata este diálogo enternecedor entre Dios y el alma hundida en la desesperación:

"Jesús: '¡Alma sumergida en las tinieblas no desesperes, aún no está todo perdido; habla con tu Dios que es todo amor y misericordia!'

Pero desafortunadamente, el alma permanece sorda a la llamada de Dios y se sumerge en una oscuridad aún mayor. Jesús la llama nuevamente: '¡Alma, escucha la voz de tu Padre misericordioso!'

En el alma surge una respuesta: 'Para mí, ya no hay misericordia'. Y cae más bajo todavía, en una especie de desesperación que parece un anticipo del Infierno y hace que sea completamente incapaz de acercarse a Dios.

Por tercera vez, Jesús se dirige al alma, pero ésta está ciega y sorda y se endurece poco a poco en la desesperación. Entonces, desde lo profundo de la divina misericordia, se realiza un último esfuerzo y sin ninguna cooperación por parte del alma, Dios le concede su última gracia. Si la desprecia, Dios la deja en el estado en que quiere estar para siempre. Esta gracia proviene del corazón misericordioso de Jesús, toca el alma con su luz y ésta comienza a comprender el esfuerzo de Dios, pero la conversión depende de ella. El alma sabe que esta gracia es la última. Y si muestra el más mínimo indicio de buena voluntad, por pequeño que sea, la divina misericordia realizará el resto.

Jesús: 'Ahí actúa la omnipotencia de mi misericordia. ¡Feliz el alma que aprovecha esta gracia! ¡Qué inmensa alegría llena mi corazón cuando vuelves a mí! Te veo tan débil... por eso te tomo en brazos y te llevo a la casa de mi Padre'.

El alma, como sacada de su letargo, pregunta llena de espanto: '¿Es posible que todavía haya misericordia para mí?'

Jesús: 'Precisamente eres tú, hija mía, la que tienes un derecho especial a mi misericordia. Permítele que actúe en ti, en tu pobre alma. Permite que entren los rayos de la gracia en tu alma, ya que traen consigo la luz, el calor y la vida'.

Alma: 'Sin embargo, el miedo se apodera de mí sólo con acordarme de mis pecados y ese terrible temor me lleva a dudar de tu bondad'.

Jesús: 'Alma, debes saber que todos tus pecados no me han herido el corazón tan dolorosamente como lo hace tu desconfianza actual. ¿Cómo puedes, después de tantas pruebas de mi amor y mi misericordia, seguir siendo incrédula hacia mi bondad?'

Alma: 'Oh, Señor, sálvame tú porque voy a morir. Sé para mí el Salvador. Oh, Señor, no soy capaz de expresar nada más, mi pobre corazón está roto, pero tú, Señor…'

Jesús no deja que el alma termine estas palabras, sino que la eleva de la Tierra, abismo de miseria y, en un momento, la conduce a la morada de su propio corazón, donde todos sus pecados desaparecen en un abrir y cerrar de ojos. El fuego del amor los destruye.

Jesús: 'Aquí tienes, alma, todos los tesoros de mi corazón. ¡Ven a proveerte de lo que necesites!'

Alma: '¡Oh, Señor! Me siento colmada por tu gracia; siento cómo una vida nueva me penetra. Y, sobre todo, siento tu amor en mi corazón y eso me basta, Señor. Durante toda la eternidad glorificaré la omnipotencia de tu misericordia. Enardecida por tu bondad, te voy a decir todo lo que causa el dolor de mi corazón'.

Jesús: 'Dímelo todo, hija mía, sin ninguna restricción; ya que es un corazón lleno de amor quien te escucha, el corazón del mejor de los amigos'.

Alma: '¡Oh, Señor! Ahora descubro toda mi ingratitud y tu bondad. Me perseguías con tu gracia y yo hacía inútiles todos tus esfuerzos. Veo que merecería el abismo más profundo del Infierno por haber desperdiciado tus gracias'.

Jesús interrumpe la conversación del alma y le indica: 'No te hundas en tu miseria, estás demasiado débil para hablar. Mejor mira mi corazón lleno de bondad. Imprégnate de mi forma de sentir y esfuérzate en lograr calma y humildad. Sé misericordiosa para con los demás, como yo lo soy para ti. Y cuando sientas que tus fuerzas se debilitan, ¡ven a la fuente de la misericordia y fortifica tu alma! ¡Así no te debilitarás por el camino!'

Alma: 'Ahora comprendo tu misericordia que me cubre con una nube de luz y me lleva a la casa de mi Padre, protegiéndome del Infierno terrible que he merecido no una, sino mil veces. ¡Oh, Señor! Mi agradecimiento nunca será suficiente para glorificar dignamente tu insondable misericordia, tu piedad para conmigo'''
(D, 1485).

11
SORPRESA EN EL CONFESIONARIO

A principios de mayo de 2010, una familia de Nápoles llegó a Medjugorje en un estado de profunda angustia. En el plano espiritual no tenían paz, y en el plano físico llevaban una pesada cruz: no sólo su pequeña Giulia de cinco años estaba casi completamente sorda de nacimiento, sino que además su hijo Antonio, de ocho años, tenía epilepsia. Sus ataques se multiplicaban con el paso de los días, de modo que cada vez eran más frecuentes. ¡Los padres no soportaban más verlo sufrir así!

Cierta noche fueron con los demás peregrinos a la colina de las apariciones a rezar el rosario bajo las estrellas con el vidente Ivan mientras aguardaban la llegada de la Virgen. Allí lo pusieron todo en manos de la Madre. Esperaban una poderosa ayuda del Cielo como fruto de su peregrinación.

Al día siguiente, Vittorio, el padre, compartió con la responsable de su grupo la dolorosa situación de su familia, aguardando una palabra de consuelo de su parte; pero ella simplemente le dijo: "¡Ve a confesarte!" Sorprendido por esa orden, el hombre hizo un examen de conciencia. Efectivamente, vivía en pecado y no se había confesado desde hacía muchos años. Había perdido el estado de gracia hacía tiempo y sin embargo imploraba un favor del Cielo para sus hijos. Entonces comprendió que primero debía hacer las paces con Dios, como lo había presentido la responsable del grupo que tenía buen olfato para ese tipo de situaciones. Al sentir en esa respuesta una invitación personal de Dios, Vittorio decidió hacer una buena confesión y renunciar sinceramente a sus pecados. ¡Ya era hora!

Para asombro de todos, su hijo Antonio (que no sabía nada de aquella confesión) dejó de tener convulsiones de inmediato. ¡Desde entonces no ha vuelto a tenerlas! En cuanto a su hijita, comenzó a hablar al volver de la peregrinación, pronunciando palabras inteligibles por primera vez...

Vittorio concluye así su hermoso testimonio: "¡He cambiado! Mi esposa y yo vemos ahora la vida de una manera completamente diferente. Es un gran consuelo haber reencontrado la serenidad y ver que mi mujer ha recuperado su optimismo. A partir de aquella confesión en Medjugorje puedo experimentar palpablemente los beneficios de llevar una vida vivida a la luz de Dios".

Un remedio al alcance de la mano

La Santísima Virgen sabe por qué nos pide una confesión mensual.

"Cuando hay pecado – afirma la Virgen en Medjugorje – no hay paz. Con el pecado, nadie puede ser feliz... la confesión mensual será un remedio para la Iglesia de Occidente" (Mensaje de 1982).

"Quiero llevarlos a todos a mi Hijo, su Salvador. No son conscientes de que sin Él no tienen alegría, ni paz, ni futuro, ni vida eterna" (25 de julio de 2010).

"Espero de ustedes que miren con honestidad en sus corazones y vean cuánto aman al Padre. ¿Es el último en ser amado? Rodeados de bienes materiales, ¡cuántas veces lo han traicionado, renegado de Él y olvidado! Hijos míos, no se dejen engañar por los bienes terrenales. Piensen en el alma porque es más importante que el cuerpo; ¡purifíquenla! Invoquen al Padre, los está esperando; ¡vuelvan a Él! (2 de noviembre de 2009)

"Muchos vienen a Medjugorje para pedir una curación física, pero al mismo tiempo están viviendo en pecado. No, queridos hijos, esto no es justo. Que primero abandonen el pecado y hagan una buena confesión, porque la salud del

alma es más importante que la salud del cuerpo. Muchas más curaciones se concederían si se abandonara el pecado... No los puedo ayudar si no viven los mandamientos de Dios, si no viven la fe, si no viven la misa" (25 de octubre de 1993).

El Hijo Pródigo de Rembrandt
(Foto Archivo/Museo de Viena/autorizada)

12
PASCUAL PERDONA AL SACERDOTE

Pascual era un niño colombiano muy bueno y guapo. En el colegio frecuentaba a un sacerdote que, por desgracia, tuvo deseos de abusar de él. Frente a aquella tentativa, el pequeño Pascual tuvo la buena idea de huir, y logró escapar así de las manos de su potencial depredador antes de que le sucediera una desgracia. Pero estaba tan traumatizado por la actitud de aquel consagrado, inconcebible para su corazoncito de niño, que rechazó a la vez y en el mismo paquete a los sacerdotes, a la Iglesia y al mismo Dios. Aquel día se convirtió en un ateo liso y llano.

Al crecer, se interesó por el budismo y se dedicó en cuerpo y alma a esa filosofía y a las prácticas orientales que fascinaban su mente ávida de descubrimientos.

Un día, ya casado, su mejor amigo le ofreció un viaje a Bosnia-Herzegovina, con la esperanza de volver a encaminarlo hacia Cristo y de reconciliarlo con la Iglesia. Le explicó con entusiasmo que allí conocía un pueblo donde un grupo de jóvenes experimentaban vivencias extraordinarias con el Cielo. Aguijoneado por la curiosidad y por la atracción de un largo viaje a otro continente, Pascual se dejó convencer y llegó con algunos peregrinos a Medjugorje. La Santísima Virgen lo esperaba allí y, usando su innegable delicadeza maternal, consiguió conquistar su corazón y llevarlo a Jesús.

Al volver a su tierra natal, Pascual ya era otro hombre, cristianizado, feliz y satisfecho. Cambió radicalmente de vida y su mujer lo siguió en su movimiento de conversión. Comenzó a organizar peregrinaciones a Medjugorje gracias a las cuales la Virgen tocó muchos otros corazones.

Pero nunca había olvidado a aquel cura de su infancia. Recibió la gracia de perdonarlo y el perdón fue tan profundo que decidió volver a verlo para hablar con él. Sus indagaciones dieron fruto enseguida y Pascual se encontró ante un anciano que le dio una cálida bienvenida sin reconocerlo. Después de un poco de conversación, bastante formal, Pascual le habló de un niño que, con toda su inocencia, había puesto su confianza en un sacerdote; pero que un día de tinieblas, había sido traicionado por él. Este niño había crecido y, después de haber rechazado a la Iglesia, a sus pastores y también al mismo Dios, había sido reconducido hacia el camino de la fe por la Virgen.

Pronto, el anciano sacerdote comprendió entre líneas de quién se trataba y empezó a temblar. Pascual se apresuró a decirle: "¡Tenga paz! Ese niño es quien hoy viene a verlo para decirle que lo ha perdonado de todo corazón. No solamente le ha perdonado, sino que Jesús, además, ha curado su herida de manera que ya no queda ni rastro de amargura ni de rencor".

El sacerdote se echó a llorar; a continuación, musitó con la voz quebrada por la emoción: "Hace treinta y seis años que me torturo por lo que hice; treinta y seis años que busco la paz sin encontrarla; treinta y seis años que le suplico a Dios que me perdone lo imperdonable. ¡Y hoy, ha escuchado mi súplica! Voy a poder morir en paz porque has venido a visitarme. Pascual estrechó durante mucho tiempo al sacerdote contra su corazón hasta que cesaron sus sollozos. ¡La misericordia de Dios había ganado!

* * * *

Los medios de comunicación nos bombardean con escándalos. Se dedican a publicar sólo una parte de la verdad, ocultando muchas maravillas que podrían elevar a las almas en lugar de dañarlas.

La nota desafinada

Imaginemos a un hombre al que le gusta la música y disfruta escuchando a los mejores compositores. Un día asiste a un concierto ejecutado por una orquesta famosa y espera de ella una interpretación de gran calidad. Pero cuál no sería su sorpresa al oír a uno de los violinistas desafinar de forma contundente, con lo que arruina todo el concierto. Tapándose los oídos, sale del teatro encolerizado y jura que, a partir de ese momento, la música no formará más parte de su vida, que es su último concierto. "Qué horrible, ¿cómo se atreven a desafinar de esa manera? ¡Basta, se acabó de una vez por todas!" Sus grabaciones y su colección de virtuosos y de *hit-parade*... ¡a la basura!

O bien imaginemos a un hombre que un día cae en manos de un mal médico, que por una negligencia grave perjudica su salud en lugar de curarlo. Furioso al comprobar esa falta, comienza a maldecir a todos los médicos del mundo y decide no consultar a ningún otro facultativo.

De esta forma reaccionan muchas personas cuando tienen que sufrir por un sacerdote que comete una falta. A partir de ese día, condenan al ostracismo a todos los demás sacerdotes, muchas veces a toda la Iglesia e incluso al mismo Dios. ¿Cuántos hombres y mujeres han caído en esta trampa y han dejado de practicar su fe cristiana después de haber tenido una mala experiencia con una persona de la Iglesia? No se dan cuenta de que se están castigando a sí mismos muy severamente, privándose de una fuente esencial de gracias indispensable para la paz de sus corazones y su camino de santidad. De esa manera castigan a Dios por un crimen que no ha cometido y por el cual es el primero en sufrir. Satanás entonces se frota las manos: ¡ha logrado inocular su amargura en un alma y separar a ese hijo de Dios de su divino Benefactor! ¿Por qué olvidarse de los santos que pululan en la Iglesia y que mediante su amistad sublime les pueden traer tanta alegría, tanto consuelo y maravillosas ayudas en su camino hacia Dios?

Un sacerdote católico escribe al *New York Times*

De los muchos sacerdotes que viven sencilla y santamente su ministerio sacerdotal en el pueblo de Dios, uno ha tenido el valor de responder a los ataques de la prensa contra el clero católico. Lo que escribe a continuación probablemente nunca será publicado por los medios de comunicación de manera destacada porque, para ganar mucho dinero, hay que incitar al público a la búsqueda del escándalo, sorprenderlo mediante una mezcla sutil de sexo, dinero y religión.

¿La verdad pura y simple? ¡Ni en broma! ¡Es poco atrapante!

Agradecemos al padre Martín Lasarte por exponer con sencillez la verdad de los hechos.

Querido hermano periodista:
"Soy un simple sacerdote católico. Me siento feliz y orgulloso de mi vocación. Soy misionero en Angola desde hace veinte años.

Veo en muchos medios de comunicación, especialmente en tu periódico, cada vez más informes sobre los sacerdotes pedófilos. Todo eso es contado de manera morbosa, investigando los menores detalles de la vida de esos sacerdotes, a la búsqueda de los errores de su pasado.

Mencionan un caso en una ciudad de Estados Unidos en los años setenta, otro en Australia en los años ochenta, otros más recientes y así sucesivamente… ¡Sin duda son todos casos condenables!

Existen presentaciones periodísticas ponderadas y equilibradas, otras abundan en detalles y están llenas de prejuicios e incluso de odio. Personalmente siento un gran dolor por el daño inmenso que unas personas que deberían ser signos del amor de Dios hayan podido infligir y, también, porque se han convertido en un puñal en la vida de seres inocentes. Tales actos son injustificables. No hay duda de que la Iglesia sólo puede estar del lado de los débiles y de los más desfavorecidos. Por esa razón, todas las medidas que puedan tomarse para la prevención y protección de la dignidad de los niños serán siempre una prioridad absoluta.

Pero es curioso ver, en esos mismos medios de comunicación, la falta de interés y de informaciones sobre los miles de sacerdotes que sacrifican su vida y la consagran a millones de niños, adolescentes y a los más desfavorecidos de todos los rincones del mundo.

Creo que a tu periódico le importa muy poco saber:

Que yo haya tenido que transportar a muchos niños que sufrían de desnutrición por caminos minados a causa de la guerra de 2002 en Cangumbe en Lwena (Angola), porque el gobierno no podía hacerlo, ni tampoco las ONG al no estar autorizadas.

Que haya tenido que enterrar a decenas de niños muertos por culpa de los desplazamientos debidos a la guerra.

Que hayamos salvado la vida de miles de personas en México a través del único centro de salud existente en un área de 90.000 kilómetros cuadrados y mediante la distribución de alimentos y semillas.

Que hayamos podido abrir escuelas para educar a más de 110.000 niños en los últimos diez años.

También carece de interés que, junto con otros sacerdotes, hayamos tenido que rescatar a cerca de 15.000 personas en los campamentos de la guerrilla después de que se rindieran, porque los alimentos del gobierno y de la ONU no llegaban.

Sin duda tampoco es una noticia interesante que un sacerdote de setenta y cinco años, el padre Roberto, recorra la ciudad de Luanda curando a los niños de la calle y llevándolos a un refugio para desintoxicarlos de la gasolina que aspiran cuando se ganan la vida como "tragafuegos".

La alfabetización de cientos de prisioneros tampoco es una noticia importante.

Ni el hecho de que otros sacerdotes, como el padre Stéphane, abran casas de acogida para que jóvenes maltratados, golpeados e incluso violados tengan un refugio.

Tampoco importa que el padre Maiato, a pesar de sus ochenta años, visite los hogares de los pobres, casa por casa, consolando a los enfermos y desesperados.

Tampoco es noticia que más de 6.000 entre los 40.000 sacerdotes y religiosos que estamos hoy en Angola, hayan dejado su país y su familia para servir a sus hermanos en una leprosería, en hospitales, campos de refugiados, orfanatos (para niños acusados de brujería) o huérfanos de padres fallecidos por sida, en las escuelas para los más pobres, en los centros de formación profesional, los centros de acogida para los seropositivos, etc.

O, sobre todo, gastan sus fuerzas y dan su vida con empeño en parroquias y misiones, motivando a la gente a que viva mejor y sobre todo a que ame.

Tampoco es noticia que mi amigo, el padre Marc-Aurèle, para salvar a los niños durante la guerra de Angola, los transportara de Kalulo a Dondo y que, al volver de su misión, fuera ametrallado; que el hermano Francisco, junto con cinco señoras catequistas hayan muerto en un accidente, yendo a ayudar a las zonas rurales más alejadas del país.

Que docenas de misioneros en Angola hayan muerto por falta de medios sanitarios por una simple malaria.

Que otros hayan saltado por el aire por la explosión de una mina, al ir a visitar a sus fieles; de hecho, en el cementerio de Kalulo se encuentran las tumbas de los primeros sacerdotes que llegaron a la región; ninguno vivió más de cuarenta años…

No es una noticia seguir a un cura "normal" en su trabajo diario, en sus dificultades y alegrías, y constatar que emplea su vida en silencio a favor de la comunidad a la que sirve.

La verdad es que no buscamos ser noticia sino, simplemente, queremos llevar la "Buena Noticia", esta noticia que, sin alboroto, comenzó en la mañana de Pascua.

Un árbol que cae hace más ruido que mil árboles que crecen.

Se hace mucho más alboroto por un sacerdote que comete una falta que por los miles que dan su vida por innumerables pobres e indigentes.

No pretendo hacer apología de la Iglesia ni de los sacerdotes.

Un sacerdote no es un héroe ni un neurótico. Es sencillamente un hombre normal que, con su naturaleza humana, trata de seguir a Jesús y de servirlo en sus hermanos. Tiene miserias, pobrezas y debilidades como todos los seres humanos; pero igualmente hay en él belleza y grandeza, como en toda criatura...

Insistir de manera obsesiva y persecutoria en un tema doloroso, perdiendo de vista el conjunto de toda la obra, realmente crea caricaturas que perjudican al sacerdocio católico y por las cuales me siento ofendido.

Sólo te pido, amigo periodista, que busques la Verdad, el Bien y la Belleza. Eso hará crecer tu profesión.

En Cristo,

Padre Martin Lasarte, sdb

Marzo 2015

Mi pasado, Señor, lo confío a tu misericordia; mi presente, a tu amor; mi futuro a tu providencia".

13

LUCIA Y EL PERDÓN IMPOSIBLE

Mi querida amiga Lucia siempre me impresiona por su gran fe y por su determinación en seguir a Cristo. Es una mujer de oración frecuentemente muy inspirada, y dotada además de una fuerte personalidad. Hace algunos años le tocó pasar, como madre y abuela, por una terrible experiencia. Representa el caso, cada vez más común, de la mujer aplastada por un evento familiar injusto que le genera un mar de amargura.

Lucia tiene dos hijos. El mayor, Ricardo, se casó con Simona y de esa unión nació Franci, un maravilloso pequeño. Su abuela solía tenerlo en su casa porque ambos padres trabajaban y podían dedicarle poco tiempo. Gracias a ella, el niño disfrutaba de esa presencia femenina amorosa, esa delicadeza llena de atenciones, aquellas preciosas horas de ternura que todo ser humano necesita especialmente de pequeño. Pero pronto el matrimonio entró en crisis y las relaciones familiares empezaron a deteriorarse seriamente.

Démosle la palabra a Lucia:

"Pensé que el amor que unía a Ricardo y a Simona, sellado por el sacramento del matrimonio, duraría para siempre, pero desafortunadamente se hizo añicos. Al principio, la situación era bastante llevadera y yo hacía de pararrayos para proteger a mi Franci, quien era testigo de las escenas domésticas de sus padres. Se lo notaba destrozado, pero él era incapaz de verbalizar su angustia.

También tuvo que soportar las visitas de los respectivos

amantes de sus padres e incluso llegar a convivir con ellos. A caballo entre una casa y la otra, yo veía que el pequeño perdía sus puntos de referencia y se sentía perdido. La herida por la separación de sus padres se agrandaba cada día más.

Todos conocemos las consecuencias de estas tragedias: pesadillas, problemas en la escuela, depresión, inquietud, ira reprimida. Y, sobre todo, esas oleadas de profunda tristeza que pueden hacer que los niños pierdan las ganas de vivir.

Ricardo pidió la nulidad de su matrimonio y la obtuvo. Simona, por su parte, inició los trámites de divorcio, incluyendo demandas que me dejaron sin aliento. Ella quería que mi hijo fuera privado de la patria potestad y que se sometiera a exámenes toxicológicos y psiquiátricos, además de pedirle una pensión alimentaria desorbitada para ella y para el niño. Para colmo, exigía que un psicólogo y una asistente social supervisaran al pequeño.

Yo vociferaba de dolor, de ira, de rebeldía y de rencor, y mis lágrimas se entremezclaban con los peores insultos que uno pueda imaginar. Como vivo en el campo, abría las ventanas de par en par y gritaba con todo mi ser para que el universo entero se empapara de mi cólera. ¡Había caído bajo la influencia del Demonio!

'Lo que contamina al hombre no es lo que entra por la boca, sino lo que sale de adentro. Eso es lo que lo contamina' (Mt. 15, 11)

Ya no conseguía dormir por la noche; había perdido la paz. Me confesaba, pero aquello era más bien una manera de desahogarme que una verdadera confesión, y la paz no volvía. Presentaba a mi hijo y a mi nieto a los pies de Cristo y le entregaba regularmente toda aquella situación durante la santa misa, pero en vez de soltar mi sufrimiento, quería mantenerlo como una manifestación visible del daño padecido.

Durante mi misa diaria solía intercambiar el beso de la paz con mis vecinos de banco. Después cerraba los ojos y enviaba esa paz, en espíritu, a mis parientes. Pero sentía claramente que 'su paz' no podía alcanzarme, porque mi corazón prefería albergar a sus nuevos 'inquilinos': el señor odio, la señorita rebeldía, la señora ira, el señor deseo de venganza; así sucesivamente, y mejor no sigo…

Un día me di cuenta de que también debía hacer las paces con Simona y que, sólo entonces, me vería liberada de aquellos demonios interiores que me corroían hasta arruinarme la vida. Pero perdonarla me resultaba totalmente imposible. ¿Imposible? La palabra del ángel a María en Nazaret no se me iba de la cabeza. *'Nada es imposible para Dios'*. Seguro que había manera de lograrlo. Le pedí ayuda a Jesús; quería que me enseñara a actuar como Él lo había hecho en el momento de su crucifixión, cuando intercedía por nosotros: *'Padre, perdónalos porque no saben lo que hacen'*. Le decía que yo sola era incapaz de perdonarla, pero que tenía la mejor de las voluntades.

Me acordaba de estas palabras de la Virgen en Medjugorje:

'Queridos hijos, los invito nuevamente a la oración con el corazón. Si oran así, queridos hijos, el hielo que hay en sus hermanos se derretirá, toda barrera desaparecerá, la conversión será fácil para todos los que la quieran acoger. Es un don que tienen que implorar para su prójimo' (23 de enero de 1986).

Entonces empecé una batalla sangrienta entre el llamado a la misericordia de Jesús y mi naturaleza rebelde. Haciendo caso omiso de la violencia de mis sentimientos negativos y focalizándome en la persona de Jesús, me obligué a decir interiormente estas palabras:

'Simona, te pido perdón por todo el daño que te he hecho. (¡Es cierto que durante todo aquel tiempo no le había enviado sólo bendiciones!). Yo también te perdono por todo el mal que me has hecho y te doy la paz de Jesús'.

Con gran dificultad lograba repetir aquella frase en cada misa en el momento del beso de la paz, pero curiosamente cada vez con menos dificultad. ¡En su gran misericordia, el Señor me estaba curando! Necesitó tres meses para conseguir una victoria completa en mi corazón.

En efecto, un día durante la misa sentí por primera vez que mis palabras de perdón dirigidas a Simona eran sinceras. Todo mi ser milagrosamente estaba de acuerdo. ¡No podía creerlo! Mi alegría fue tan grande que, de regreso a casa, tomé el teléfono e invité a Simona a tomar un café conmigo. ¡Creo que aquel día debió haber una gran fiesta en el Cielo! Los ángeles y los santos seguramente contemplaban cómo disfrutábamos tomando nuestro expreso bien cargado, a pequeños sorbos, como dos amigas que se reúnen después de una ausencia larga y dolorosa. Sólo Dios sabe realizar semejantes cosas. ¡Bendito sea su nombre!"

¿Capaz de amar como ama Dios?

Este testimonio de Lucia arroja una gran luz, por un lado, sobre el combate espiritual que tenemos que librar como cristianos y por el otro, sobre las fuerzas que actúan en contra. Frecuentemente no somos conscientes de la importancia de esa lucha.

Aquí tengo que dar alguna explicación sobre las facultades propias de los seres humanos, de acuerdo con la antropología tradicional según santo Tomás, san Juan de la Cruz y muchos otros entendidos. Estamos hechos de espíritu y de carne (ésta a la vez compuesta de cuerpo y de psique), ambos *creados a imagen y semejanza de Dios*" (Gn 1, 26). El espíritu es inviolable, es decir, que ni el pecado original ni las heridas de la vida lo pueden alcanzar. Se compone de tres facultades superiores: la voluntad profunda (nuestra libre capacidad de adhesión a Dios), la inteligencia profunda (la capacidad de penetrar los misterios de Dios) y la memoria profunda (la huella de Dios en nosotros). Si el pecado ha dejado intacta la imagen, en cambio, hemos perdido la semejanza. El cuerpo y la psique (a veces llamada alma), están marcados por las heridas y por el pecado y engloban la afectividad, la imaginación y la memoria (que nos permite recordar el pasado).

El ser humano es capaz de amar como Dios ama; esto es incluso un mandamiento: "*Ámense los unos a los otros como yo los he amado*", dice Jesús (Jn 13, 34). Las secuelas del pecado original hacen que frecuentemente seamos atraídos por las apetencias de nuestra débil naturaleza humana y no seamos conscientes de nuestra grandeza. De hecho, el peso de la naturaleza humana, herida por el pecado original y por los demás pecados que hemos ido añadiendo a lo largo de nuestra vida, puede oscurecer la conciencia de que tenemos, en lo profundo de nosotros mismos, un espíritu al que Dios se une: "*El Espíritu en persona se une a nuestro espíritu para dar testimonio de que somos hijos de Dios*" (Rm 8,16). ¡Si al menos los fieles y todo el mundo lo supieran!

El verdadero desafío del Evangelio

En el caso de Lucia, toda su naturaleza humana se rebelaba ante la injusticia de la que sentía eran víctimas ella y su familia. Su afectividad y su instinto maternal le dictaban que se rebelara y que golpeara con dureza; en pocas palabras, que devolviera mal por mal. Afortunadamente, se dio cuenta de esa esclavitud y decidió liberarse. Como nos enseña san Pedro:

"*No devuelvan mal por mal, insulto por insulto. Al contrario, retribuyan con bendiciones, porque ustedes mismos están llamados a heredar una bendición*" (1 Pe 3, 9).

Fue entonces cuando su bella alma, acostumbrada a frecuentar al Señor en la oración y los sacramentos, trató de tomar el control e hizo un acto de libre albedrío. Con Dios y con su ayuda, pensó, debería ser capaz de perdonar. Optó por la supremacía de la gracia sobre su naturaleza herida y rebelde, y decidió abrirse a otra dimensión que su alma era capaz de captar. Eso permitió que la gracia de Dios la fuera llenando poco a poco. Tomó la decisión correcta. Anonadada por sus reacciones de odio ante su enemiga, supo apelar a la parte más noble de su ser, a su espíritu.

Así, al final de esta historia, vemos que la gracia ha triunfado sobre las debilidades de la naturaleza, es decir, ha triunfado sobre el pecado. Si, en tales circunstancias, Lucia fue capaz de domar la avalancha de sentimientos negativos para echarlos en el abismo de la misericordia, todos somos capaces de hacerlo. Éste es el "desafío" del Evangelio, que nos invita a hacer morir las obras del hombre viejo para que surja el hombre nuevo, recreado cada día por gracia de Dios.

¿Candidatos al matrimonio?

En nuestro mundo actual, ¡qué tragedia ver tantos matrimonios que se caen a pedazos uno tras otro! Como si la sociedad se hubiera organizado para facilitar el fracaso del matrimonio. El caso de Ricardo y Simona, con el desfile de sus crisis, traiciones y rupturas y su desencadenamiento de odio con efecto de bola de nieve, ¡se ha vuelto tan común! ¿Pero, por qué acumular tantas heridas cuando se pueden evitar?

No es mi propósito denunciar aquí las leyes civiles que van en contra del plan de Dios para el hombre y la mujer, ni extenderme sobre las innumerables víctimas de esas leyes impías[17]. Propongo, mejor, que examinemos juntos los medios para que un matrimonio tenga éxito y ver cómo evitar las trampas que pueden amenazarlo.

Tomemos como ejemplo el caso de mis padres. ¡Su historia de amor podría haber terminado en un desastre! Pero su secreto fue

---

[17] Este tema está muy bien tratado (para los que leen en francés) en un libro del padre Daniel-Ange: *Éblouissante sexualité,* Éditions du Jubilé (www.editionsdujubile.com)

que empezaron bien, anclados sobre buenos cimientos. Esto les permitió atravesar todas las tormentas. ¿Qué familia, un día u otro, no sufre los embates de una tempestad que surge con violencia y amenaza con romper la comunión de los corazones?

Esta es la historia de mis padres, que puede proporcionar una clave de seguridad a otras parejas. Desde su más tierna infancia, mi padre tenía un gran amor por la Santísima Virgen. Apenas tenía cuatro años cuando, en la escuela infantil, una monja le reveló las profundidades del corazón amoroso de María. A su manera, se enamoró de su Madre celestial y en su sencillez de niño ya le decía: "¡Mamá, toma mi corazón, te lo doy!"

Y cuando llegó a la edad de casarse, le pidió: "Madre Santísima, hazme conocer a la mujer que Dios ha preparado para mí. Cuando la encuentre, por favor indícame en mi interior que es ella". Su corazón estaba bien dispuesto y, por lo que respecta a mi padre, no se distrajo en busca de una mujer. También invocó al ángel de la guarda de su futura esposa y le pidió que la protegiera, de manera que la conservara pura, buena, amable, en buena salud ¡y guapa! Sugiero a todos los jóvenes que adopten esta oración.

De hecho, cuando mis padres se conocieron después de la segunda guerra mundial, se reconocieron casi inmediatamente. Cuando mi padre vio a mi madre, fue embargado por una profunda convicción y pensó: "¡Ahí está, es ella!" Pero estaba lejos de imaginarse lo que mi madre le revelaría más tarde… También ella había consagrado su futuro marido a la Santísima Virgen, a quien había pedido: "Por favor, elige tú misma al hombre de mi vida y haz que te ame mucho. Protégelo y cuida mucho de él". Además, todos los días ella enviaba su ángel de la guarda a ese desconocido, para que lo protegiera en caso de que estuviera en peligro, porque la segunda guerra mundial causaba estragos en aquel momento.

Lo cierto es que mi padre permaneció durante tres años en los campos de concentración. La muerte lo rozó varias veces y cada vez se produjo algún acontecimiento inexplicable. Por ejemplo, un día se "salió de la formación" durante un control para recoger la gorra de otro prisionero que se había volado. ¡Delito imperdonable que merecía la muerte! Se le impuso un terrible castigo: lo encerraron varias noches seguidas en una celda especial donde no podía estar de pie ni sentarse. Durante el día, iba a trabajar sin haber bebido ni comido. Con ese régimen, los prisioneros no pasaban de tres días. Al tercer día, mi padre sintió que le llegaba la muerte y encomendó su alma a la Santísima Virgen. En aquel momento, se abrió la puerta de su celda y un guardia de las SS le gritó que lo necesitaba para reemplazar al médico del campo que estaba enfermo. Por eso le dieron de comer y de beber, y así fue como mi padre se salvó por muy poco.

He de confesar que mis padres tenían personalidades muy diferentes. ¡La vida no siempre era color de rosa entre ellos! y sigo estando firmemente convencida de que al confiar su familia al corazón de Dios y practicar fielmente la oración diaria juntos, la salvaron del proyecto de destrucción de Satanás[18]. Sin extenderme más sobre la historia de mi familia, deseo afirmar y reafirmar que cuando Dios está en el centro de nuestras vidas, cuando es amado y venerado, puede realizar su plan divino y positivo; ese proyecto de unidad y felicidad que se le ha pedido, utilizando incluso las mayores dificultades para hacernos crecer. Los vientos pueden soplar, las olas romper contra las frágiles barcas de nuestros hogares, pero si el matrimonio está anclado sobre cimientos profundos, aguanta.

A lo largo de los años, el amor humano se transforma poco a poco hasta florecer en un amor divino, un amor de oblación. Entonces Dios es, a bordo, el capitán del barco y se evita el naufragio.

Me gusta citar la expresión de uno de nuestros amigos, después de varios años de matrimonio: "¡Si el amor te vuelve ciego, el

---

[18] *"Hoy más que nunca* – dice la Virgen en Medjugorje – *Satanás quiere destruir sus familias. Por eso los invito a que oren en familia y por la familia. La oración en familia es el remedio para curar el mundo de hoy"* (mensaje transmitido por el vidente Ivan Dragicevic durante sus conferencias en Medjugorje).

matrimonio te devuelve la vista!" El paso del tiempo pone a prueba los fundamentos de nuestras decisiones y es entonces cuando nos felicitamos de haber colocado a Dios en el primer lugar. Y si no lo hemos hecho, es cuando empezamos a clamar hacia Él en la desgracia, ¡porque nunca es demasiado tarde para invocar su misericordia!

14
EL GUIÑO DE MI MADRE EN CHINA

Madre de la autora, Odile Maillard (Foto Dominique Lefèvre)

En noviembre de 2015 me encontraba visitando algunas ciudades chinas. Tengo buenos contactos allí que me querían presentar a varios grupos de amigos. Al salir de Bosnia Herzegovina, le pedí a Dios que no se llevara con Él durante mi ausencia a mi madrecita Odile de noventa y cuatro años. Pero el 23 de noviembre, tres días antes de mi regreso a Europa, recibí una llamada de mi hermano diciendo: "Mamá está mal, tiene dificultades respiratorias, su partida es inminente". Entonces le rogué al padre Slavko Barbaric, un santo franciscano croata con el que había tenido mucha amistad, que viniera a buscar a mi madre lo antes posible, sabiendo que ella lo quería mucho. Al día siguiente, 24 de noviembre, día del nacimiento al Cielo del padre Slavko, mamá retornó al Padre en paz; simplemente dejó de respirar durante el sueño. ¡Recibir semejante noticia cuando se está en el otro extremo del mundo impresiona bastante!

Al día siguiente, 25 de noviembre, tenía que encontrarme con dos grupos de amigos en dos ciudades diferentes. Por la mañana, con el primer grupo, todo anduvo muy bien, pero a causa de la nieve y las placas de hielo, fue cerrada la autopista que lleva a la segunda ciudad. En la región de China donde me encontraba, no muy lejos de Beijing (Pekín), la capital, hacía un frío terrible: -7 grados centígrados; y no menciono el viento. Estábamos atrapados.

Sin embargo, la reunión de la tarde era muy importante para mí. No podía digerir la situación y pensé: "Venir de tan lejos y quedarnos inmovilizados… No, ¡tenemos que encontrar una solución!" No quería capitular aunque mi pequeño equipo ya había renunciado al viaje ante la innegable evidencia de que las carreteras estaban bloqueadas por la nieve. Naturalmente, pensaba mucho en mi madre y en su partida hacia el Padre y oraba por su alma.

Entonces se me ocurrió una brillante idea. Me dirigí a ella en mi corazón y le dije: "¡Mamá, si ya estás en el Cielo, dame una señal! ¡Ábrenos la autopista!" Yo sabía que estaba pidiendo lo imposible, pero en el Cielo todo es posible para Dios. Él, que sabe calmar las peores tempestades en el acto, ¿se quedaría paralizado por la nieve? ¿Unas toneladas de hielo podrían hacer que su diestra no pudiera actuar?

Durante el almuerzo, el amigo chino que nos había invitado declaró de repente: "Conozco a alguien que trabaja en esa autopista. ¡Voy a llamarlo!" Afuera caían grandes copos de nieve y la situación empeoraba cada vez más, hasta el punto de que incluso mi acceso al aeropuerto para el día siguiente empezó a verse amenazado. Confirmaron la información telefónicamente y el empleado de la autopista nos dijo: "Vengan ustedes mismos aquí y se darán cuenta de que no hay nada que hacer". Decidimos ir de todos modos y en efecto nos encontramos con largas filas de camiones ante la barrera del peaje, con sus conductores dispuestos a pasar la noche en medio del frío y sin ninguna certeza para el día siguiente…

Sin embargo, en secreto seguía hablando con mi madre: "Tú puedes lograrlo: ¡Ábrenos la carretera!" Al ver confirmada la imposibilidad de seguir camino, ya estábamos volviendo a casa de nuestros anfitriones. De repente, nuestro conductor exclamó: "Conozco un lugar… ¡probemos!" Como sólo hablaba chino, no entendí lo que decía, pero me imaginé que aquel hombre tenía más de un as en su manga y quería hacer una última tentativa. Entonces salimos a campo abierto y en menos de diez minutos, por un camino completamente desierto, nos encontramos con un acceso que, ¡oh milagro!, estaba abierto. El conductor entró sin más por esa vía, y allí estábamos, circulando por la autopista, casi solos, despacio pero seguros, ¡mudos de estupor ante aquel prodigio increíble!

Mi madre nos dio todavía una señal adicional, porque justo en aquel momento en el cielo que estaba cubierto por espesas nubes, el sol apareció por unos minutos entre dos masas de color gris oscuro. Lo tomé como un guiño de mi madre, que parecía decirme: "¡Ya ves, esto funciona!" ¡Gloria a Dios que se deja tocar por medio de su divina providencia! ¡Inútil resulta describirles la alegría que desbordaba de mi corazón!, enorme alegría al saber que mi madre estaba viva junto a Dios y era capaz de responder a esa oración un tanto atrevida. Alegría, también, de poder estar con aquel grupo de amigos que me esperaba a pie firme para la velada. Estuvimos encantados de pasar juntos aquellos maravillosos momentos.

Mamá era una mujer de mucha oración, y desde hacía mucho tiempo se había puesto a San José en el bolsillo, por así decirlo. Seguramente él y su esposa Myriam, a su manera, habían facilitado el asunto de la autopista.

¿Por qué no hacer una lectura simbólica del caso? Tengo motivos para regocijarme aún más: si un día encuentro en mi prójimo un bloque de hielo en lugar del corazón, no me voy a desanimar. Sé que la oración es capaz de derretir el hielo y de abrir un acceso insospechado a los tesoros de ternura que había tenido escondidos hasta entonces.

¿Dejar vivir o provocar la muerte?

¿Qué tiene que ver esta historia en un libro sobre la misericordia? Mi madre tenía noventa y cuatro años cuando nos dejó. Los últimos años de su vida fueron difíciles, ya que progresivamente entró en un estado de demencia senil que le hizo perder la memoria inmediata, mientras que su cuerpo también se iba debilitando.

Fue siempre una mujer de oración, consagrada en su viudez, que se produjo a la edad de cincuenta años. Sin embargo, como cualquiera de nosotros, tenía sus defectos. Mujer del deber, a veces mostraba una cierta rigidez en sus valoraciones, lo que podía llevarle a emitir juicios sobre los demás, nunca muy malos, pero a veces categóricos. Eso a nosotros, sus hijos, nos hacía reír porque tenía un arte especial para agregar algún detalle horrible cuando le hacía un cumplido a alguien. Por ejemplo, hablando de un hombre al que conocía, podía exclamar: "Fulano, ¡es un tesoro! Feo como un mono, ¡pero qué amable!" No dejaba pasar ni una, de manera que nosotros nos partíamos de risa. Cuando veía que la imitábamos, se arrepentía ¡Para volver a hacer lo mismo a los cinco minutos…!

Por mi parte, estoy convencida de que, en su misericordia, el Señor nos permite pasar nuestro purgatorio en la Tierra para que no tengamos que hacerlo en el otro mundo, porque allí sería mucho más doloroso, si les creemos a los testigos místicos de la Iglesia (ver el capítulo 38 "El S.O.S. de las almas del Purgatorio"). En efecto, todos coinciden en que en el Purgatorio el menor de los sufrimientos es más doloroso que el mayor sufrimiento aquí en la Tierra, porque es un sufrimiento del alma.

Los que tienen un final de vida difícil

A veces tenemos un concepto demasiado limitado y terrenal del sufrimiento; de entrada, solemos verlo como a un enemigo del cual hay que deshacerse. La Virgen María le ha dicho a Vicka: *"Ten por sabido que hay muy pocas personas que entienden el valor del sufrimiento cuando se ofrece a Jesús"*. Evidentemente, es indispensable aliviar el dolor tanto como sea posible, pero cuando no hay nada más que hacer…, le corresponde a Dios decidir si la persona que sufre debe o no seguir viviendo. Es un grave error, una falta de amor y de sabiduría, querer abreviar una vida artificialmente con el pretexto de evitar que sufra. Si el plan del Señor es ahorrarle el dolor del Purgatorio permitiéndole purificarse aquí en la Tierra, ¿quiénes somos nosotros para decidir lo contrario? Estaríamos en ese caso haciendo con esa persona exactamente lo contrario de lo que deseamos para ella, porque corremos el riesgo de añadirle un sufrimiento aún más doloroso en el Más Allá. ¡En esto consiste el verdadero desafío de la eutanasia!

Pregunta: si, en su providencia, Dios permite que una persona sea purificada aquí en la Tierra durante el tiempo de su enfermedad para entrar directamente al Cielo, y alguien decide abreviarle la vida, ¿qué ocurre con la persona privada de su tiempo de purificación? ¿Qué sucede con el profesional que mata al paciente? No tengo la respuesta, ¡pero podemos reflexionar! Se trata de una compasión equivocada, aunque provenga de una buena intención por parte de los no creyentes, que no saben que después de la muerte, está la eternidad.

¿Morir con dignidad? Naturalmente que sí. Pero ¡con la verdadera dignidad del que es digno de entrar en la gloria!

15
EL VELO DE SERAPHIA

"No Seraphia, ¡te prohíbo que salgas hoy para ir a ver a ese impostor! ¿No ves en qué lío nos ha metido? ¡Abre los ojos! ¡Es un elemento perturbador! ¡Ya ves que su doctrina no se tiene en pie! Mira que decir que es el hijo de Dios... ¿Por qué no Dios en persona, ya que está?"

Seraphia está destrozada, con el corazón hecho pedazos. Se retira a su habitación para llorar. ¡Cuánto ama a ese Jesús, su sobrino adorado! Ya cuando tenía doce años y se quedó en Jerusalén después de la fiesta de la Pascua, sin que sus padres lo supieran, ella iba al templo para llevarle comida. Lo veía hablando con los doctores de la ley. ¡Qué orgullosa estaba de él, de aquel hombrecito que impresionaba aun a los sabios por su inteligencia y sus respuestas!

Debemos aclarar que Seraphia era prima de María, apenas mayor que ella, alta y bastante imponente, de acuerdo con las revelaciones de Marthe Robin[19]. Conocía a Jesús desde su nacimiento y, viéndolo crecer, había descubierto poco a poco en él una fuente insondable de bondad y de luz. ¿De dónde le venía esa gracia? En todo caso, Seraphia bebía cada una de sus palabras con gozo.

---

[19] La venerable Marthe Robin (1902-1981), mística francesa, está en proceso de beatificación. Durante cincuenta años, revivió cada semana la Pasión de Cristo tanto en su alma como en su cuerpo. En sus escritos, podemos encontrar una fuente inagotable de información sobre los diversos protagonistas de la Pasión

Cuando Jesús comenzó su misión, se enteró de que iba por los caminos y estaba atenta a su paso por Judea para ir a escucharlo.

Pero su marido, Sirach, miembro del consejo del templo, que ocupaba una posición de alto rango en Jerusalén, comenzó a detestarlo, seguramente influenciado por algunos fariseos y sumos sacerdotes. De hecho, no ocultaban sus dudas sobre la salud mental de aquel loco suelto con su lamentable banda de seguidores incultos y sucios, que violaban como él sin ninguna vergüenza las *mitzvot*[20] relativas al *Sabbat* y muchos otros preceptos. ¿Acaso no había llegado al colmo cuando declaró que había que comer su carne y beber su sangre? ¡Y eso, con la mayor seriedad!

"¿Ves Seraphia? – le repetia su marido – ¡Tu Jesús va demasiado lejos! ¡No entiendo cómo puedes creer en todas esas locuras! Porque sea tu sobrino no tienes por qué aceptar todo lo que sale de su boca de enfermo".

Pero aquel día, retirada en su habitación, Seraphia oyó el vocerío de una multitud. Desde su terraza pudo ver el siniestro cortejo que conducía a Jesús a la muerte a lo largo de la Via Dolorosa. ¡Era el colmo! Seraphia no podía permanecer allí, impasible ante aquel drama. ¡Se volvía loca! ¡Tenía que actuar, y rápido!

Movida por un impulso de su corazón luminoso, preparó un excelente vino con aromas, con el deseo de dárselo de beber a Jesús para reconfortarlo en su camino de dolor. Llamó a su hija, que apenas tenía diez años[21], y le dio el frasco de vino para que lo llevara. A continuación, se cubrió la cabeza con un velo para evitar que fuera reconocida, tomó un paño blanco y se apresuró para alcanzar al doloroso cortejo que rodeaba a Jesús y a José de Arimatea.

---

[20] Una *mitzvá* (plural *mitzvot*) es un precepto de Dios que un judío ha de cumplir para ser un buen judío.

[21] Seraphia tuvo dos hijos, que fueron asesinados por orden de Herodes en la matanza de Belén. Posteriormente, adoptó a aquella niña.

Acompañada de su hija, cruzaron pequeños grupos que iban al templo y se alejaban cuando veían a Jesús, por miedo a contaminarse antes de la Pascua. Algunos, sin embargo, mostraban algo de piedad ante el Salvador, tan cruelmente tratado por parte de aquellos hombres demoníacos y sin corazón, tan empecinados en hacerlo sufrir. Después de atravesar la multitud, tuvieron que franquear la muralla formada por los agentes de Caifás, los soldados a caballo y los guardias armados con lanzas y cadenas que escoltaban a Jesús. Aun a riesgo de ser detenida y torturada hasta la muerte, Seraphia se abrió camino sin calcular el peligro. Nada la podía detener, el amor le daba alas; ¡el amor destierra al temor! Su hijita se agarraba firmemente de su vestido. Ya estaban muy cerca de Jesús y los soldados romanos no habían tenido tiempo de reaccionar.

Seraphia se horrorizó: Jesús ya no presentaba figura humana; había sido salvajemente golpeado por los soldados durante toda la noche y su rostro estaba tumefacto. Estaba cubierto de sangre, escupitajos y barro; su cabeza llevaba una corona de espinas. Estaba irreconocible… y, sin embargo, desde la profundidad de su abandono, fijó sobre ella su mirada, ¡su magnífica mirada! ¡Momento divino entre él y su querida tía! La mirada de Jesús tenía una intensidad de amor infinita. Seraphia, con toda la ternura que sentía por su sobrino, sumergió también sus ojos en los de él.

A continuación, desafiando a los amenazantes soldados, tomó el paño blanco que había traído y con una enorme dulzura, secó el rostro de Jesús, le limpió los escupitajos, el barro y la sangre: un gesto de amor perfecto, totalmente inspirado por el Espíritu Santo. ¡Qué inmenso consuelo para Jesús! Él, que es la compasión misma, ¡se hizo objeto de compasión! En su abandono recibió de parte de aquella mujer un gesto de puro y generoso amor; gesto que él no cesa de prodigar a todos sus hijos heridos.

Para inmortalizar este acto de amor, Jesús hizo un milagro maravilloso: imprimió su rostro en el velo[22] de lino. En adelante, nadie podría olvidar lo que hizo Seraphia. Desde entonces, tenemos el ícono más bello del mundo, hecho por Dios mismo. Este ícono le valió a Seraphia ser rebautizada más tarde como Verónica, *vera icona,* es decir, "verdadero ícono". Un nombre nuevo que ha atravesado los siglos y bajo el cual la veneramos[23].

La niña tenía oculto bajo su manto el frasco de vino y lo levantó con timidez a la altura de la cara de Jesús. Pero los arqueros y los soldados, que habían visto su gesto, la echaron hacia atrás profiriendo horribles insultos Se apoderaron del frasco y se bebieron el vino aromático destinado a apagar la sed de Jesús. El gesto de Seraphia había provocado que la comitiva se detuviera, contratiempo que encendió la cólera de los fariseos y de los arqueros. Furiosos por ese homenaje público ofrecido a Jesús, empezaron a golpearlo y a maltratarlo con ensañamiento, mientras Seraphia volvía a su casa a toda prisa, muy conmocionada por lo que se había atrevido a hacer.

Extendió delicadamente el sudario sobre una mesita y cayó de rodillas ante el gran misterio que se ofrecía ante sus ojos. En realidad ¿qué había hecho Seraphia-Verónica? ¡Tuvo misericordia de Aquel que es, en esencia, la misericordia misma! Hizo todo lo que estaba a su alcance para consolar y reconfortar al torturado, dándole así la mejor prueba de su amor.

---

[22] Ese velo ha sido cuidadosamente conservado por la Iglesia y ahora se encuentra en la Basílica de San Pedro, bajo la cúpula situada cerca del pilar derecho, justo debajo de la estatua de Santa Verónica. El lino se oscureció con el tiempo, pero ocurrió un milagro en 1848. Cuando fue expuesto a los ojos de los fieles el Viernes Santo, a pesar de que ya no era posible distinguir los rasgos de Jesús en el lino ennegrecido, de repente se iluminó por unos momentos y todos pudieron contemplar su rostro. Luego volvió a su color oscuro.

[23] Después de la resurrección de Jesús, el marido de Seraphia se convirtió y defendió a los primeros cristianos.

Dos mil años después, Jesús necesita más que nunca nuestro amor y nuestra compasión. ¡Hay tantas formas de manifestárselos…! Una de las maneras más poderosas es adorar a Jesús y contemplarlo en su pasión. Verónica nos enseña que cuanto más lo contemplamos con compasión en su *kenosis* – término que significa "abajamiento" – tanto más nos imprime su propia imagen en nuestra alma y más nos comunica su divinidad. También nosotros nos volvemos amor. Nos convertimos en Aquel a quien contemplamos. ¡Qué maravilla! El velo de lino de Verónica es como nuestro corazón. Simboliza ese lugar íntimo donde la operación divina nos viene a transformar cuando contemplamos a Jesús con amor.

Jesús le ha dicho a sor Faustina: "Una hora de meditación sobre mi dolorosa pasión tiene mayor mérito que todo un año de flagelaciones a sangre" (Diario, § 368). ¿Qué poder surge de la contemplación de la pasión de Jesús? ¡Poder de consuelo para Jesús y de transformación para nosotros! Cuando lo miramos con amor y deseamos sinceramente unirnos a Él en sus sufrimientos, nos comunica a cambio su belleza, su amor, su ternura y su divinidad…; se entrega enteramente a nosotros.

Podemos igualmente reconocer un destello de la mirada de Jesús en los pobres, en los más desfavorecidos que encontramos en nuestro camino. La pobreza no se limita sólo a los mendigos, los enfermos y los discapacitados; afecta igualmente a los que parecen ricos y exitosos, a aquellos que puedan tener una alta posición social y profesional.

Estamos llamados a extender nuestra solidaridad, ¡tanto a los ricos como a los pobres! ¡Cuántas veces no habré notado la angustia secreta de los ricos, a veces más profunda que la de los pobres! ¡Cuántos se suicidan! No siempre sospechamos el sufrimiento interior de aquellos que nos rodean.

16

LA MANO TENDIDA DEL TORTURADOR NAZI

Corrie ten Boom en Holanda (Foto Archivo/autorizada)

Al igual que muchos peregrinos que van a orar a Jerusalén, llegué a la avenida de los Justos, que lleva a Yad Vashem, el Museo del Holocausto. ¿Quiénes son esos "justos"? Son personas no – judías que arriesgaron sus vidas para salvar a judíos perseguidos por la Gestapo durante la Segunda Guerra Mundial. Entre los seis mil nombres está el de Corrie ten Boom, junto al de su padre, Casper y el de su hermana, Betsie. Una sencilla familia de relojeros, protestantes muy devotos, de Haarlem, Holanda, cuyo heroico valor desafió todo lo que nos podemos imaginar. Gracias a ellos cientos de judíos pudieron escapar de una muerte segura.

Corrie tenía cuarenta y ocho años cuando, en 1940, las tropas alemanas invadieron Holanda. La vida tranquila de esta relojera y de su familia experimentó un giro dramático. Las detenciones arbitrarias de judíos en plena calle y las desapariciones eran innumerables. El odio y el miedo se apoderaron de Haarlem. Sin embargo, una oración secreta tomó forma en el corazón de Corrie: "Señor Jesús, me ofrezco a ti por tu pueblo, en cualquier circunstancia, en cualquier lugar, en cualquier momento".

La oportunidad no se hizo esperar y una tarde de primavera de 1942 una mujer cubierta con un velo llamó a la puerta de los ten Boom. "Me llamo Kleermaker, soy judía, ¿puedo entrar?", dijo angustiada. Casper conservó la calma y le respondió: "Por supuesto, ¡en esta casa el pueblo de Dios es siempre bienvenido!"

Corrie recuerda:

"Así comenzó, de forma inesperada, el "maquis de Dios", nombre con el que se designaba nuestra actividad clandestina. Como teníamos amistad con la mitad de Haarlem, pronto vinieron a ayudarnos doce jóvenes, que asumieron el rol de mensajeros, mientras que otras ochenta personas, mujeres y hombres de más edad nos ofrecieron sus servicios. Llevamos esa doble vida durante casi dos años. Para el mundo exterior, seguíamos siendo un viejo relojero y sus dos hijas solteras que vivían arriba de la tienda. Pero en realidad nuestra casa, apodada 'Beje', llena de rincones y recovecos, se había convertido en el centro de una organización clandestina cuyas ramificaciones se extendieron por toda Holanda. Cada día una docena de ayudas solidarias llegaban y se iban, al tiempo que recibíamos continuos informes y llamadas de socorro. Una vez, por ejemplo, nos enteramos de que un centenar de bebés de un orfanato judío en Ámsterdam serían asesinados. ¡Sin pensarlo dos veces nuestros agentes, disfrazados de soldados alemanes, raptaron a los cien bebés judíos! Muchos judíos encontraron refugio en Beje antes de ser trasladados a lugares más seguros".

Todos los santos tienen su Judas. Para la familia ten Boom fue Jan Vogel quien ejerció ese triste papel. Aunque era holandés, había pactado con la Gestapo al comienzo de la ocupación, y denunció a esa familia en febrero de 1944.

El relojero y sus dos hijas fueron capturados en una redada y encarcelados. El jefe de la Gestapo quiso enviar a Casper ten Boom a su casa debido a su avanzada edad, pero él respondió con tono decidido: "Si vuelvo a casa hoy, mañana abriré nuevamente mi puerta a cualquier persona necesitada. Es un honor para mí dar la vida por el pueblo elegido de Dios", algo que no debía tardar en realizarse.

Para Corrie y Betsie la pesadilla no había hecho más que comenzar. Las dos hermanas fueron enviadas a un campo de trabajo al sur de Holanda, antes de ser deportadas al temible campo de exterminio de Ravensbrück, en Alemania. Todavía en Holanda se enteraron del nombre de quien los había traicionado. Betsie comenzó a orar por él inmediatamente, pero Corrie estaba completamente bloqueada:

"Pensaba en la última hora de mi padre, en su soledad en un pasillo de hospital, en el trabajo clandestino brutalmente interrumpido. Y me di cuenta de que, si Jan Vogel se hubiera encontrado delante de mí en aquel momento, lo habría matado. Todo mi cuerpo sufría a causa de la violencia del resentimiento que sentía hacia el hombre que nos había ocasionado tal desgracia. No podía ya dormir por las noches; orar me resultaba imposible. En el espacio de una semana caí física y mentalmente enferma. Finalmente, le pregunté a Betsie que no parecía experimentar odio hacia él: '¿Jan Vogel te es completamente indiferente? ¿No te atormentas cuando piensas en él? Ella me respondió: '¡Sí, Corrie, desde que he sabido su nombre, no paro de afligirme por él! ¡Qué sufrimiento tan terrible debe tener!' ¿No me estaba dando a entender indirectamente y con dulzura que yo era tan culpable como Jan Vogel? ¿Acaso no lo había asesinado en mi corazón con mis palabras? A partir de entonces fui capaz de orar: 'Señor Jesús perdono a Jan, y te pido que me perdones también a mí. Yo quería hacerle daño. Ahora bendícelo a él y a su familia'. Aquella noche logré dormir profundamente por primera vez".

Después de esta declaración extraordinaria, en medio del horror del campo de Ravensbrück, Betsie, en presencia de su hermana, falleció como consecuencia del trato inhumano de sus verdugos.

Gracias a un error administrativo, Corrie fue liberada de Ravensbrück el 1º de enero de 1945. Escapó de milagro, porque una semana más tarde todos los detenidos de su edad y los presos mayores fueron ejecutados. De regreso en Holanda, no cesaba de meditar sobre las últimas palabras de Betsie: "Debemos decirles a todos lo que hemos aprendido aquí. Tenemos que decirles que Él (Dios) siempre nos puede sacar del abismo, por muy profundo que sea. Nos escucharán, Corrie, gracias a lo que hemos vivido aquí. Rezo todos los días para que podamos demostrarles, incluso a nuestros perseguidores, que el amor es más grande que todo". ¿Se puede dejar un testamento mejor?

Al finalizar la guerra, Corrie tenía cincuenta y tres años. En la primavera abrió el hogar "Bloemendaal", cerca de Haarlem, para acoger a los supervivientes del Holocausto. Nos cuenta:

"Pronto llegaron las primeras de las centenas de personas que les seguirían, traumatizadas, mudas o hablando sin parar de las pérdidas sufridas; francamente agresivas o replegadas sobre sí mismas…, heridas en cuerpo y alma. Para ellas no había más que un solo camino hacia la curación: el perdón. Curiosamente, no era a los alemanes a los que les resultaba más difícil perdonar, sino a sus propios compatriotas holandeses que habían colaborado con el enemigo. La situación de esos antiguos cómplices de los nazis no era nada envidiable: eran despreciados, expulsados de sus viviendas y sin poder conseguir empleo. Como eran odiados, les abrí de par en par las puertas de 'Beje', mi casa".

Pero eso no es todo. En 1949, se le propuso a Corrie el uso del antiguo campo de concentración de Darmstadt para su trabajo de reconciliación. Extrañamente, su hermana Betsie, moribunda en su camastro, había deseado la posibilidad de transformar un campo de concentración:

"Un campo de concentración en Alemania, Corrie – decía ella –, pero sin alambrados, adonde la gente destruida por el odio y la violencia pudiera venir libremente a aprender a amar de nuevo... Los barracones grises los repintaríamos de verde claro y en las ventanas pondríamos jardineras con flores".

Corrie alquiló el antiguo campo de concentración, que se convirtió muy pronto en el cálido hogar de ciento sesenta refugiados alemanes. ¿Ciento sesenta refugiados? ¡Pero había unos nueve millones entre los escombros de la Alemania de post guerra, contando a víctimas y verdugos! Sí, Corrie sabía que el amor misericordioso de Jesús estaba igual de cerca de las víctimas que de los culpables, de los que sufrían que de los causantes del sufrimiento.

El caso trasciende

Hacia el final de la guerra, al saber que su delator había sido condenado a muerte, Corrie decidió escribirle:

"Su traición ocasionó la muerte, después de diez días de detención, de mi padre de ochenta y cuatro años de edad y de mi hermana, después de diez meses de un sufrimiento atroz en el campo de concentración. Mi hermano Willem salió moribundo de la cárcel. Su hijo Kik nunca regresó del campo de concentración de Bergen-Belsen. Yo he vivido y sufrido lo indescriptible, pero lo he perdonado. Jesús es quien me ha dado la fuerza, Él que dijo: ¡Amen a sus enemigos!"

Había subrayado esa frase en el Nuevo Testamento que le envió a Jan Vogel. Éste le respondió:

"Su perdón es un milagro tan grande que me he atrevido a

decir: 'Jesús, si pones en el corazón de tus discípulos semejante amor, ¡entonces tiene que haber esperanza para mí!' Leyendo en la Biblia que me ha enviado usted que Jesús murió en la cruz por los pecados del mundo, puse en sus manos mis horribles pecados. Y sé que Él me ha perdonado, porque el perdón suyo me ha convencido de la realidad del perdón de Jesús".

Pocos días después, Jan Vogel entregó su alma a Dios.

Pero eso no es todo. Corrie escribió a otros dos traidores holandeses que también habían sido condenados a muerte, Willemsen y Kapteyn. Estos colaboradores de la Gestapo las habían golpeado con crueldad a Betsie y a ella, hasta el punto de dejarlas inconscientes. En la prisión, ambos recibieron una carta de Corrie. Ella les aseguraba el perdón de su familia y su propia oración para que ellos a su vez aceptaran el perdón de Jesús.

Le llegaron dos respuestas. En la primera leyó:

"Yo sé el daño que le hice a su familia. El hecho de que usted me haya podido perdonar es la prueba tangible de que Jesús también me puede perdonar. Le he confesado mis pecados a Él".

Pero la segunda respuesta hizo que Corrie se estremeciera:

"No sólo soy responsable de la muerte de sus seres queridos, sino también del exterminio de miles de judíos. Sólo lamento una cosa: no haber podido matar a más judíos, y a gente como usted".

Hacia las cimas de la misericordia

Durante treinta y dos años, hasta los ochenta y cinco, Corrie ejerció el apostolado del perdón. ¡Con qué convicción y ardor daba testimonio de su experiencia en el campo de concentración de Ravensbrück y del poder del perdón! Dio varias veces la vuelta al mundo, anunciando ese mensaje cristiano y tocando a miles de corazones. Recorrió todos los continentes, la vieron en más de sesenta países, hablando por la radio, en la televisión, y conmovió a muchos hasta las lágrimas. En efecto, ¿a quién no le resulta demasiado difícil conceder algún perdón?

Fue durante una de sus conferencias donde Jesús la esperaba para un supremo acto de heroísmo. Dejemos que Corrie lo cuente: "Fue en 1947, en una iglesia de Munich. Hacía poco que había viajado de Holanda a Alemania para dar testimonio del perdón de Dios a todos los hombres. Era el mensaje que más necesitaba aquel país derrotado, desolado, devastado por las bombas. ¡Allí fue donde lo vi! Delgado, con un abrigo gris, se abría paso entre la multitud. El recuerdo volvió a mí en un instante: la enorme sala llena de hombres que se burlaban; en el centro, el miserable montón de ropa y zapatos, y luego la humillación de tener que pasar desnuda ante aquel SS todos los viernes. La silueta de mi hermana consumida desfiló ante mis ojos... Y he aquí que aquel hombre – uno de los guardias más crueles del campo de concentración – estaba delante de mí, radiante, con la mano tendida: 'Un mensaje maravilloso, señorita – dijo –. Qué hermoso es escuchar, como usted lo dice, que Él nos ha lavado de todo pecado'.

Yo, que acababa de hablar tan elocuentemente sobre el perdón, fingí tener que rebuscar en mis notas para no tener que estrechar su mano. Era la primera vez desde mi liberación que me encontraba cara a cara con uno de mis torturadores. 'En su conferencia, usted ha hablado de Ravensbrück – dijo –. Yo era uno de los guardias. Pero eso forma parte del pasado. En Navidad me convertí al cristianismo y sé que Dios me ha perdonado las atrocidades que cometí. No obstante, le he pedido que me diera la ocasión de pedir personalmente perdón a una de las víctimas. Por eso le pregunto: ¿Me perdona usted?'

De nuevo me tendía la mano, mientras que en mí crecía un amargo deseo de venganza. El simple hecho de que él pidiera perdón, ¿podía borrar la muerte lenta y horrible de mi hermana Betsie? Sin embargo, Jesús había muerto por ese hombre. ¿Qué más quería yo? 'Señor Jesús – oré –, perdóname y ayúdame a perdonarlo'. Todo aquello duró unos segundos que me parecieron horas, de tan dura que era la batalla que yo estaba librando. Traté de sonreír, esforzándome desesperadamente por levantar la mano…, en vano. No sentía nada, ni la más mínima chispa de afecto, ni la más mínima misericordia. Y, sin embargo, tenía que perdonarlo, porque Jesús dijo: '*Si ustedes no perdonan a los hombres sus ofensas, tampoco su Padre celestial los perdonará a ustedes*'.

En Bloemendaal yo había hablado muy frecuentemente sobre ese tema y había podido comprobar que sólo los que perdonaban a sus enemigos de antaño eran capaces de reincorporarse al mundo y hacerse cargo de sus vidas, independientemente de su estado de salud. ¡Y estaba allí de pie, con el corazón hecho hielo…! 'El perdón no es un sentimiento – pensé –. El perdón es un acto voluntario, y la voluntad es capaz de actuar más allá de nuestros sentimientos. ¡Jesús, ven en mi ayuda! ¡No lo puedo perdonar! ¡Dame Tú tu perdón!' pedí en un suspiro. Mientras levantaba mecánicamente la mano rígida para estrechar la suya, sucedió algo sorprendente: parecía que una corriente pasara de mí hacia él. Iba desde mi hombro a mi brazo y luego hasta mi mano, al tiempo que unas olas de calor me invadían. Mi corazón se encendió con un amor tal por aquel extraño que yo estaba trastocada. Le dije, sin poder contener las lágrimas: '¡Hermano, te perdono de todo corazón!'

Por un momento permanecimos así, con las manos entrelazadas, el antiguo guardia y la ex prisionera. Nunca antes había sentido con tal intensidad el amor de Dios. Así descubrí que la sanación del mundo no dependía de nuestro perdón ni de nuestra bondad, sino sólo del perdón y la bondad de Dios. Cuando Dios nos dice que debemos amar a nuestros enemigos, nos da junto con su mandamiento, el amor necesario para vivirlo[24]".

---

[24] Hay una película autobiográfica de Corrie en francés, *Le refuge,* rodada en 1975.

17
JAKOV Y LA MOTOCICLETA IRRESISTIBLE

Jakov Colo con 11 años en 1982 (Foto/Btruchet)

En la época de las primeras apariciones de Medjugorje, el pequeño Jakov Colo tenía diez años. Había perdido ya a su padre, no tenía hermanos y su madre ya no era tan joven. Durante el año que siguió a la primera aparición, se quedó huérfano. La Santísima

Virgen le pidió entonces a su prima Vicka Ivankovic, siete años mayor, que fuera como una nueva madre para él. Vicka se tomó muy en serio ese papel.

En Francia, habríamos definido al Jakov de aquella época como a un simpático niño de la calle. Había crecido como una planta sin tutor, sin los puntos de referencia sólidos que da una verdadera familia; en un pueblo donde la opresión comunista, de todas formas, le dejaba muy poca libertad.

Sin embargo, mantuvo la inocencia de corazón. He aquí una pequeña anécdota ilustrativa: el padre Jozo Zovko, párroco de Medjugorje, que en un primer momento no creía que las apariciones sucedieran realmente, quiso poner a prueba la sinceridad de cada uno de los videntes. Los llevó a parte uno por uno, bombardeándolos a preguntas, seguro de que se iban a contradecir, y así podría demostrar que todo el asunto había sido montado por los comunistas para ridiculizar a la Iglesia.

He podido escuchar las grabaciones de la época y la frescura de las respuestas de Jakov a su párroco me han encantado. Él le preguntó:

– Jakov, ¿cuándo te confesaste por última vez?

– Bueno, el año pasado en la escuela, cuando nos pasaste revista a todos.

– ¿Y no te has confesado desde entonces?

– ¡No…! Pero… ¿sabes?, ¡ahora que he visto a la Santísima Virgen, ya no voy a hacer más pecados!

El Padre Jozo le preguntó a continuación:

– ¿Y cómo habla la Santísima Virgen?

– No habla, su voz es como una música.

– ¿Cómo una música? ¿No puede hablar como todo el mundo?

– Escucha Jozo, te estoy diciendo lo que he oído. ¡Es así! ¡Cuando habla, es como una música!

Y Jakov añadió otra observación: "Ahora que he visto a la Santísima Virgen, ya no tengo ningún miedo a morir".

Un día de verano, en el que la tentación se hizo irresistible, entró sin que nadie lo percibiera en la casa de su vecino y tomó "prestada" la motocicleta nueva que soñaba con probar. Esto lo tenía terminantemente prohibido porque era demasiado pequeño para usarla; pero aprovechó un momento de tranquilidad para lograr su cometido (no era por cierto una moto último modelo de hoy en día). Cuando no hubo nadie a la vista, se lanzó con el aparato por el camino polvoriento y pedregoso que serpentea el pie de la colina del Podbrdo.

En seguida la velocidad lo sorprendió y perdió el control de la moto. En la primera curva, trastabilló en un bache y fue a parar a uno de los muchos arbustos espinosos que crecen a lo largo del camino. El vehículo quedó dañado y Jakov resultó herido, aunque no de gravedad. Sangraba por el costado por el que había caído y se echó a llorar. Temía la reacción de los vecinos, porque se sabía culpable de haber llevado la motocicleta. Se escondió detrás de un arbusto, hecho un mar de lágrimas, sintiéndose desdichado por sus heridas, por la motocicleta rota y… por su desobediencia. Afortunadamente, Vicka lo oyó llorar y acudió hacia él para ver lo que le había sucedido.

Mientras trataba de consolarlo, se hizo la hora de la aparición de la Virgen. Entonces, en medio de esa situación delicada y de lo más insólita, sin parecer preocupada por las espinas, la Virgen se les apareció a ambos. Eran las seis y cuarenta. Con su amor maternal, hizo dos cosas consecutivas. Primero, tomó tiernamente a Jakov sobre sus rodillas y lo consoló de su pena mientras lo acunaba y lo acariciaba, como hace una mamá con su niño que se ha lastimado al caerse. Después de consolarlo, le dijo con firmeza que tenía que ir a casa de sus vecinos para pedirles perdón por haber utilizado la motocicleta y que debía confesar aquel pecado.

¡He aquí una auténtica buena madre; ésta es la verdadera misericordia en acción!

18
NO OLVIDARÉ NUNCA LA MIRADA DE JESÚS

La vidente Vicka Ivankovic hablando a los peregrinos
(Foto/Bernard Gallagher)

¡Cada año en Navidad la Virgen aparece, toda radiante, llevando al Niño Jesús recién nacido en sus brazos! De forma excepcional, durante la aparición del Viernes Santo de 1982, también vino con Jesús, pero aquel día era adulto y vivía su pasión. Vicka Ivankovic me contó con mucha emoción aquella aparición que le reveló toda la profundidad de la misericordia de Cristo.

Llevaba su corona de espinas, la sangre se deslizaba por su frente, sus mejillas y su barba. Su rostro, cubierto de salivazos y de barro, estaba tumefacto por los golpes que había recibido durante la noche en la cárcel de Caifás y por los crueles malos tratos que los soldados de Pilatos le habían infligido. El manto rojo que llevaba estaba completamente rasgado y manchado de sangre. ¡Una escena desgarradora!

"Queridos hijos – les dijo la Virgen – *hoy he venido con mi Hijo Jesús en su pasión a fin de que vean lo mucho que padeció por ustedes y hasta qué punto los ama".*

Le pregunté a Vicka:

– ¿También habló Jesús?

– No – me respondió –, Jesús se quedó callado, no dijo nada. Pero lo miré a los ojos y vi tanta ternura, tanto amor, tanta humildad que para mí fue más fuerte que cualquier palabra que hubiera podido pronunciar. Vi cuánto sufría y, a la vez, ¡lo mucho que nos amaba! ¿Sabes? ¡Nunca olvidaré la mirada de Jesús en su Pasión!

¡Huelga decir que aquella visión multiplicó por diez el amor de Vicka hacia Jesús!

La vidente Marija Pavlovic, igualmente presente ese día, también relató aquella aparición de Cristo durante una entrevista en Radio Maria (Italia) el 25 de febrero de 2016. Explicó el contexto en el que tuvo lugar esa aparición y las enseñanzas que los videntes recibieron para su vida: una ayuda preciosa para pasar por el sufrimiento que entonces soportaban y que, sin duda, todavía les sirve hoy.

"En aquel momento – continuaba Marija – nos perseguían los comunistas. Nos llevaron a un asilo que estaba repleto de locos. Sufrimos mucho, porque nos decían que también nosotros acabaríamos así. Con nuestros dieciséis años, éramos todavía chicos y teníamos miedo. De hecho, para asustarnos, nos dijeron por ejemplo que al padre de Vicka, que trabajaba en Alemania, lo detendrían y encarcelarían cuando regresara a casa, y que como ya no podría ganar dinero para mantener a su familia, ella se moriría de hambre. Previamente, la Virgen nos había advertido que no debíamos comer o beber nada de lo que los comunistas nos dieran.

No debíamos aceptar nada de los guardas. Más tarde nos enteramos por uno de ellos de que habían tratado de drogarnos. Tenían un plan: habían dicho en la televisión que éramos drogadictos y querían poder demostrarlo a los telespectadores. Menos mal que la Virgen nos había advertido del peligro. Después nos llevaron a la iglesia del pueblo y por la noche llegamos por fin a casa, agotados.

Allí se nos apareció la Virgen. Nos echamos a llorar y le dijimos que ya no teníamos más fuerzas para seguir adelante. Le contamos todo lo que nos habían hecho, cómo nos habían detenido y llevado al asilo, y la forma en que nos amenazaban con dejarnos allí indefinidamente para que perdiéramos el juicio.

Fue entonces cuando nos mostró a Jesús, coronado de espinas, cubierto de heridas y bañado en sangre. Luego nos dijo: *'Así como Él hizo esto por amor a ustedes, por la humanidad, háganlo también por Él'*. Jesús no decía nada, añadió Marija, sólo nos miraba… Aquella noche fui incapaz de dormir. La impresión había sido muy fuerte. ¡Nunca lo olvidaremos!"

También para nosotros que soportamos algunas veces momentos difíciles que pueden parecer insuperables, esas palabras dadas por María junto a su Hijo sufriente nos dan claves luminosas para atravesar la prueba de otra manera. Nos ponemos entonces bajo la mirada de Jesús misericordioso. En tales circunstancias, ¿cómo podríamos no estar unidos a Él? Gracias a esa unión con Jesús agonizante, nuestro propio sufrimiento se ve transfigurado, adquiere un nuevo sentido y se convierte incluso en fuente de fecundidad.

¿Alas para nuestros corazones?

¿Fuente de fecundidad? ¡Eso es lo que la Virgen sueña para nosotros! ¡Nos quiere santos y sabe cómo ayudarnos en ese trayecto! Conoce muy bien el camino que conduce a la santidad y desea ardientemente hacérnoslo descubrir y que lo sigamos en su compañía.

Nos invita a tomarnos de su mano y abandonarnos con confianza por la senda que conduce directamente al Cielo. ¿Acaso no ha sido ella la primera en tomar aquel sendero real como humilde seguidora de Jesús? La Virgen sabe que no hay misterios gloriosos sin el paso obligatorio por los misterios dolorosos. Con la dulzura y la compasión que le caracterizan nos infunde confianza a pesar de que transitemos por un camino sembrado de escollos. ¿Qué podemos temer si la que nos conduce es quien aplasta la cabeza de la serpiente? Lejos de quitar los obstáculos del camino, nos ayuda a discernirlos y a superarlos. Realiza la mayor parte del trabajo, pero nos deja nuestra parte. ¡No nos roba nuestras cruces! De hecho, no quiere privarnos de esas ocasiones providenciales para crecer y fortalecernos mediante la lucha. Caminando con ella, que siempre nos ofrece el abrazo de su corazón maternal, podemos ir de victoria en victoria. ¡Como ella!

El santo Cura de Ars, un experto en materia de cruz, se había identificado de tal manera con Cristo en su loco amor por Él que se atrevió a expresar esta sorprendente afirmación: "Si viéramos la belleza y la grandeza de nuestras cruces, ¡nos las robaríamos unos a otros!"

Una declaración de Marthe Robin expresa el mismo concepto con un lenguaje diferente. Al igual que la Virgen, Marthe nunca trató de edulcorar el mensaje del Evangelio sino que, al contrario, quiso que mantuviera toda su fuerza, todo su poder, demasiado frecuentemente oculto a nuestros ojos.

"La hermosa misión de María es conducir a Jesús a cuantos acuden a ella. Hagámonos pequeños en los brazos de nuestra querida Madre. Pongámonos a su lado, muy cerca de ella, y ella nos dirá que todo nuestro deber de cristianos es ser como Jesús y parecernos a Él; y que solo hay, siempre y en todo momento, una sola manera de parecernos a Él: renunciar a nosotros mismos, tomar la propia cruz y seguirlo.
Pero también nos dirá lo que Ella sabe por experiencia: con Jesús, renunciar a uno mismo, tomar la propia cruz y seguirlo no es llevar cadenas con bolas de hierro en los pies,

sino alas en el corazón, alegría, felicidad, el Cielo en nuestra vida… Es elevarnos, es acercarnos más a Dios, paso a paso. Nos dirá que la cruz se hace más ligera cada día, más amada, cuando la llevamos santificándonos. Cuando sufrimos, cuando lloramos, cuando estamos tristes y solos no es difícil hacernos pequeñitos. Necesitamos ayuda, necesitamos tanto sentir una madre cerca de nosotros… Al fin y al cabo, ¿quién no sufre? ¿Quién no necesita ser consolado y perdonado, ser amado, y sanar?"

¡Qué inmensa gracia tener hoy esas visitas de la Virgen y poder escuchar directamente a los testigos que han sido elegidos! ¡Qué gracia es reencontrar así, en cualquier circunstancia, el magnífico sentido de nuestra vida!

19
MARILYN Y TERESITA SE ENCUENTRAN

Marilyn Monroe en 1953 (Foto Stock/autorizada)

No podía escribir este libro sin citar *in extenso* el magnífico acto de ofrecimiento a la Divina Misericordia de santa Teresita del Niño Jesús y de la Santa Faz.

Esta oración, nacida del corazón de una joven de apenas veintidós años, constituye para los tiempos modernos un tesoro, un ejemplo cautivador del amor misericordioso. Esta obra maestra hubiera podido permanecer escondida en el fondo de un cajón polvoriento de un Carmelo situado en un lugar recóndito. ¡Pero para Dios era urgente dar a conocer las profundidades abisales de su amor! Encontró a santa Teresita y permitió que su manuscrito fuera conocido por el mundo entero. Tenía necesidad de aquella alma infantil capaz de indicar a los hombres el camino de su corazón y de ofrecerles los tesoros de su misericordia.

Esta ofrenda es el secreto de la fecundidad de Santa Teresita. Gracias a ella, la que se ha convertido en "la santa más grande de los tiempos modernos" (San Pío X), ha podido mantener su promesa de pasar su Cielo haciendo el bien en la Tierra y de derramar su famosa lluvia de rosas sobre tantísimas almas devastadas por el sufrimiento y perdidas lejos de Dios. Entre ellas se encuentra la célebre Marilyn Monroe... ¡Que esta oración, al igual que el susurro de la voz de Jesús, encuentre eco en nuestros corazones!

¡Oh Dios mío! Trinidad bienaventurada, deseo amarte y hacerte amar, trabajar por la glorificación de la Santa Iglesia salvando a las almas que están en la Tierra y liberando a aquellas que sufren en el Purgatorio. Deseo cumplir perfectamente tu voluntad y llegar al grado de gloria que me has preparado en tu reino. En una palabra deseo ser santa, pero siento mi impotencia y te pido ¡oh Dios mío! que seas Tú mismo mi santidad.

Puesto que me has amado hasta darme a tu Hijo único para que fuera mi Salvador y mi Esposo, los tesoros infinitos de sus méritos me pertenecen. Te los ofrezco con alegría y te suplico que sólo me mires a través de la faz de Jesús y de su corazón ardiente de amor.

Te ofrezco también todos los méritos de los santos (los que están en el Cielo y en la Tierra), sus actos de amor y los de los ángeles. Finalmente te ofrezco, ¡oh bienaventurada Trinidad! el amor y los méritos de la Santísima Virgen, mi madre querida. Le confío a ella mi ofrenda y le ruego que te la presente.

Su divino Hijo, mi esposo muy amado, en los días de su vida mortal nos dijo: "¡Todo lo que pidan al Padre en mi nombre se lo concederá!" Estoy por lo tanto segura de que responderá a mis deseos. Sé muy bien, ¡oh, Dios mío!, que cuánto más nos quieres dar, tanto más nos lo haces desear. Experimento infinitos anhelos en mi corazón y con confianza te pido que vengas a tomar posesión de mi alma. ¡Ah! No puedo recibir la santa comunión tan frecuentemente como quisiera, pero Señor, ¿no eres acaso todopoderoso? Quédate conmigo como en el Sagrario; no te alejes nunca de tu pequeña hostia.

Quisiera consolarte de la ingratitud de los malvados y te suplico que me quites la libertad de disgustarte. Si caigo alguna vez por debilidad, que tu mirada divina purifique al instante mi alma, consumiendo todas mis imperfecciones como el fuego que lo transforma todo en sí mismo.

Te agradezco ¡oh Dios mío! por todas las gracias que me has concedido; especialmente por haberme hecho pasar por el crisol del sufrimiento. Con alegría te contemplaré en el último día llevando el cetro de la cruz. Puesto que te has dignado compartir conmigo esta cruz tan preciosa, espero parecerme a ti en el Cielo y ver brillar en mi cuerpo glorificado los sagrados estigmas de tu pasión.

Después de este destierro espero ir a gozar de ti en la Patria; pero no quiero acumular méritos para el Cielo; sólo quiero trabajar por tu amor, con el único propósito de complacerte, de consolar tu sagrado corazón y de salvar almas que te amen eternamente.

En el ocaso de esta vida me presentaré ante ti con las manos vacías, ya que no te pido, Señor, que lleves cuenta de mis obras. Todas nuestras obras justas tienen manchas ante tus ojos. Quiero por lo tanto revestirme de tu propia justicia y recibir de tu amor la posesión eterna de ti mismo, ¡oh amado mío!

Ante tus ojos el tiempo no es nada, un solo día es como mil años; puedes por consiguiente prepararme en un instante para presentarme ante ti.

Para vivir en un acto de perfecto amor, me ofrezco como víctima de holocausto a tu amor misericordioso, suplicándote que me consumas sin cesar, dejando desbordar en mi alma las oleadas de infinita ternura contenidas en ti para que así me convierta en mártir de tu amor, ¡oh, Dios mío! Que este martirio, después de haberme preparado para comparecer ante ti, me haga finalmente morir y así mi alma se lance sin retraso en el eterno abrazo de tu amor misericordioso.

¡Deseo, oh, mi bien amado, renovarte esta ofrenda un infinito número de veces, con cada latido de mi corazón hasta que, una vez que se hayan desvanecido las sombras, pueda volver a expresarte mi amor en un eterno cara a cara!"

María Francisca Teresa del Niño Jesús y de la Santa Faz.

Rel. Carm. ind.

Fiesta de la Santísima Trinidad,

9 de junio del año de gracia de 1895

(Extracto de santa Teresita del Niño Jesús, *Manuscritos autobiográficos,* Ediciones Carmelo de Lisieux, 1957)

Una búsqueda enloquecida de amor

Buscando un ejemplo exactamente opuesto a la "pequeña" santa Teresita, podríamos evocar a la "gran" Marilyn Monroe. Se me ocurrió entonces poner en paralelo este acto de ofrecimiento tan absoluto al Amor Misericordioso, con el don, igualmente absoluto, de una Marilyn en búsqueda desesperada de amor y de reconocimiento. Naturalmente, toda comparación entre personas tiene sus límites; sólo Dios sondea las entrañas y los corazones.

¿Pero qué creen que hubiera sucedido si Teresita hubiera nacido en un pasillo de la Metro-Goldwyn-Mayer en Hollywood, de una madre un poco trastornada, y la pequeña Norma Jean, que más tarde se convertiría en Marilyn Monroe, hubiera nacido en el seno de la familia Martin, llena de amor y muy católica, en una pequeña ciudad tranquila de Normandía? ¿Según ustedes, de qué lado hubiera germinado la santidad?

La respuesta no es tan evidente ya que, aunque todo parezca oponerlas, Marilyn y santa Teresita tenían ambas la misma vocación de base. De hecho, así lo demostraron. Las dos llevaron al extremo su búsqueda desenfrenada de amor, y para ello invirtieron todas sus fuerzas, toda su energía e incluso sus propias vidas, hasta morir por ello. Lo apostaron todo, quemaron todas las naves para "triunfar en el amor". Esta vocación común, esta firme determinación que las animaba, sobrepasa con creces sus diferencias familiares y sociales. El Señor es capaz de hacer germinar la santidad allí donde Él quiere, en ocasiones en contextos muy sorprendentes, como tantas veces lo ha demostrado.

Y si Marilyn sólo conoció el verdadero rostro de Jesús en el momento de su muerte, en ese momento tan particular entre el efecto mortal de los barbitúricos y la entrada definitiva en la eternidad, ¿cómo no imaginarnos que ante el rostro de Jesús no haya exclamado: "¡Señor, sálvame! ¡Sálvame!"? No debemos olvidar que el principal oficio de Jesús es el de redentor. Por lo tanto, cuanto mayor sea la desgracia en la que se halle su hijo, tanto más pronto se precipita en su ayuda, lo cual es normal, como veremos más adelante.

Ya desde la cuna, la vida fue cruel con Marilyn. Nunca conoció a su padre, y su madre, mentalmente trastornada, incapaz de educarla y a merced de sus múltiples amantes, fue internada muy pronto en una residencia psiquiátrica. Marilyn recibió muy poco afecto de parte de ella y además, su demencia impedía una verdadera comunicación madre-hija. Entre una hospitalización y otra, su madre trabajaba en el montaje de películas para la Metro-Goldwyn-Mayer o la Paramount, de modo que Marilyn se encontraba en las primeras filas de los estrenos cinematográficos de esa época.

Así, la pequeña Norma Jean tuvo una infancia desafortunada y esas heridas la marcaron hasta su muerte: "Cuando era niña – decía – no tuve ni besos, ni caricias, ni amor. Nada…" O también: "Cuando estaba rodeada por todas aquellas personas que se interesaban por mí porque yo era una estrella, pensaba en la pequeña Norma Jean, de quien nunca nadie se interesó y me sentía desesperada".

Acabó siendo tutelada por los servicios sociales y pasó como un trompo de una familia a otra. En un primer momento su madre la confió a unos vecinos que la cuidaban a cambio de unos pocos dólares semanales. Aquellos vecinos eran austeros y pobres, muy piadosos y, sobre todo, profundamente bondadosos. Marilyn permaneció con ellos hasta la edad de siete años. En su compañía, comenzó a rezar, a entonar cánticos y escuchaba todos los días el Evangelio. También iba a clases de catecismo los domingos y disfrutaba cantando a pleno pulmón su himno preferido: *Jesús me ama, lo sé.* ¿Cómo no se acordó de ello más adelante?

A los siete años, Marilyn se mudó a casa de una pareja de actores ingleses que pronto la sumergieron en un universo muy diferente, más bien artístico y bohemio, donde la misma idea de Dios estaba ausente. En aquella casa, según contó después, fue víctima de violencia sexual.

Habiendo alcanzado la edad de la razón Marilyn buscaba su identidad. Su conciencia, todavía inocente y pura, se vio sometida a fuertes tensiones por el drástico cambio de valores. Además del total vacío afectivo y de las violencias padecidas, se sentía perdida. En su primera familia, ir al cine y beber alcohol era pecado, pero ahora podían verse dos películas en un mismo día sin que nadie le diera importancia al hecho. ¿Dónde estaba la verdad? ¿Dónde estaba el bien? ¿Dónde estaba el mal? No tenía a nadie que hablara con ella a solas y le contestara todas esas preguntas con dulzura.

A esa edad, a nadie no podía llamar "mamá…", ¡al igual que Teresita! Pero, curiosamente, Marilyn parece soportar todo esto mejor que ella. Se familiarizó con su nuevo ambiente totalmente ateo. En esta nueva familia, Marilyn empezó a impregnarse de una sensación de vacío interior. Perdió completamente sus puntos de referencia, tan esenciales durante la infancia y nunca los volvería a encontrar. Comenzó una lenta erosión de su entusiasmo natural, de su capacidad de maravillarse, de vibrar.

Puesto que su madre tenía que ser continuamente hospitalizada y la pareja de actores ingleses acabó por regresar a su país, ella fue nuevamente encomendada a unos vecinos. En el plano psicológico desarrolló una sensación de inseguridad y miedo frente al mundo exterior. También fue el momento en que su madre salió completamente de su vida, ya que, con ocasión de un episodio de delirio (crisis de esquizofrenia), fue llevada a la fuerza a un hospital psiquiátrico. El mismo hospital donde los abuelos de Marilyn, también mentalmente trastornados acababan de morir. Afortunadamente, ella no lo supo hasta la edad adulta, lo que sin duda la preservó de muchas ansiedades.

Un buen día estos vecinos le hicieron las maletas y la condujeron frente a un gran portón en el que podía leerse: "Hogar de Huérfanos de Los Ángeles". Fue entonces cuando Marilyn se derrumbó y comenzó a gritar que no era huérfana, que no iba a entrar allí porque su madre estaba viva. ¡Pobrecita, la forzaron a entrar…!

Imaginen lo traumático que fueron para ella los años que pasó allí. Me dan ganas de llorar por todos los adolescentes a quienes no se ofrece ninguna perspectiva que los entusiasme y que se autodestruyen vagando sin rumbo. Estos adolescentes a los que no se les puede hablar de amor sin ofrecerles preservativos o píldoras abortivas. A quienes ya no se les puede hablar de la vida sin agregar las estadísticas de desempleo; a quienes, sobre todo, no se les puede hablar de Dios porque, de toda forma, está muerto y parece haberse encontrado algo mucho mejor gracias a la parapsicología, la Nueva Era y muchos otros sucedáneos de la misma índole.

Volviendo a Marilyn, tuvo mal que mal una pequeña válvula de escape en su desgracia: el cine de los sábados por la tarde. Le encantaba el cine. Uno de sus biógrafos relataba que amaba el cine con la misma pasión con la que un enfermo se aferra a la vida con la esperanza de una curación. Exactamente eso: compensaba sus carencias afectivas soñando con las grandes estrellas de Hollywood.

Es fácil imaginar la fascinación ejercida sobre ella por el mundo de oropel del cine estadounidense de aquel momento. Era la época dorada de Hollywood. Se fabricaban sueños a manos llenas y Marilyn, más que nadie, se alimentaba el corazón y el alma con las raciones de sueños de los sábados por la tarde.

Marilyn extrajo del cine su concepción del amor, de ese amor que todavía ella nunca había experimentado personalmente. Y también en el cine se formó su esquema mental sobre la manera de conseguirlo: seduciendo. La super seducción de las estrellas. Para ella, era claro como el agua: el amor se gana a fuerza de seducción. Y como sólo el amor nos hace felices, la conclusión es obvia: para ser feliz en la vida, hay que ser muy, muy seductora.

Fue en aquella época, en plena adolescencia, cuando Marilyn experimentó algo que cambió su vida, algo que realmente la impactó muy fuertemente. El hecho podría haber pasado desapercibido, de tan sencillo e incluso banal, pero veremos la resonancia tan profunda que provocó en las fibras más íntimas de Marilyn.

Un día de lluvia en el que Marilyn se sentía bastante deprimida, se escapó del orfanato y un agente de policía la regresó al mismo. La hicieron pasar al despacho de una señora a la que raramente veía. Por supuesto, Marilyn esperaba que la regañaran o incluso que le pegaran, pero quedó muy sorprendida al ver que la mujer se acercó a ella amorosamente y le dio ropa seca para sustituir la suya, empapada por la lluvia. La señora la tomó en sus brazos, le dijo que era muy bonita y que tenía una piel maravillosa. La llamó "hija mía" e incluso sacó su polvera y la maquilló un poco. Para Marilyn fue la iluminación de su vida. Más tarde escribiría: "¡Fue la primera vez en mi vida que me sentí amada; nadie antes se había fijado nunca en mi cara o en mi pelo o en mi persona!"

Toda su vida dio un vuelco. ¡Por primera vez había experimentado la ternura humana! Para ella fue un verdadero milagro. Nuevamente hizo una asociación de ideas que la llevaría muy lejos: "si soy querida, es porque soy linda y mi piel es suave". La dirección a tomar estaba clara: Marilyn se dedicaría por completo a ocuparse de su cuerpo. Si la belleza del cuerpo puede desencadenar una ternura tal, ¡hay que invertir allí todas las fichas! De esta forma conseguiría su deseo más ferviente: ser amada. Y para ella, ser amada era una cuestión de vida o muerte.

Sin siquiera ser consciente de ello, el espíritu de idolatría se apoderó de su persona, tan herida por la vida. ¿Cómo puede la ausencia de Dios, la ausencia de trato con el Señor, hacer que un corazón sediento de amor caiga en la idolatría? ¡Cuando la falta de amor humano afecta al corazón, uno está dispuesto a todo para conseguir ese amor! Esta búsqueda de amor llevará a Marilyn a someterse a interminables sesiones de maquillaje y a pasar un sinfín de horas ante el espejo para estudiar desde todos los ángulos cómo seducir mejor y cómo hacerse notar, lo que le valió el asombro y la sorpresa de todos sus fotógrafos, porque nadie sabía colocarse ante los objetivos como ella. Tenía la reputación de ser casi mágica en ese aspecto.

La joven fue una presa fácil para la industria de Hollywood y se convirtió así en la primera mujer que alcanzó el estatus de *sex symbol* y, seguramente a pesar suyo, que hizo surgir, tanto en el cine como en la vida real, la imagen de la mujer fatal y fácil que trastocaría en profundidad y para siempre las mentalidades. Ya conocemos las desastrosas consecuencias que esto tuvo en nuestra sociedad.

Comparemos ahora su historia con la de Teresita, que experimentó una emoción similar. A los once años también ella vivió un acontecimiento decisivo: su primera comunión. Aquel día dijo sencillamente: "¡Ah, qué dulce ha sido el primer beso de Jesús a mi alma!" Con aquella experiencia de gran dulzura, la vida de Teresita se conmovió profundamente. Y agregó: "Fue un beso de amor. Me sentí amada. Y yo también le dije: Te amo y me entrego a ti para siempre".

Teresita, a pesar de su corta edad, ya lo había comprendido todo. Después de ese primer beso, tal como lo escribió, se precipitó de cabeza en lo que le había sido revelado como el más bello de los tesoros: ser amada por Jesús y no ser más que uno con Él.

En cuanto a Marilyn, después de esta experiencia de "felicidad" que tuvo del amor, haría como Teresa; lo sacrificaría todo para obtener ese amor de una manera duradera, y así poder sentirse realizada. Veremos que, aunque el objetivo es el mismo para ambas; los caminos son diferentes. Y llegamos aquí al drama de nuestro relato: ¡no todos los caminos conducen allí adónde queremos llegar!

A diferencia de Marilyn, Teresita nació en una familia de verdad, donde las relaciones entre sus miembros estaban impregnadas de gran ternura, de respeto profundo, aunque también de una gran exigencia; sin concesiones en cuanto a los valores esenciales de la vida. Hay que decir que Teresita absorbió el conocimiento de Dios y de su amor desde su más tierna edad. Llegó a decir que a partir de los tres años nunca le había negado nada a Dios. Por supuesto, era una gracia venida de Lo Alto, pero el terreno había sido bien preparado para recibir esa gracia. El Señor estaba muy presente en su casa. Temprano a la mañana le preguntaban: "¿Le has dado hoy tu corazón a Jesús?"

Pero a la edad de cuatro años, la fiesta celestial se terminó al fallecer su madre. A causa de esta traumática experiencia, el carácter alegre de Teresita cambió por completo. La herida era muy profunda y ella se volvió tímida, miedosa con los extraños, hipersensible y de llanto fácil ante cualquier insignificancia. Afortunadamente, sus hermanas y su padre la rodearon de un gran afecto. A pesar de su corta edad, Teresita poseía ya una gran sabiduría natural. Comprendió que en la Tierra estamos sólo de paso, que lo esencial está más allá. Además de su mamá, tres de sus hermanos y hermanas también habían fallecido.

A los nueve años, después del ingreso al Carmelo de Pauline, su segunda mamá, se vio asaltada por temblores nerviosos y alucinaciones; experimentaba terribles temores totalmente inexplicables. Se vio reducida a estar en la cama, como aturdida. Nadie sabía realmente qué le sucedía; no podía dormir y, sobre todo, no hablaba. Sus ojos se quedaban fijos. Esta situación duró largos meses.

Un día intentó gritar: "¡Mamá, Mamá!", dirigiendo su mirada hacia la imagen de la Virgen que estaba frente a su cama y la Madre de Dios la miró con dulzura y le sonrió. "¡Qué preciosa sonrisa! – dijo Teresita –. La Santísima Virgen me pareció tan hermosa; hermosísima; nunca había visto nada tan bello". Gracias a aquella sonrisa, Teresita se curó al instante. La ternura de la Virgen la había penetrado hasta lo más profundo de su alma y liberado de su terrible mal.

Creo que el gran motor de la vida de Teresita, su dinamismo interior que realmente era a prueba de balas, se debía a haber comprendido muy pronto el sentido último de la existencia. Comprender la razón de su vida y maravillarse de ello. ¿Por qué entró al Carmelo? ¿Por qué abrazó con tanto valor aquella vida monótona de sacrificios ocultos? Se debió a que muy pronto experimentó el vértigo de ser amada, ¡amada por el Amor mismo! Para ella, el Carmelo era el medio para no dejarlo ni a sol ni a sombra. Era una aventura real ininterrumpida de corazón a corazón, en la intimidad, oculta a los ojos del mundo.

Aquí llegamos al meollo de nuestro asunto, que es la verdadera adoración; la adoración en espíritu y en verdad, tan relacionada con ese abismo evocado por Teresita. Adorar significa dirigir todo su ser hacia, acercar su boca hacia, orar hacia. Y no se puede adorar sin haber experimentado el abismo que hay en nuestro interior. Adorar es volcar nuestro propio abismo en el abismo de Dios. ¡Un abismo que llama a otro Abismo! como dice el salmo. Esta es la razón por la cual la adoración está al alcance de todos como la experiencia mística más sencilla que existe.

Yo diría incluso que la necesidad de adoración es la necesidad humana más visceral. ¿Quién de nosotros puede decir que nunca ha experimentado el hambre existencial de amor y de vida? ¿Quién no ha sentido el dolor de percibir un vacío en su corazón? Adorar consiste simplemente en arrojar ese vacío abismal que llevamos dentro en las profundidades todavía más abisales del corazón de Dios. Saciar nuestra sed en Aquel que es nuestra fuente, la única fuente capaz de apagar realmente nuestra sed. Me encanta una oración de Teresita que lo explica muy bien: "Tú sólo, ¡oh Jesús! puedes colmar mi alma, porque tengo necesidad de amar hasta el infinito". En otras palabras, nuestro deseo de infinito se encuentra con la plenitud del don.

Marilyn habría podido hacer suya la segunda parte de la frase: "Tengo necesidad de amar hasta el infinito". Toda su conducta de adulta lo demuestra. Pero ese infinito de amor, ¿de quién lo esperaba? Fueron muchas las personas con las que intentó satisfacer su anhelo. ¡Y qué drama para ella ir de flor en flor en búsqueda del amor, hasta agotar toda su esperanza, hasta la desesperación y la muerte! Sí, "Tú sólo, ¡oh Jesús, puedes colmar mi alma".

La gracia de Teresa es haber conocido muy pronto la dirección y el teléfono, si se me permite expresarlo así, de quién podía satisfacer su alma y de haber sido capaz de precipitarse en cuerpo y alma en la aventura con Él. Esa gracia le ahorró muchos malos pasos y muchas traiciones. Ella misma lo dice claramente: "Con un corazón como el mío, me hubiera dejado atrapar y cortar las alas". Por encima de todo, la idea genial que el Espíritu Santo le inspiró fue comprender que su pequeñez, su debilidad, su incapacidad total para hacer grandes cosas por sí misma era lo que más atraía el amor de Dios hacia ella.

Cabe destacar que hay una diferencia radical entre esta revelación del Espíritu Santo y lo que susurra el espíritu del mundo, ese espíritu del mundo condenado por Jesús porque conduce a la destrucción y a la muerte. El mundo nos repite sin cesar que, si queremos tener éxito y ser amados tenemos que tener riquezas. Ser guapos, jóvenes, dinámicos, eficientes, producir dinero, y con buena salud. En resumidas cuentas, las normas son draconianas. Si perdemos estas cualidades, somos descartados, nos abandonan y ya no le interesamos a nadie. La publicidad y todo el sistema económico se basan totalmente en este último espíritu. De ahí la terrible angustia por perder el amor si perdemos la salud, la belleza o la juventud. De allí la obsesión por no envejecer de la mayoría de nuestros contemporáneos, la obsesión de no ser débil en nada. El mundo es de una crueldad sin fisuras. Los hospitales psiquiátricos están llenos de depresivos, que no son más que las víctimas de esta mentalidad inhumana.

¡Por ello, qué soplo de aire fresco cuando leemos a santa Teresita! ¡Qué Dios tan espléndido nos revela! ¡Qué liberación! ¿Eres pobre? Entonces, eres el más querido. ¿No tienes muchos dones? Entonces todo lo mío es tuyo, te lo doy todo. ¿Estás herido? Entonces eres más capaz que nadie para entender mis misterios y para unirte a mí. ¿Eres demasiado débil para subir por ti mismo las escaleras? Ven a mis brazos y te llevaré hasta arriba. Éste es el verdadero rostro del amor que santa Teresita nos revela. Y se lo agradezco. Gracias por haber hecho soplar sobre el mundo el viento de las bienaventuranzas y de la misericordia.

Marilyn fue víctima de una confusión que le costó muy caro, puesto que le costó la vida. Ella quería ser rica como medio para conseguir el amor, porque en su pensamiento era la belleza lo que atraía el amor. Se engañó a sí misma pensando que era su único triunfo. Marilyn es un símbolo para nuestra sociedad, y no sólo un símbolo sexual. Cuando en la adolescencia descubrió el impacto que su belleza causaba en su entorno, concibió poco a poco un vasto proyecto y se puso a soñar con convertirse algún día en una gran estrella. Hay que tener presente también en qué ambiente había vivido: por un lado, la vida monótona, aburrida y sin brillo de una chica en un orfanato y, por el otro lado, la revelación de un mundo que brillaba en todo su esplendor, lleno de las aventuras interesantes y las historias románticas que exhibía el cine de Holywood.

Como lo propio de la adolescencia es identificarse con quien se admira, Marilyn comenzó a imitar a las grandes estrellas y a centrarse en su propio personaje, a mirarse a sí misma, a observar el efecto que producía, etc. Después de un primer matrimonio fallido (de hecho, la casaron para escapar a un nuevo período de orfelinato), consiguió grandes logros en una agencia de modelos. Allí se obsesionó cada vez más por el cuidado de su propia imagen. Se dedicaba con afán verdaderamente conmovedor a dejarse atrapar por la espiral de la codicia. Creía firmemente que todos la amarían, que todos los hombres la desearían y que, al fin, sería la reina. La "super star".

Lo que me llama la atención en la forma de Marilyn en sus comienzos, al igual que santa Teresita a la misma edad, es que ambas perseguían el mismo objetivo: el amor absoluto y la gloria. Las dos buscaban desaforadamente la gloria. Y estaban en lo cierto: ambas estaban hechas para la gloria, al igual que todos nosotros, porque Dios nos ha creado para la gloria.

Teresita estaba fascinada por los relatos caballerescos y la historia de las grandes heroínas francesas como Jeanne d'Arc: "El buen Dios me hacía comprender que la verdadera gloria es la que dura para siempre". ¡Y ésa es la gloria que ella quiere! ¡De todas formas, ella siempre quiere lo mejor, así de fácil! "Creo que nací para la fama – escribía – y buscando la forma de conseguirla, Dios me inspiró que no eran necesarias obras brillantes, sino ocultarse y practicar la virtud. Dios misericordioso me dio a entender también que mi gloria no aparecería a los ojos mortales, sino que consistiría en ser una gran santa". ¡Nada menos!

Cuando Teresita adolescente atravesó la reja del Carmelo, emprendió el camino hacia la gloria que Jesús le había mostrado, que provendría de Él y no de ella; gloria que Él mismo le comunicaría gota a gota, en el abrazo escondido de su amor. Le daría su gloria porque la haría reina. ¿Acaso Jesús no dice en el Evangelio: "*Yo les he dado la gloria que me has dado para que sean uno, como tú, Padre, eres en mí y yo en ti*" (Jn. 17, 22)? Y Teresa sería una gran santa. Estaba segura de ello porque sabía muy bien que Dios, en su gran misericordia, nunca suscitaba un deseo en nuestro corazón sin luego realizarlo.

¡El Señor confirmó espléndidamente todas sus inspiraciones! Teresita no sólo se convirtió en una gran santa en el Cielo, sino que después de su muerte, sus escritos se propagaron por todo el mundo con un éxito fulgurante. ¡Qué carrera, la de esta pequeña y oscura carmelita, apenas salida de la adolescencia, sin diplomas y enferma de tuberculosis! ¡Decenas de miles de cristianos y no cristianos devoran su libro *Historia de un alma*, un verdadero best seller, y comienzan a vivir su espiritualidad! Así es como su gloria apareció a la vista de los hombres.

Su gloria era también el fruto de mucho sufrimiento. El Señor le había revelado, poco antes de su muerte, el éxito asombroso que tendría y le había anunciado que todo el mundo la amaría. Tengo que aclarar que fue una gloria totalmente unida al amor, como siempre lo es cuando la gloria es verdadera y proviene de Dios. La gloria que viene de los hombres engendra, sobre todo, divisiones y celos antes de desvanecerse para siempre. Aquí es donde Marilyn descarrió completamente y se encontró en un callejón sin salida.

Al igual que santa Teresita, Marilyn me conmueve por su voluntad de llegar lejos, por su loco deseo de ser amada, su ambición de superar a todo el mundo. Estaba tan convencida de esto como lo estaba Teresita de convertirse en una gran santa. Su intuición, en el fondo, era acertada: quería el amor absoluto. Pero se equivocó por completo porque, al no conocer la fuente verdadera y única del amor, lo esperaba todo de los hombres. Aguardaba la gloria que viene de los hombres, y esa gloria es simplemente vanagloria. De hecho, en lugar de recoger buenos frutos de ese amor, después de haber disfrutado por poco tiempo en ser el centro del mundo, la vemos consumida en el vacío.

Naturalmente, es muy difícil conocer exactamente cuál era el plan de Dios para Marilyn y su vida. Su idea fija era la belleza. Suscitar estallidos de emoción por medio de la belleza; pero en lugar de conectarse con la fuente, se conectó consigo misma, con su propio "ego".

Y de esta manera comenzó a descender por la pendiente resbaladiza que ha arruinado a tantísimos buenos artistas, al dejarse fascinar por sus propios talentos. Incluso podríamos decir que comenzó a adorar su propia imagen. Obviamente, pretendía que los demás también la adoraran y esto es lo propio de la idolatría. Idolatrar significa "adorar una imagen". ¡Qué drama! Experimentaba en sí misma un deseo loco de adorar, un deseo de sumergirse en un abismo de amor que constituía su nobleza, y resultó que todo ese formidable potencial de adoración lo desvió, sin duda inconscientemente, a su propia imagen. Precisamente así fue como, sin darse cuenta, se destinó a la desesperación. Hoy diríamos que compró un boleto hacia la desesperación. Y como siempre iba hasta el final en lo que emprendía, a partir de aquel momento se expuso mortalmente. Analizando su trayectoria, ¿quién tuvo la culpa?

Si Teresita estuvo fiel y amorosamente acompañada en el plano espiritual desde su más tierna infancia, Marilyn nunca tuvo con alguien con quien abrirse. Siempre estuvo a merced de sus propias fantasías; nadie le mostró el sentido de la vida. En una palabra, nadie la ayudó a conectar su deseo con Quien hubiera podido colmarla magníficamente. Además, en aquel momento fue víctima de una de las tantas sectas que pululan por los Estados Unidos, la Christian Church, adonde a veces la llevaba su mejor amiga; una secta bastante esotérica en la que prevalecía ante todo el triunfo del "yo" individual y donde la voz del instinto era considerada como una manifestación del espíritu divino.

Marilyn franqueó muy rápidamente los peldaños que conducen a la fama y muy pronto causó furor en las pantallas. Hizo ganar millones de dólares a sus productores. Todo el mundo la quería, su imagen llenaba tanto los anuncios publicitarios como las paredes de las casas particulares. Todas las mujeres querían parecerse a ella y algunas incluso se operaban la cara para tener su nariz, su boca y todo lo demás, y los hombres soñaban con tenerla en sus brazos (por no dar más detalles). En fin, se había convertido realmente en una estrella en toda la amplitud del término. Todavía hoy en día sigue encarnando a la mujer-objeto, a la mujer nacida para seducir, pero a quien sobre todo no hay que pedirle nada más.

Al principio, Marilyn se identificó completamente con ese personaje; pero un día entró en crisis, hastiada de aquella imagen superficial de sí misma. Asumía cada vez peor esa exaltación ficticia de su personalidad y de su identidad. Poco a poco fue tomando conciencia de la terrible fosa que separaba su imagen pública, lo que se esperaba de ella, de su pobreza real, verdadera, lancinante, su incapacidad para la felicidad, su soledad íntima, su insomnio crónico, y tal vez los fantasmas de la locura que le vendrían de su madre y de sus abuelos.

La angustia poco a poco se fue apoderando de ella. Todos los días se atendía con un psiquiatra y se atiborraba de medicamentos. Me da la impresión de que entonces habría querido gritar que no sólo era un cuerpo apetecible, sino que también tenía un corazón y sobre todo, un alma; que podía dar algo más que su sensualidad, ya legendaria, y que se negaba a permanecer presa dentro de un personaje limitado a sus curvas y a su sonrisa de vampiresa.

Durante mucho tiempo he buscado en las biografías de Marilyn una palabra realmente espiritual que pudiera haber salido de su boca. Admito que me ha costado, pero la he encontrado. En el apogeo de su fama, frecuentemente le decía a su gente de confianza esta palabra de Jesús: *"¿De qué le sirve al hombre ganar todo el mundo si pierde su vida?"* (Mc 8, 36). ¡Qué lucidez! Tenía la conciencia íntima de que se estaba perdiendo.

Personalmente, no creo en absoluto en la fatalidad. Marilyn podría perfectamente haber llegado a ser una gran santa, sencillamente permaneciendo fiel a las inspiraciones que el Señor le había enviado, en lugar de ajustarse al mundo que desprecia a Dios. En cuanto a Teresa, por su parte, hubiera podido perfectamente convertirse en la niñita inaguantable y malcriada, en la pequeña burguesa engreída que se pasa el tiempo mirándose el ombligo y considerando que todo se le debe como si fuera su derecho.

La historia de la Iglesia nos muestra que otras personas, mucho más corrompidas que Marilyn alcanzaron un alto grado de santidad. Cuando en los últimos años de su vida vio que su existencia en el fondo no era más que vacío, soledad y desolación, habría podido gritar: "'¡Jesús, sálvame! No soy digna, pero tómame en tus brazos y perdóname". Sí, hubiera podido. ¿Quién sabe lo que realmente ocurría en su conciencia, sino sólo Dios? Pero probablemente no creyó tener derecho a su misericordia. ¿Habrá pensado que esa última puerta de salvación estaría cerrada para ella?

La encontraron muerta en su departamento de Los Ángeles. Su muerte fue clasificada como "probable suicidio", pero llegó en un momento en el que Marilyn había decidido no seguir el camino de mujer fatal que le habían trazado. ¿Se suicidó realmente con barbitúricos como se dijo? Muchas veces sostuvieron la hipótesis de un asesinato. En abril de 2015, en su lecho de muerte, Norman Hodges, un agente de la CIA, afirmó haber matado a Marilyn Monroe con sus propias manos y haber maquillado su muerte como un suicidio.

Tenía treinta y seis años; era el 5 de agosto de 1962, vigilia de la Transfiguración del Señor. En la casa de la familia Martin, casi setenta y cinco años antes, se había producido un hecho que concierne muy intensamente la vida de Marilyn y que seguramente ha cambiado su rumbo. Aquel día, los ojos de Teresita se posaron sobre una imagen. Era Jesús crucificado y Teresita sólo se fijó en un detalle: de las manos traspasadas manaba sangre; esa sangre caía al suelo y no había nadie que la recogiera; se perdía en la tierra.

Teresa, conmovida hasta lo más profundo de su alma, en un instante comprendió, al mismo tiempo, el drama de Dios y el drama del hombre. Dos hambres que no se alcanzan. Dios añora al hombre que no acude a buscar el amor a la fuente; y el hombre está desesperadamente necesitado de Dios, porque su corazón está hecho para Él. El hombre sencillamente se está muriendo de sed junto a la fuente. Marilyn se murió de sed junto a la fuente, y la fuente sufre una tortura por no poder darle su agua. Dios sufre la tortura de un enamorado cuyo amor es rechazado y despreciado.

Entonces Teresita, que no soportaba semejante situación, se ofreció para ser una especie de intermediaria entre aquellos dos tipos de sed de amor. Así podrían saciarse mutuamente y curarse una por medio de la otra. ¿Quién mejor que Teresita podía entender lo que era el vacío de un corazón desgarrado por no poder abrazar al objeto de su amor? A la edad de cuatro años, después de la muerte de su madre, cayó muy gravemente enferma. Más tarde, estaría atormentada por el sufrimiento de aquellos que no saben que son amados por Dios, amados por el Amor mismo. Sabía que no hay desgracia más terrible que ésa en la vida de un hombre. Sin embargo, antes nunca había comprendido con tanta claridad que Jesús es el más pobre y el más desprovisto de los que mendigan amor. Viene a implorar nuestro "sí" como un niño que no cuenta con nada para forzar nuestra respuesta. Jesús nos respeta demasiado. Por lo tanto, para que Él sea por fin amado y que los hombres también puedan finalmente echarse en sus brazos (especialmente los mayores pecadores), tuvo una idea, o más bien una inspiración genial: ofrecerse al Amor Misericordioso.

¿Qué significa esto? Por supuesto Teresita continúa transitando su famoso caminito, que consiste en aprovechar cualquier ocasión, cada acontecimiento de la vida diaria para convertirlo en un acto de amor. Pero esa ofrenda, de alguna manera, concede permiso ilimitado a Dios para que la utilice como tierra fértil donde su misericordia puede derramarse y alcanzar el corazón de los hombres. Un terreno donde, en sangrienta batalla, se enfrentarán la misericordia que se ofrece y la indiferencia humana; la misericordia divina y su rechazo por parte del hombre.

Al hacer esta ofrenda de sí misma, Teresita se prepara para sufrir a causa de ese combate, por supuesto. Pero lo que está en juego es demasiado hermoso, demasiado importante. Podrá reconducir a Dios a miles y miles de pecadores, podrá atravesar las rejas de su Carmelo para buscarlos allí donde estén. Dice que su ofrenda se extenderá **"por todo el mundo y hasta la consumación de los siglos"**. ¿Cómo resistir a semejante moción interior? ¡Es más fuerte que ella!

La inmensa compasión por las almas que el Señor pone en su corazón la consume. Dirá:

"De repente fui presa de un amor a Dios tan violento que no puedo explicarlo más que diciendo que era como si me hubieran sumergido totalmente en el fuego. ¡Oh, qué fuego y qué dulzura al mismo tiempo! Ardía de amor y sentía que un minuto, un segundo más y no hubiera podido soportar ese ardor sin morir".

Ahora ya la tenemos dispuesta para su martirio de amor. Aquella ardiente herida de amor tan extraordinaria la llevará a las almas más distantes, más depravadas, más alejadas de Dios, incluso a aquellas que conscientemente rechazan su amor y su perdón. Un poco más tarde, Teresita se "sentará a la mesa de los pecadores" como lo hizo Jesús hace dos mil años, no como una invitada rica o como una estrella, ¡por supuesto que no! Se había alistado en la batalla espiritual y allí la tenemos, metida de lleno en la lucha, esa contienda sangrienta entre la luz y las tinieblas, entre el amor apasionado y el rechazo obstinado del amor.

A partir de su ofrecimiento, se siente invadida por los mismos sentimientos y pensamientos de aquellos que no conocen a Dios. Así, se ve interiormente torturada por su misma tortura, come al igual que ellos el pan de la desesperación y de la amargura, mientras que sus consuelos habituales desaparecen. Es el vértigo de la noche oscura y sin fondo de los que caminan en las tinieblas. Es como un descenso a los infiernos, sin duda similar al de Marilyn. Teresita dirá entonces: "Nunca jamás me había imaginado que fuera posible sufrir tanto, ¡jamás, jamás! No le encuentro explicación a esta situación si no es por el deseo ardiente que tengo de salvar almas". Se había sumergido en el mismo corazón de Dios. ¿Por qué sorprendernos de que las tinieblas del pecado la hicieran sufrir tanto?

Ella experimenta el sufrimiento atroz de la desesperación hasta tal grado, que incluso llegará a pensar en el suicidio. "Si no hubiera tenido fe, me habría dado muerte sin dudarlo", escribió. ¡Sí, como Marilyn! Allí donde hubiera debido ver el Cielo, no veía más que un paredón que se elevaba hasta los Cielos. Con el permiso de Dios, Satanás trató de hacerle creer que el Cielo no existía. Pero, aunque participara con intensidad en el drama secreto de los pecadores y de los no creyentes, no por eso se detenía en sus propios sufrimientos; seguía creyendo y ofreciéndolo todo a pesar de la noche oscura. Llega a decirle a las demás personas de su entorno que está "alegre como una alondra".

Hubiera perfectamente podido sucumbir y verse sumergida por completo bajo las fuerzas enemigas y demoníacas que la habitaban. ¡Pero el amor fue más fuerte! Teresita iba de victoria en victoria. Al atravesar esos años de pruebas en la fidelidad del amor, alcanzó los corazones más endurecidos para inundarlos de amor. Y de esta forma se convirtió en la madre de una multitud de almas que, gracias a ella, encontrarían la luz. ¡Había vencido! Todos sus pequeños y grandes "sí" en lo más profundo del sufrimiento aniquilaron todos los pequeños y grandes "no" de quienes rechazaban a Dios.

Tal como lo había profetizado, sus victorias se extenderían

hasta la consumación de los siglos. ¿Conocen a alguien que no crea?, ¿alguien que vaya errante, que haya perdido el rumbo o que sufra? ¡Récenle a santa Teresita y ya verán! Se ha ganado una sólida reputación y no sólo en la Iglesia. Incluso en el mundo del espectáculo. ¡Teresita sigue activa y súper eficaz! Por ejemplo, la famosa cantante Edith Piaf de niña era prácticamente ciega y se curó gracias a Teresita. Por eso todos los días, y especialmente antes de sus espectáculos, Edith le rezaba de rodillas. Teresita se había convertido en su amiga íntima que la consolaba. La acompañó hasta su último suspiro.

Tengo la certeza de que, de forma invisible, Teresita estaba junto al lecho de Marilyn durante aquellas largas, muy largas noches, en las que la actriz se iba hundiendo poco a poco en la autodestrucción, cuyo desenlace la aterrorizaba. Sí, me atrevo a decir que Teresita estaba allí, junto a Marilyn, aquella famosa última noche, cuando la dosis masiva de barbitúricos la sumergió en su última agonía. Porque Teresita, después de su ofrenda al Amor misericordioso, ya no podía separarse del destino de los pecadores.

¡Imagínense! Aquella noche, cuando Marilyn se presentó ante su Creador y Salvador, Teresita debió pasarle una notita diciéndole: "No te preocupes, Marilyn. Tengo un salvoconducto para ti; eres de mi familia. Las dos hemos padecido las mismas desdichas. Conozco tu infierno; he pasado años allí. No tienes más que decirle a Jesús que yo soy tú y que tú eres yo. Y después, ve a abrazar humildemente, muy humildemente su corazón del que brota el fuego verdadero y que desde siempre te llama por tu nombre. Has llegado a casa, Marilyn. ¡Aquí tienes por fin al que buscabas!"

Podríamos juntar los perfiles de Marilyn y de Teresita para mostrar que no hay miseria sin una réplica de misericordia, y mostrar también que quienes aman y adoran a Dios con todo su corazón y con toda su fuerza en esta Tierra escoltarán en el camino al Cielo a aquellos que han invertido su vida en vanidades o en ídolos fútiles. Los verdaderos adoradores son los que "arrebatan" a Dios y llevan sobre sus hombros a todos los hijos perdidos para reconducirlos al Padre. ¡Se hacen uno con ellos!

¿Por qué no imaginar lo que Marilyn y Teresita se han dicho al encontrarse en el Cielo? Ubiquémonos en escena y escuchemos con atención:

– Teresita, cuando veo tu vida… ¡qué increíble! ¡Si yo hubiera tenido la cuarta parte del amor que tú le profesabas a Jesús, ¡hubiera actuado toda mi vida por Él y sólo para Él! Habría encarnado a todas las mujeres del Evangelio, incluso a la Virgen María. Habría provocado un gran revuelo por Él… ¡Hubiera sido un éxito rotundo! ¡Su imagen se hubiera visto en todas las pantallas de Hollywood! ¡Toda América se habría convertido!

– Marilyn – contesta Teresita –, ¡no puedo más que llorar al contemplar tu vida! Nunca hubiera podido tolerar lo que tú has soportado durante tanto tiempo. Me conozco muy bien y con mi hipersensibilidad hubiera sido capaz de suicidarme en la adolescencia. No sé cómo te las has arreglado para levantarte por la mañana sin poder decirte que tus sufrimientos tenían sentido, sin poder reposar tu cabeza sobre un corazón de verdad que nunca te abandonara. No sé cómo has logrado resistir tanto tiempo sumida en tal desesperación, en una vida que se rompía por los cuatro costados… Pero, Marilyn, en el fondo, te lo agradezco. Fue gracias a ti que entré al Carmelo treinta años antes de que nacieras, incluso sin conocerte. Fue tu angustia la que me impulsó a encerrarme en aquella prisión voluntaria; tu grito llegaba hasta mis oídos día y noche y me rompía el corazón. A causa de ese grito tuve el valor de dar mi vida, gota a gota, y de descender hasta el Infierno para conducirte a Jesús. Por ti, Marilyn, y por todas las Marilyn del mundo, me vi obligada a amar, sí, a amar hasta el final, ¡hasta morir de amor! Porque, ¿ves Marilyn?, te confesaré mi secreto a ti, que has querido ser la reina del amor. El colmo del amor que me ha enseñado Jesús es éste: "No hay mayor amor que dar la vida por aquellos a los que se ama".

20
¡SÉ YO!

Tailandia, 1992. Parroquia de Nuestra Señora de Fátima en Prachuab.

Al volante de su minibús, el padre John Tamayot se considera realizado. Desde hacía muchos años servía a su comunidad de salesianos y podía presumir de haber construido magníficos edificios para satisfacer las necesidades de los niños que acogían. Había diseñado los planos, discutido con los arquitectos, transportado los materiales y vigilado las obras; en resumidas cuentas, había trabajado duro. A sus cincuenta años, nadie cuestionaba su eficacia.

En el minibús los niños jugaban a sus espaldas. De repente, se apoderó de él un malestar. No podía respirar. ¡Algo andaba mal! Todo se había vuelto negro ante sus ojos. ¡La oscuridad total! Sin embargo, se las arregló para detener el vehículo.

El padre fue trasladado de urgencia al hospital y los médicos le diagnosticaron un accidente cerebrovascular menor y también una anomalía en el cuello. "Vamos a estirar su cuello para aliviarlo", dijo el doctor. Efectivamente su cuello estaba muy calcificado como consecuencia de su trabajo en las misiones. El transportar pesadas cargas para sus construcciones – cemento, madera, arena –, le había provocado severos daños.

Pero cuando le estiraron el cuello, percibió que perdía la sensibilidad del brazo derecho y gritó: "¡Pare!" El médico acababa de cometer un grave error. Toda la mitad derecha del cuerpo del padre John había quedado paralizada. Se le prescribió un tratamiento con largas sesiones de fisioterapia y el padre fue trasladado al ala número 7 del hospital, con todos los inválidos.

"¿Permanecería inválido de por vida en aquel pabellón?" Sólo pensar en esta terrible posibilidad le provocó una severa depresión. A medida que pasaban las noches, se sentía cada vez más abrumado y la tentación de la desesperanza iba tomando cuerpo en él. Ahí estaba, postrado en la cama sin hacer nada, sin perspectivas de mejoría, él, que no había estado nunca quieto. ¡Qué contraste con su vida anterior, tan llena de actividades y contactos!

Luchando con la soledad y con una terrible sensación de impotencia, clamaba todos los días al Señor: "¡Socorro! ¡Socorro!". Tres meses más tarde, en la capilla del hospital adonde lo llevaban todos los días, lanzó ante su Señor el mismo grito de angustia, pero añadió: "¡Esto es demasiado, no puedo más! ¡Sácame de aquí, te lo suplico! ¡Quiero morir!". De repente, oyó la voz de Cristo que le preguntaba:

– Hijo mío, ¿qué edad tengo?

El padre John contestó:

– Señor, tienes treinta y tres años.

– ¿Y tú?

– Tengo cincuenta.

– ¿Por qué no me das las gracias? Te he concedido dieciocho años de vida más. A los treinta y tres, yo ya había muerto.

– Sí, Señor, ¡lo siento! Perdóname por no haber apreciado los dieciocho años suplementarios de vida que me has dado.

– Has hablado bien de mí, John; pero no me conoces. **¡Saboréame!** (Jesús pronunció con énfasis la palabra *saboréame*).

– Señor, ¿qué quieres decir exactamente?

– Hijo mío, no te he consagrado para ser un trabajador. No te he consagrado para ser un administrador. **¡Te he consagrado para que seas (otro) YO! ¡Sé Yo!**

El padre John quedó impactado al escuchar la voz de Jesús diciéndole: "¡SÉ YO!". Jesús añadió:

– Cuando yo sufría, me sentía abandonado, rechazado, clavado... Es una situación muy dolorosa. Ahora tú también la conoces.

El padre John estaba completamente aturdido. Empezando a comprender el significado profundo de las palabras de Jesús, le contestó:

– Sí, Señor. Gracias por darme la oportunidad de revivir realmente tu dolor y tu sufrimiento. Gracias por recordarme que me has consagrado para **ser TÚ.**

A partir de aquel día, el padre se tranquilizó; le había invadido una gran paz. Era lo que Jesús esperaba para continuar su plan de misericordia con él. Poco después de aquel diálogo increíble, los dedos de la mano derecha de su sacerdote comenzaron nuevamente a moverse. Con el pasar de los días sus piernas recuperaron movilidad. Gracias a la oración y a la rehabilitación, iba de mejor en mejor, hasta el punto que todos los pacientes del pabellón 7 le preguntaban:

– ¿Qué medicación estás tomando? ¿Dónde se la puede comprar?

Él les respondía:

– Es el Señor Jesús, ¡únicamente el Señor! ¡Crean en Dios!

Ante aquellos progresos inesperados, el equipo médico decidió hacerle una resonancia magnética. La prueba mostró que el cuello estaba todavía calcificado y era necesario operar. Pero la operación sólo tenía un 50 por ciento de probabilidades de éxito. ¡Era a cara o cruz! El padre John se abandonó en manos de Dios: "Señor – le dijo –, dependo totalmente de ti. Te doy mi vida. ¡Ocúpate Tú de mí!"

La operación duró diez horas. Durante la cirugía colocaron en el cuello del padre treinta y seis tornillos y tres grandes placas. La incertidumbre en cuanto al resultado no duró mucho tiempo, porque después de la operación, ¡ya podía mover los dedos, los brazos y las piernas!

En aquella época, durante una de mis misiones en Bangkok, conocí al padre John. Se lo veía radiante mientras compartía conmigo el secreto de su felicidad: "Ahora confío en el Señor. Él me ha consagrado para ser Él, así que lo dejo actuar. Vivo mi ministerio de sacerdote para Él, porque sé que es realmente Él quien vive en mí y continúa a través de mí su obra de predicación, de curación y de liberación. Entonces, ¡alabemos y demos gracias al Señor! ¡Que mi experiencia sea para su mayor gloria!"

El padre John había comprendido una realidad que nos concierne a todos: llevaba a cabo mil y una obras "para Dios", en las cuales la oración faltaba peligrosamente. A través de su impotencia como persona inválida, el Señor le hizo comprender que como sacerdote suyo esperaba que hiciera más bien obras "de Dios", es decir, las que Dios había preparado para él a fin de que las llevara a cabo de acuerdo con los designios divinos. La generosidad del padre era ciertamente hermosa y digna de elogio, pero Jesús quería más para él: quería enseñarle a que se abandonara en Él, a que le dejara actuar a Él, y asociarlo a su obra divina. ¡Después de aquello el padre John fue muchísimo más fecundo, y como sacerdote, fue "otro Cristo"!

21
LA METAMORFOSIS DEL GRAN ABORTISTA

Dr. Stojan Adasevic en Serbia (Foto Stock/autorizada)

Stojan ya no lograba dormir. Él, célebre ginecólogo de Belgrado a quien acudía todo el mundo, famoso por su destreza, se vio obligado a ir en búsqueda de un psiquiatra para resolver su problema. Una eminencia como él, que tuviera que recurrir a un psiquiatra, ¡es el mundo al revés!

En efecto, estaba aterrorizado. Todas las noches, desde hacía meses, tenía el mismo sueño y se preguntaba si no estaría perdiendo el juicio. Lo había probado todo: infusiones, medicamentos, pero nada funcionaba. Noche tras noche, semana tras semana, mes tras mes, su sueño lo llevaba a una gran pradera bañada por el sol y cubierta con hermosas flores de tonalidades iridiscentes. El aire era cálido y agradable y mariposas multicolores y tornasoladas revoloteaban por doquier.

¿Por qué en medio de aquella belleza paradisíaca Stojan era presa de un sentimiento de angustia? ¿Por qué no conseguía liberarse de aquella extraña opresión sin fundamento aparente? No lo llegaba a comprender.

¿Quién es el doctor Stojan Adasevic[25]?

Ya como estudiante de medicina parecía destinado a una carrera brillante. Sería tocoginecólogo en el Belgrado comunista de los años sesenta. En aquel contexto, ateo, estaba convencido de que el aborto, tal como se enseñaba en las facultades de Medicina, era un sencillo procedimiento quirúrgico, similar a una operación de apendicitis. La única diferencia estribaba en el órgano que se extirpaba: una parte del intestino en un caso y un tejido embrionario

---

[25] Para apoyar su punto de vista, Adasevic revela una práctica común en Serbia: "Como nuestras leyes sólo protegen la vida del niño desde el momento en que respira, es decir a partir del momento en que lanza su primer grito, los abortos son legales en el séptimo, octavo y noveno mes de embarazo". Pero aún peor, Stojan habla de un balde de agua. ¿Qué hace un balde de agua al lado de una mujer que está dando a luz? Antes de que el niño tenga la oportunidad de gritar, el abortista le tapa la boca para evitar que grite y lo sumerge en el agua. Oficialmente, como el niño no ha llorado, no se considera que haya nacido en realidad y eso hace que el asesinato sea perfectamente legal bajo el supuesto de aborto.

En sus conferencias, el doctor Adasevic cita a la Madre Teresa de Calcuta, canonizada el 4 de septiembre de 2016: "Si una madre puede matar a su propio hijo, ¿qué puede impedirnos a usted y a mí que matemos a otro niño cualquiera?"

Nota bene: El doctor Adasevic habló con los monjes del monte Athos. Ellos distinguen entre los métodos anticonceptivos y los métodos abortivos. Los métodos abortivos matan al bebé ya concebido. Justamente eso es lo que hace la píldora del día después RU 486. El diu, por su parte, actúa como una espada que separa al diminuto ser humano de su fuente de alimentación en el útero.

Stojan prosigue: "Se trata de una verdadera guerra, declarada por los nacidos contra los que todavía no han nacido. En esta guerra, me encontré en el frente varias veces: primero, como un feto condenado a morir; después, como un médico abortista, y ahora como apóstol para la defensa de la vida. He tardado en darme cuenta de que el niño en el seno materno es una persona viva mucho antes de su nacimiento y de su primera respiración. Contrariamente a lo que nos enseñaban los profesores comunistas, el niño está vivo desde el momento en que se forma el embrión, es decir, cuando el espermatozoide penetra el óvulo".

en el otro. Sin embargo, había muchas razones para entender las cosas de manera diferente.

Volvamos a un escalofriante episodio que vivió durante sus estudios. Un día en que estaba en la sala de espera del consultorio médico de la universidad archivando historias clínicas de los pacientes, entró un grupo de ginecólogos. Sin prestar la menor atención al estudiante agachado detrás de la pila de papeles, aquellos médicos comenzaron a contarse libremente historias de sus prácticas médicas. El doctor Rado Ignatovic evocó el caso urticante de una mujer que había ido a su consultorio para que le practicara un aborto. La intervención había resultado un fracaso y el niño nació bien vivo. Luego siguió contando la historia de esa mujer, antigua dentista, que había ejercido su profesión en una clínica no muy lejos de allí. Stojan no perdía detalle del relato cuando, de repente, quedó estupefacto: acababa de darse cuenta de que aquella mujer no era otra que su propia madre.

– Ahora ya falleció – comentó uno de los ginecólogos – y me pregunto qué habrá sido de aquel hijo no deseado.

Movido por un impulso irresistible, Stojan no pudo contenerse, se levantó y exclamó ante todos ellos en voz bien alta:

– ¡Aquel niño era yo!

Se produjo un silencio mortal entre los ocupantes de la habitación y, en cuestión de segundos, los médicos salieron uno tras otro con la cabeza gacha.

Pasaron los años y el doctor Stojan Adasevic no olvidaba que le debía la vida a un aborto mal practicado. ¡Él no iba a cometer semejante error! Pronto superó a su profesor en destreza y notoriedad. "El secreto radica en el entrenamiento, en la práctica, en la posición de la mano", decía. Fiel a esa máxima, realizaba entre veinte y treinta abortos al día y estimaba haber realizado alrededor de cincuenta mil en veintiséis años de práctica.

Un día, en la década de los ochenta, empezó a surgir la duda en su mente. Las nuevas tecnologías con ultrasonidos llegaron a Yugoslavia. Por primera vez, Stojan vio en el monitor de la ecografía una realidad hasta entonces oculta a sus ojos: el interior de un útero con un niño vivo, chupándose el dedo, moviendo los brazos y las piernas. Pero este descubrimiento no le había bastado para que comprendiera. Cada dos por tres durante la intervención colocaba con desenvoltura en una mesa junto a él los fragmentos de los miembros de un niño.

Fue entonces cuando su sueño recurrente comenzó a convertirse en una pesadilla. Al principio, en las primeras semanas, él no era más que un personaje pasivo que se contentaba con mirar a su alrededor. Y en un momento la hermosa pradera por la que caminaba se llenaba de niños que corrían, reían y jugaban a la pelota. Su edad oscilaba entre los tres y los veinte años. Stojan estaba sorprendido por su extrema belleza.

Le llamó particularmente la atención un joven y dos niñas cuyos rostros le parecían extrañamente familiares y se preguntaba dónde podría haberlos visto. Decidió hablar con ellos, pero apenas intentó acercarse, ellos salieron corriendo, gritando con miedo. Stojan había notado la presencia de un hombre adulto, silencioso, vestido con un manto negro, que observaba la escena con atención. ¿Sería el guardián de los niños? El sueño lo despertaba en la mitad de la noche y ya permanecía despierto sin poder volver a dormirse hasta el alba.

Una noche, en su sueño, asaltado por una loca inquietud, comenzó a perseguir a los niños que huían. Logró atrapar a uno, pero el niño gritaba petrificado: "¡Socorro, socorro, asesino! ¡Sálvenme de las manos de este asesino!" En aquel momento, el hombre de negro se transformó en águila, voló hacia él y le arrancó el niño de las manos. Stojan se despertó, sobresaltado y muerto de miedo. Su corazón latía desbocado. En el invierno de Belgrado, su habitación estaba fría y, sin embargo, él estaba empapado en sudor.

Aquella mañana, decidió llamar a un psiquiatra para pedirle una cita.

La pesadilla continuaba inexorablemente. Entonces, Stojan decidió hablar con aquel hombre misterioso vestido de negro y le preguntó quién era. El desconocido le contestó: "Aunque te lo dijera, mi nombre no te diría nada". Pero no se dio por vencido y siguió insistiendo. Finalmente, el hombre le respondió: "Me llamo Tomás de Aquino". Efectivamente aquel nombre no le decía nada. ¡Nada en absoluto! Pero el hombre de negro continuó:

– ¿Por qué no me preguntas más bien quiénes son los niños? ¿No los reconoces?

El médico respondió negativamente. El hombre continuó:

– No es verdad, los conoces muy bien. ¡Son los niños que has matado practicando abortos!

Stojan no salía de su asombro.

– ¿Cómo es posible? – replicó – Esos niños son grandes. Nunca he matado a niños ya nacidos.

Tomás le respondió:

– ¿No sabes que aquí, en el Más Allá, en el otro mundo, los niños siguen creciendo?

El médico no se dio por vencido:

– ¡Pero yo nunca he matado a un muchacho de veinte años!

– Tú lo mataste hace veinte años en el vientre de su madre – contestó Tomás –, cuando tenía tres meses.

Stojan entonces, tuvo que rendirse ante la evidencia: en efecto reconoció las caras, la del muchacho joven de veinte años y las de las dos niñas. Se parecían asombrosamente a personas que conocía muy bien, gente que le había pedido que practicara un aborto en el pasado. El niño se parecía a uno de sus amigos. Stojan le había realizado un aborto a su mujer veinte años atrás. En cuanto a las dos niñas, el médico reconocía a sus madres, especialmente a una de ellas que era su propia prima. Al despertar, prometió no volver a realizar un aborto en su vida.

Aquella mañana cuando llegó al hospital, se encontró con uno de sus primos que lo estaba esperando con su novia. Tenían una cita para un aborto. La mujer estaba embarazada de cuatro meses y quería deshacerse de su hijo; era su noveno aborto. Stojan se negó de inmediato, pero ante la insistencia de su primo acabó por ceder: "De acuerdo – dijo – pero ésta es la última vez".

Ocurrió lo que menos esperaba él que sucediera: en el monitor de la ecografía, vio claramente cómo el niño se chupaba el dedo. Pero dejemos a Stojan que lo cuente:

"Abrí el vientre, desgarré la placenta, después de lo cual la bolsa de agua se rompió y pude trabajar con mis fórceps para el aborto. Atrapé algo que rompí, extraje y lo eché sobre un lienzo. Miré y vi una mano, una mano bastante grande. El niño tenía cuatro meses. A esa altura el bebé ya está completamente formado, incluyendo los dedos de las manos y de los pies.

Alguien había derramado tintura de yodo sobre la mesa y la mano cayó allí; las terminaciones nerviosas entraron en contacto con el líquido. ¿Qué ocurrió? Miré y dije para mis adentros: ¡Dios mío, la mano se mueve sola!"

Entonces todo el ser de Stojan se estremeció, pero prosiguió con el aborto.

"A pesar de todo continué con mis pinzas, atrapé algo, lo rompí y lo extraje. Pensé: 'Espero que no sea una pierna'. Estiro y miro: ¡una pierna! Quiero ponerla suavemente sobre la mesa, para no colocarla cerca de la mano que se mueve. Bajo mi brazo para depositarla, pero en aquel momento a una enfermera se le cae una bandeja de instrumentos quirúrgicos detrás de mí. Sorprendido por el ruido me sobresalto, aflojo las pinzas sin querer, por lo que la pierna se tambalea y cae cerca de la mano. Miro: la mano y la pierna se mueven por sí solas.

Mi equipo y yo nunca habíamos visto nada igual: extremidades humanas que se contraen con pequeñas sacudidas encima de la mesa. A pesar de todo sigo con mi instrumento en el vientre y comienzo a romper todo lo que hay en su interior. Me digo a mí mismo que, para completar el cuadro, sólo faltaría que me encontrara con el corazón. Sigo triturando, trituro, trituro hasta estar seguro de haber aplastado totalmente todo lo que quedaba dentro y saco otra vez los fórceps. Extraigo aquella papilla, pensando que debía tratarse de fragmentos de hueso y la pongo sobre el lienzo. Miro y veo un corazón humano que se contrae y se relaja y que late, late, late. Me parece que voy a enloquecer. Veo que los latidos del corazón se vuelven más lentos, más y más lentos hasta que se detienen por completo. Nadie ha podido ver lo que vi con mis propios ojos y quedar más convencido que yo de lo que acababa de hacer: había matado a un ser humano".

Su propio corazón flaqueó y todo se volvió oscuridad a su alrededor. ¿Cuánto tiempo duró aquello? No sabría decirlo. Pero la voz aterrada de una enfermera lo sacó de su letargo: "¡Doctor Adasevic, doctor Adasevic – gritaba – la paciente se está desangrando!" Por primera vez desde su infancia, comenzó a orar con sinceridad: "¡Señor, no me salves a mí, pero salva a esta mujer!"

Stojan terminó el trabajo. Cuando se quitó los guantes, sabía que ése había sido su último aborto.

Como era de esperar, se desencadenaron fuertes persecuciones contra él. Nunca antes, en ningún hospital de Belgrado, se había visto que un ginecólogo se negara a realizar abortos. Además de las presiones, le bajaron el sueldo. Su hija fue despedida y su hijo, extrañamente, fue suspendido en los exámenes para ingresar a la universidad. La prensa y la televisión nacional lo arrastraron por el fango. El Estado socialista – decían – le había permitido estudiar para que pudiera realizar abortos, y ahora estaba llevando a cabo una operación de sabotaje contra el Estado.

Al cabo de dos años, Stojan estaba destruido. Tanto es así que llegó a pensar en volver a trabajar y practicar nuevamente abortos. Pero el hombre de negro, su amigo celestial, se le volvió a aparecer en un sueño. Le dijo, dándole una palmada en el hombro: "Eres mi amigo, mi buen amigo. ¡Continúa tu combate!" Stojan decidió no abandonar la lucha.

Stojan Adasevic hoy

Stojan Adasevic no tardó en implicarse en el movimiento pro-vida. Viajó por toda Serbia, dando charlas y conferencias magistrales sobre el aborto. Consiguió incluso salir dos veces en la televisión estatal yugoslava, en el programa del doctor Bernard Nathanson en el que presentaba su inolvidable película *El grito silencioso*. Esa película muestra en la gran pantalla el comportamiento del bebé nadando feliz en el útero de su madre y cómo al ver la sonda del abortista dirigirse hacia él, presa de miedo, intenta huir hacia el otro extremo del útero. ¿Pero de cuánto espacio dispone ese pobre inocente? Rápidamente es aspirado por el instrumento de muerte que se dirige hacia él.

Gracias al combate del doctor Stojan Adasevic, el Parlamento yugoslavo aprobó un decreto a principios de los años noventa que protegía los derechos del niño por nacer. El decreto llegó hasta el presidente Slobodan Milosevic, de infame memoria, que se negó a firmarlo. La guerra de los Balcanes estalló enseguida y el decreto cayó en el olvido.

Durante aquella guerra, Stojan se preguntaba: "¿A qué otra cosa podríamos atribuir la matanza que tiene lugar aquí en los Balcanes, sino a nuestro alejamiento de Dios y a nuestra falta de respeto por la vida humana?".

22
NOS DERRITEN DE TERNURA

Sor Emmanuel con niños en Kota Kinabalu, Malasia, 2016
(Foto/Foo)

La inocencia de los niños les permite tener antenas muy sensibles a los ángeles y al mundo celestial en general. Sus corazoncitos captan maravillosamente la luz de Dios, porque acaban de salir de las manos del Creador. Pongo aquí unas pocas palabras dichas por los niños. Esto nos confirma que los pequeños, que están entre nosotros, son nuestros maestros en materia de mística.

La gallinita roja

Mi amiga Cathy le cuenta a su hijita Marie, de cinco años, las historia de "La gallinita roja". En ese cuento infantil, una gallinita roja se encontró un grano de trigo. Les pidió a los otros animales de la granja – al cerdo, al gato y a la rana –, que la ayudaran a plantarlo, pero ninguno de ellos le prestó ayuda.

Cuando llegó el momento de la cosecha, les pidió a esos animales que la ayudaran a cosechar el trigo, pero todos le dieron una excusa y la gallinita se quedó sola para recoger la cosecha. Luego tampoco acudieron para la trilla. Lo mismo sucedió en el momento de moler el trigo y cocer el pan: la gallinita siempre pedía ayuda a los otros animales, pero todos tenían alguna excusa para no ayudar.

Una vez que terminó con su trabajo, la gallinita roja preguntó muy sonriente: "¿Quién me quiere ayudar a comer el pan?! Y todos contestaron afirmativamente. Aquellos que se habían negado a ayudarla, esta vez estaban muy dispuestos a comer el pan. Pero la gallinita los miró a los ojos y les dijo: "Nunca me han querido ayudar a trabajar. Me dejaron sola siempre que los necesitaba. ¡Ahora yo también comeré mi pan sola con mis polluelos! ¡Faltaba más!"

Entonces la gallina se comió el pan con sus polluelos y no dejó ni una miga para los otros animales que habían sido tan perezosos. Moraleja de la historia: los que no quieren trabajar, no merecen disfrutar del fruto del trabajo.

Pero al acabar el cuento, la pequeña Marie, bastante decepcionada, mira a su madre y exclama: "¡Bueno! Si la gallinita hubiera sido Jesús, a pesar de todo, habría compartido su pan con los otros animales".

¡Adoraba al amor!

A los tres años y medio, Lou era un niño muy precoz con un sentido de Dios y una comprensión increíble de sus misterios. Un día, mientras pasaba con su madre delante de una iglesia, ésta le recordó que allí lo habían bautizado cuando tenía un año. Entonces el niño se puso serio y afirmó: "¡Sí, me acuerdo! ¡Ahí es donde me sumergieron en la sangre de Cristo!"

Un poco después, le hizo a su madre una pregunta sorprendente: "Dime mamá, ¿no estás preocupada por Jesús?" "No, ¿por qué?", contestó ella. Lou entonces le dio esta respuesta: "Lo he visto en la cruz, tenía la boca abierta y le resultaba muy difícil respirar". Lou, obviamente, nunca lo había aprendido y su madre ignoraba que, en la cruz, Jesús ya no podía respirar y murió asfixiado.

Un día, encontraron a Lou... vestido con una sábana. La sábana tenía un agujero y el pequeño había metido su cabeza por el mismo. Cuando le preguntaron a qué estaba jugando, explicó: "Bueno, ¡es mi túnica de sacerdote!" Entonces su madre, asombrada, le preguntó por qué quería ser sacerdote. Contestó como si la respuesta fuera algo notoriamente sabido: "¡Porque adoro al amor!"

Gracia Leotta expone: "Mi sobrino David, de seis años y medio, me dijo con la mayor seriedad al salir de la escuela: "¿Sabes?, Jesús me ha dicho que cuánto más me apoyo en Él, más victorioso salgo contra Satanás".

Laurence (de cuarenta y nueve años) nos cuenta: "Cuando era pequeña, a los siete años, una frase del Evangelio me marcó profundamente: "El Hijo del Hombre no tiene donde reclinar la cabeza". ¡Eso me preocupaba mucho! ¿El pobre Jesús no tenía ni siquiera un lugar para dormir? ¡Qué terrible! ¿Qué podría hacer yo? En mi corazoncito de niña, encontré una solución muy sencilla: todas las noches me apretaba contra la pared para dejarle el mayor sitio posible en mi cama".

A veces los niños reciben luces interiores sorprendentes. ¡Sus almas son tan transparentes...!

Aquella mañana, al despertar, la pequeña Bénédicte (de once años y hermana de una amiga de París) estaba todavía bastante trastornada por el sueño que había tenido durante la noche. De hecho, aquello no se parecía en absoluto a un sueño, ¡parecía tan de verdad, tan real! Había tenido mucho miedo. Dos hombres amenazantes la perseguían, su intención era clara: querían matarla. Empezó a correr, pero ellos se acercaban inexorablemente: en cuestión de segundos la atraparían, estaba perdida, iba a morir.

Su corazón latía a mil por hora. De repente surgió alguien. A pesar de su sorpresa, lo reconoció inmediatamente. Llevaba la misma sotana blanca con la que que lo había visto siempre por televisión. Sobre todo, tenía la misma sonrisa y la misma mirada llena de bondad.

¡Era Paulo VI, el papa al que ella tanto amaba! Se interpuso firmemente entre los dos hombres y la pequeña Bénédicte, asegurándole con mucha dulzura que la protegería. Le pidió que subiera más arriba para esconderse. La pequeña protestó: "No, santo padre, es muy peligroso, lo van a atacar y le van a hacer daño, ¡tiene que huir!". Pero el buen Papa respondió que no corría ningún peligro y que nadie podía hacerle ningún daño. "Para mí, es demasiado tarde – le dijo –, ¡sálvate rápido, pequeña mía!"

Acababa de salvarle la vida a costa del sacrificio de la suya. La pequeña Bénédicte se despertó un poco más tarde, muy emocionada por aquel sueño tan intenso y extraño. Al entrar en la cocina aquella mañana del 7 de agosto de 1978 tuvo un sobresalto: la radio estaba anunciando una terrible noticia que daba a su sueño una dimensión increíble: el papa Paulo VI había fallecido durante la noche del 6 al 7 de agosto.

Antes de entrar de lleno en el amor del Padre, ¿habrá tenido de socorrer a una niña en peligro?

¡A los inocentes, a manos llenas!

Muchas familias no les enseñan a sus hijos a rezar. ¡Qué lástima, qué desperdicio! La primera infancia es el momento único y privilegiado en el cual el alma es todavía pura y ese tiempo ya no vuelve. A través de sus antenas espirituales dotadas de profunda sensibilidad, los niños reciben en la oración enormes riquezas para sus almas que, más tarde, serán maravillosos puntos de referencia en medio de un mundo tan proclive a corromperlos. Al privar a los niños de la oportunidad de la oración y de la revelación de Dios se comete una gran injusticia. Quedan sencillamente subdesarrollados, incluso mutilados. ¿Y con qué beneficio? El corazón inocente de los niños resplandece a los ojos de Dios, que se complace en ellos con deleite. ¡Un corazón inocente lo obtiene todo de Dios! Pero cuando se trata de escandalizar a uno de esos pequeños, entonces Jesús no anda con rodeos. Él, tan misericordioso ante las debilidades humanas, declaró:

"Si alguien escandalizara a uno solo de estos pequeños que creen en mí, sería mejor para él que le colgaran una piedra de molino al cuello y lo arrojaran al mar" (Mt 18,6 y Lc 17,2).

Los padres ejercen un gran poder, un poder muy grande sobre los niños: pueden aplastar esa inocencia o al contrario ayudarla a que florezca y dé fruto.

Recuerdo al pequeño Mathieu de seis años. Su madre le había dicho que ese año iría a catequesis, pero que dejaría de asistir a los Niños Adoradores porque, según ella, "además del catecismo, sería demasiado". Mathieu iba todas las semanas a una iglesia de París donde, con otros niños, aprendía a adorar a Jesús en la Eucaristía. Le encantaba esa hora porque las palabras del sacerdote que los acompañaba le llegaban al corazón. Él les hacía descubrir a un Dios maravilloso con quien podían hablar libremente, un Dios amoroso y atento a sus pequeñas historias de todos los días. Entristecido al ver que se le suprimiría aquel tiempo celestial, Mathieu exclamó: "Pero mamá, ¡no entiendes nada! En catequesis aprendo a conocer a Jesús, pero en los Niños Adoradores, ¡aprendo a amarlo!" Gracias a Dios, la madre cambió de parecer conmovida ante semejante declaración y el pequeño Mathieu pudo continuar desarrollando las dimensiones secretas de su bella almita ante su Dios, oculto en la Hostia… ¡Esplendor de esos humildes diálogos entre aquel hombrecito y Dios hecho pequeño! ¡Regocijo de los ángeles!

Aunque cada vez son más escasas, todavía hay civilizaciones muy cercanas a la naturaleza y al Creador, aisladas en tierras remotas y protegidas de los virus de nuestra sociedad materialista. También allí, entre esas personas, en ocasiones encontramos perlas raras de frescura evangélica…

Éste es un hermoso testimonio relatado por Agostino Ricotta, un joven padre de cinco hijos, músico y líder de un grupo de oración de la Renovación en el Espíritu en Sicilia. Ha compuesto gran parte de las canciones de adoración que se cantan en Medjugorje y en muchas parroquias. Agostino estuvo en la escuela del Padre Slavko durante siete años y se ponía muy a gusto al servicio de la parroquia. Había conocido a un sacerdote italiano que frecuentemente acompañaba a grupos de peregrinos. De repente Agostino dejó de verlo, y se preguntaba qué podría haberle sucedido a su amigo. Tres o cuatro años más tarde, el sacerdote volvió a Medjugorje y le explicó el motivo de su ausencia.

"Mi comunidad me envió como misionero a una pequeña ciudad perdida en América del Sur. Allí, las personas no conocían nada de la fe cristiana ya que nunca habían oído hablar de Jesús ni de María. Tuve que enseñarles el abecé del Catecismo. Les hablaba de Jesús, del Evangelio, de sus milagros y de sus enseñanzas, de los sacramentos, etc. Aquella gente sencilla escuchaba con agrado la Buena Nueva, y muchos pidieron ser bautizados. En una oportunidad, cuando estaba celebrando la misa dominical, una mujer se acercó al altar justo antes de la consagración. Llevaba a un niño casi moribundo en sus brazos. Ante mi sorpresa, depositó al niño sobre el altar. Como me había dejado un poco descolocado, le pregunté: '¿Qué haces?' Ella me respondió: 'Has dicho que cuando consagras el pan, Jesús se hace presente físicamente en el pan y que el Jesús que viene sobre el altar en la Hostia es el mismo que vivió hace dos mil años, que pasó haciendo el bien a todos, que tocaba y sanaba a los enfermos. Si lo que has dicho es cierto y Jesús viene sobre el altar, ¡tiene que tocar y curar a mi niño! Soy demasiado pobre y no tengo dinero para llevarlo al médico o comprar medicamentos'.
Ante tal declaración le contesté:
'Está bien, puedes dejarlo aquí'.
Así que dejó a su hijo sobre el altar y después de la consagración, ¡el niño se curó! ¡Tendrías que haber visto la alegría de aquella mujer!

Esas personas vivían en una gran pobreza. Acababan de recibir el bautismo, pero su fe conquistó el corazón de Cristo; una fe sencilla, inocente como la de los niños, una fe que mueve montañas".

A esta historia Agostino añade: "¿Por qué no ocurre lo mismo en nuestras iglesias, en nuestras parroquias, en nuestros movimientos? Jesús dijo: *'Cuando el Hijo del Hombre vuelva, ¿encontrará fe sobre la Tierra?'* (Lc 18,8) ¡Sí, la encontrará si nosotros lo queremos!"

Oración al Niño Jesús

Para obtener el espíritu de la infancia existe un medio excelente: es el de familiarizarse con el Niño Jesús, el gran terapeuta de nuestro sofisticado Occidente. Es por esto que le rezo esta oración:

Oh Niño Jesús, te miro y te veo tan pequeño,
tan inocente, tan vulnerable...
Sin embargo, ¡eres mi Señor y mi Dios!
Con María, José y los pastores de Belén vengo también a adorarte.
Haz de mi corazón tu Belén, ¡ven a vivir en mí!
Jesusito mío, Herodes quería matarte
a ti que venías a perdonar y a salvar.
Guárdame de todo pecado y de todo aquello
que en mi vida pueda apenarte.
Llena mi alma de amor y de esa paz divina a la que tanto aspiro.
¡Oh! ¡Cómo me gustaría tenerte en mis brazos como María,
tu madre, y llenarte de tiernos besos!
Tenías frío en invierno en Belén, quiero darte calor
con los cantos de mi alma.
Que cada uno de mis actos secretos de amor sean
para ti como un poco de paja y de calor.
Ven a recrear el amor entre todos nosotros. ¡Tú eres nuestra

unidad!
Guárdanos de Satanás, no le permitas sembrar el odio
y la división entre nosotros.
¡Que el mal se estrelle contra tu inocencia!
Te lo ruego, Niño Jesús, venda las heridas de mi corazón
y cura mis enfermedades.
Divino Pastorcito, ¡que tu bendición nos acompañe siempre!
¡Llévanos a todos por el camino de la salvación!

Niños en China, 2015 (Foto/Ella Poon)

23
¿OCHO ABORTOS?

Pierina intentaba desesperadamente conseguir hablar con la vidente Marija Pavlovic. Carcomida por dentro, estaba convencida de que ese encuentro era su última oportunidad. Marija la recibió con agrado e inmediatamente cayó en la cuenta de que estaba ante un despojo humano con el corazón destrozado.

Marija, vengo a verte hoy porque estoy al borde del suicidio. No puedo más. Estoy completamente destruida. ¿Sabes? me he sometido a ocho abortos... Ocho, ¿te das cuenta? Mi marido no quería tener hijos[26]. Pero siento la muerte en mí, no puedo seguir así. Estoy acabada. Por favor, esta tarde cuando veas a la Señora, pídele que me ayude. No quiero ir a ver a un sacerdote porque si le digo que me he sometido a ocho abortos, me echará del confesionario.

De ninguna manera – le dijo Marija –. ¡Ningún sacerdote te echará del confesionario, al contrario! Explícale bien todo lo que has vivido y verás, te escuchará y te ayudará, no tengas miedo de ir a confesarte. Y esta tarde, te lo prometo, le hablaré de ti a la Virgen y rezaré por ti.

Aquel día, Pierina hizo la confesión de su vida y se sorprendió

---

[26] Que uno de los cónyuges no quiera tener hijos en el momento de la boda constituye un motivo de nulidad de ese matrimonio, es decir, que el sacramento no se ha realizado. En esa situación puede elevarse un pedido de reconocimiento de nulidad en su diócesis, en cuyo caso cada cónyuge podrá después volver a casarse por la iglesia.

con alegría de que el sacerdote la recibiera con gran amabilidad y una profunda comprensión. Pero todavía más después de manifestar su miseria, sus pecados y sus heridas. Sintió que Jesús en persona venía en su ayuda para devolverle la paz del corazón. Saboreó plenamente ese tesoro incomparable que no puede comprarse ni fabricarse: la paz del corazón, con la que todo el mundo sueña, y que tan pocos viven.

Pierina esperó a Marija al pie de la torre izquierda de la iglesia. Sabía que tendría la aparición a las seis menos veinte de la tarde, que se quedaría a la misa de las seis y que saldría de la iglesia a eso de las siete. Cerca del campanario ya se había congregado un grupo de peregrinos, pero Pierina lo había previsto todo: se había literalmente pegado a la puerta para ser la primera en encontrarse con Marija.

– ¿Sabes? – le comentó Marija con una sonrisa – durante la aparición de la Virgen le he hablado de ti. No me ha dejado darle demasiados detalles. Sonreía al escucharme y me ha dicho: "Esa mujer será un instrumento en las manos de Dios para salvar a muchas almas". ¿Ves? – añadió Marija – no temas, la Virgen te ayudará y caminarás con ella por un nuevo camino. ¿Te has confesado?

– Sí, Jesús ha sanado mi corazón. Ya no siento la desesperación y es la primera vez en mi vida que tengo paz. ¡Gracias, gracias, gracias!

De regreso en Italia, con su cuerpo, su corazón y su alma rebosantes por ese baño de gracias recibidas en Medjugorje, Pierina decidió volver al hospital donde le habían practicado esos ocho abortos y allí, con la sencillez de los que no tienen nada que perder, empezó a hablar con las mujeres que acudían para abortar. No moralizaba, no explicaba, no predicaba, sino simplemente daba testimonio de su experiencia personal de cómo, después de ocho abortos, se había hundido en la muerte interior y de cómo en Medjugorje, gracias a una confesión sincera y a la intervención personal de la Santísima Virgen, había recuperado la vida y las ganas de vivir.

La profecía de la Madre de Dios se estaba realizando. En efecto, al escuchar a Pierina y al ver la luz que emanaba de ella, muchas mujeres se fueron del hospital con la intención de conservar a su bebé.

Lo que es maravilloso con Dios es que, en medio del mayor desastre, siempre encuentra una salida para volver a infundir valor y vida a quien se confía en Él.

¡Oh, mamá, si me conocieras!

Durante una de mis misiones en Kerala, en el sur de la India, tuve la oportunidad de ver a cientos de personas que lloraban a mares durante una representación interpretada por el Rex Band's Theater – Jesus Youth's al aire libre. Esa comunidad está compuesta por fervientes jóvenes cristianos bien formados en la evangelización, que recorren la India para dar a conocer a Cristo y la fe cristiana, sobre todo entre sus pares.

Aquella noche, en los bancos improvisados dispuestos alrededor del escenario, pocos eran los que no habían sacado sus pañuelos. Presente en la reunión, tampoco pude contener las lágrimas. En primera fila el obispo, que había venido para asistir al espectáculo, ni siquiera intentaba disimular las suyas.

¿Qué estaba ocurriendo en el escenario? Una mujer. Una voz cálida y cautivadora, con un timbre de voz que te conmovía las entrañas. Ternura y exaltación de alegría. Después una tragedia. Gritos de dolor. Una orquesta discreta que hacía de eco a esa voz que desgarraba la noche. Estábamos en presencia del drama oculto que ha afectado, afecta y afectará a millones de criaturitas.

Beena era quien encarnaba aquella noche a una de esas criaturas, dando voz a sus gritos silenciosos. ¡No soy capaz de recrear aquí, por escrito, el tono que le confería un alcance tan profundamente humano al drama! Pero entre líneas, querido lector, podrás captar el mensaje de esta canción de amor que nos transporta a la realidad pura y desnuda de los más pequeños entre los hombres.

"Soy una niña que nunca ha visto la luz,
y me dirijo a ustedes desde el país de la eternidad.
Fui creada en el amor, pero me han matado con crueldad.
Cuando todavía era un embrión de tres meses,
fui condenada a muerte.
Mi padre se convirtió en el autor de mi muerte,
y el seno de mi madre fue mi lecho de muerte.
¡Oh, cómo los envidio a cada uno de ustedes que están vivos!
¡Oh, cómo desearía cantar con los pájaros del cielo!
¡Quisiera bailar con los lirios del campo y el viento!
¡Quisiera reír! ¡Quisiera llorar!
Me gustaría probar el sabor de esta vida magnífica a la cual he sido privada tan injustamente.
Todo lo que me queda ahora son recuerdos… recuerdos maravillosos de los tres meses pasados en el seno de mi madre.
¡Déjenme vivir! ¡Déjenme caminar bajo el brillo del sol! ¡Déjenme vivir! ¡Dejen que me acurruque en brazos de mi madre! ¡Déjenme disfrutar de sus abrazos! ¡Déjenme sentir el amor de mi padre! ¡Déjenme ser parte de la creación de Dios! ¡Déjenme vivir!
Estoy en el seno de mi madre desde hace un mes. Estoy nadando en este sitio cálido, oscuro e íntimo. Oigo sonidos amortiguados a mi alrededor. ¿Será mi madre? Me lo pregunto. Mi madre todavía no sabe que estoy aquí. ¡Oh, qué feliz estará cuando se dé cuenta de mi presencia!
Ahora tengo dos meses y sigo creciendo cada día. Mi corazón es la parte más grande de mí, y ahora comienza a latir. ¡Oh, qué contenta estoy de estar viva! Los dedos de mis manos y mis pies ya están formados y ahora tengo una boca pequeña. En este momento, tengo tres meses y ya puedo sonreír y fruncir el ceño. Puedo dar patadas e incluso puñetazos. ¡Mamá! ¡Estoy aquí! ¡Estoy viva! ¡Mamá, estoy viva!
Ayer, mi padre y mi madre me mataron. Pensaron que sólo era un amasijo de células. ¿Yo, un amasijo de células? ¡Oh!

¿Cómo explicar el dolor que sentí cuando supe que no me querían? ¿Cómo expresar el horror que se apoderó de mí cuando descubrí que sería eliminada? ¿Quién comprenderá la agonía y el dolor insoportable que experimenté cuando los instrumentos del médico traspasaron mi cuerpo y me cortaron en pedazos? ¡Mis manitas, mis piecitos…! ¿Alguien podría decirme en qué estorbaba? ¿Por qué ya no me querían? ¡Oh, mamá, mamá!, ¿no me conoces? ¿No te acuerdas de mí? ¡Soy tu hija! ¡La carne de tu carne! Me has llevado en tu seno durante tres meses. He compartido tu vida y tu sangre… y luego me has matado. ¿Por qué, mamá? ¿Por qué? Lo único que quería era vivir. ¡Ser parte de la familia! Dime mamita, ¿cómo se te ocurrió la idea de eliminar una vida dada por Dios? ¿Soy algo de lo que puedes disponer como te plazca? ¡Oh, mamá, si me conocieras…!

Luego Beena se vuelve hacia la asamblea

Que cada uno de ustedes recuerde que están vivos hoy, simplemente porque su madre no los mató cuando todavía estaban en su vientre. ¿Me van a escuchar? ¿Alguien va a escuchar mi grito silencioso y mi súplica? Todo lo que pido es el derecho de vivir…"

Darle un nombre al niño

Un aborto es siempre una tragedia para los padres, una herida profunda, sean conscientes o no de ello. El Señor, en su misericordia, da a esas madres y padres caminos de curación para sanar esas heridas. Es necesario recorrer varias etapas:

– Tomar conciencia de que ese niño está en el Cielo. Marthe Robin decía que los niños abortados forman la corona de gloria de la Santísima Virgen y que desde el Cielo intercedan incesantemente por sus padres. En el seno de María continúan creciendo hasta alcanzar la edad del "hombre perfecto".

– Dar un nombre a ese niño. Este paso es muy importante porque el nombre es la identidad. Así la criatura ya no será un ser anónimo para sus padres, o un "amasijo de células", sino un ser concreto e identificado, con el cual será posible vivir la comunión de los santos. Llenará el vacío abismal que se ha formado en el seno de su madre.

– Pedir perdón a Dios por ese pecado en el sacramento de la reconciliación. Normalmente, esta materia está reservada al obispo, pero ante la gran cantidad de casos, frecuentemente éste delega en sus sacerdotes el poder de perdonar los pecados de aborto[27].

– Pedirle también perdón al niño. Ahora que tiene un nombre, una identidad, los padres pueden hablarle porque **él los escucha**. ¡Tienen que darse cuenta de que probablemente será él la primera persona con quien se encontrarán en el momento de su entrada en la eternidad! El perdón solicitado y recibido por los padres es muy curativo para ellos.

– La última etapa de este proceso es perdonarse a uno mismo. Para muchos es lo más difícil. La toma de conciencia de la gravedad de ese pecado puede conducir a una profunda e intensa culpabilidad. Para algunas madres, lo que está dañada es la imagen de sí mismas, sienten vergüenza y una fuerte humillación. He comprobado que muchas madres que han vivido un aborto voluntario confiesan una y otra vez este pecado. En realidad, no logran perdonarse y, por lo tanto, no encuentran paz en la confesión. Cuando les sugiero que lo hagan, a veces me responden: "Pero, ¿cómo me puedo perdonar un acto tan horrible? ¡Ese bebé jamás

---

[27] Durante su experiencia de muerte inminente, Gloria Polo vio que cada aborto provocaba una horrible satisfacción en el Infierno entre los demonios, que tanto odian la vida humana. Jesús le mostró que el aborto es el culto celebrado sobre el altar de Satanás. Cada vez que se mata a un niño, algunos de los sellos que precintan el Infierno se rompen y salen demonios que atacan especialmente a los sacerdotes. Habría, por lo tanto, un vínculo estrecho entre la gran cantidad de abortos de hoy en día y la caída de muchos sacerdotes. Por supuesto, no se puede tomar esto como verdad evangélica; sigue siendo una revelación privada (ver el testimonio de Gloria Polo, capítulo 5).

volverá!" Entonces las exhorto a ser humildes y a que se digan: "Y sí, ¡he sido capaz de hacer esto!". La misma santa Teresita dijo que si no fuera por la ayuda preventiva de la gracia de la divina misericordia, hubiera sido capaz de cometer muchos pecados mortales.

Afortunadamente, una vez confesado con verdadero arrepentimiento, ese mal es perdonado por Dios de una vez por todas, sumergido en el océano de su misericordia. En cierta forma, ya no existe tal pecado, sólo permanecen sus consecuencias que deben abordarse desde la perspectiva de una curación interior. Ambos padres pueden entonces experimentar la alegría de saber que un niño, su hijo, los espera en el Cielo, que está vivo y que los ama infinitamente, sin ningún resentimiento, ¡con el mismo amor de Dios!

¿Qué siente una mujer después de un aborto?

Benedetta Foà[28] es doctora en Psicología en Milán. Dirige sesiones de sanación interior para las madres que han vivido la pérdida de un niño no nacido. ¡Su experiencia es esclarecedora! Escribe:

"No se puede afirmar que todas las mujeres que han tenido un aborto espontáneo o un aborto provocado necesariamente se sientan mal, o que sientan el mismo dolor, por la sencilla razón de que todas las mujeres son diferentes y no reaccionan de la misma manera. Algunas se sentirán mal inmediatamente después del aborto, algunas unos años más tarde (frecuentemente con ocasión del nacimiento de otro hijo). He conocido a mujeres que, después de un aborto, continuaron su vida como antes, como si nada especial hubiera sucedido. No es cuestión de religión, sino de una toma de

[28] Doctora Benedetta Foà (Milán) info@benedettafoa.it

conciencia. Frecuentemente cuando los padres se dan cuenta de que *les falta un hijo,* es cuando aparece un malestar, y si son conscientes de que es por su propia causa, su sufrimiento se vuelve más intenso.

Los padres que buscan apoyo psicológico para hacer el duelo sufren de una patología global de estrés postaborto que se caracteriza por un síndrome asociado con varios síntomas, a saber:

– Depresión: conmiseración, pensamientos negativos, tristeza, angustia, llantos continuos, culpabilidad y vergüenza.
– Ansiedad: en principio positiva y estimulante, la ansiedad puede degradarse en angustia y estados agudos de pánico.
– Accesos de cólera: contra la pareja, los padres y los médicos.
– Ideas obsesivas: ideas fijas sobre el tema del aborto.
– Trastornos del sueño: insomnio, letargo, pesadillas.
– Auto-denigración: hasta pensar que uno no vale nada.
– Dificultades cognitivas: trastornos de la atención, la memoria y la concentración.
– Trastornos relacionales: que desembocan a menudo en una ruptura con el cónyuge y en un repliegue de la mujer sobre sí misma, sobre su dolor interior con un aislamiento progresivo del mundo y de los demás.
– Problemas sexuales: falta de interés, o al revés, actividad sexual desenfrenada y sin protección a fin de provocar otro embarazo (proceso inconsciente).
– Pensamientos depresivos: intentos de suicidio.

¿Es posible salir de un dolor tan grande? Sí, una mujer puede y debe salir de ese sufrimiento[29]. ¡Todo está recapitulado en Cristo y todo se puede sumergir en su corazón

---

[29] Gravida : www.gravida.org.ar

misericordioso! ¡No hay mayor pecado que el de dudar del perdón de Dios! Es necesario dar varios pasos, comenzar reconociendo que el aborto de un niño constituye un evento traumático en sí. Se trata de una batalla compleja que requiere apoyo profesional. El aborto es una herida que afecta al cuerpo, a la psique y al alma: es necesaria la curación de cada una de estas partes. Si al médico le corresponde tratar el cuerpo y la psique, habrá que dirigirse a un sacerdote competente y sensibilizado con el tema para curar el alma".

24
UNA CLÍNICA EXORCIZADA

El padre Jozo Zovko, ofm, decía: "Un país que mata a sus hijos no tiene futuro".

En Estados Unidos hay muchas iniciativas privadas que luchan contra el flagelo del aborto. En la ciudad de Rockford, en el estado de Illinois, de donde Obama era senador antes de convertirse en el presidente del país, una de las clínicas especializadas en el aborto fue escenario de unos hechos excepcionales[30].

Desde su apertura, en 1988, innumerables niños han perdido la vida en aquel siniestro lugar. Se trata del *Rockford Women Center* que quería destacarse de las demás "clínicas de la muerte". ¿De qué manera? Ofrecía a sus clientes un procedimiento simplificado, que les permitía abortar más rápidamente. Sin embargo, no se respetaban las precauciones médicas y la higiene dejaba mucho que desear, lo que también ponía en peligro la vida de las madres. Por ejemplo, ciertos informes médicos ponían de manifiesto que los instrumentos no se limpiaban (algunos tenían manchas de sangre) y que no se tenían en cuenta los riesgos de infección. Los abortos se hacían de forma chapucera por falta de

---

[30] Cuando el expresidente Obama era senador del estado de Illinois, se opuso sistemáticamente a las leyes que el Estado hubiera podido votar para la protección del niño no-nacido.
Para saber más, ver enlace en italiano: www.lalucedimaria.it/esorcizzano-la-clinica-degli-orrori-succede-lincredibile/

personal competente y tampoco se garantizaban los exámenes preliminares pre-operatorios: seis mujeres murieron por los incumplimientos de las normas sanitarias elementales y cuatro mil sufren daños de por vida. Además, como otras muchas clínicas de Illinois, ese centro falsificaba el número de abortos practicados silenciando, naturalmente, el número de víctimas.

Patricia Bainbridge, presidenta de *Human Life International*, que había trabajado también para la diócesis como directora de la Oficina para el Respeto de la Vida, no podía creerlo. ¡Aquello era un horror! ¿Cómo podía el Estado proteger esa clase de clínicas? ¿Cómo podían ignorar los medios de comunicación tales acciones? Sin embargo, se alegraba al ver que alrededor de aquella clínica poco a poco se iba reuniendo una multitud de personas que defendían la vida. Esas personas se organizaban en el exterior del edificio para ofrecer a las madres una unidad móvil, donde podían no solamente encontrar asistencia psicológica, sino incluso verificar el estado de su bebé mediante una ecografía.

En los Estados Unidos es común ver a personas que se movilizan para orar delante de las clínicas que practican abortos. Su objetivo es triple: primero, implorar a Dios que salve la vida de los niños, después, convertir al personal que practica los abortos y finalmente, pedir por las madres para que la luz del Espíritu Santo les permita decir sí a la vida.

Gracias a las oraciones ininterrumpidas de aquel grupo de fervientes cristianos delante de aquel siniestro edificio, la situación de las mujeres ya había comenzado a mejorar. Kevin Rilott, miembro del *Iniciative Pro-Life* de Rockford, explicaba que la oración era la piedra angular de su trabajo. No obstante, precisaba que fueron unas oraciones de una naturaleza muy especial, las que invirtieron radicalmente el curso de los acontecimientos.

Un hecho asombroso e inédito, efectivamente, se produjo en 2009 en la clínica de Rockford. Con el aval de su obispo, Mons. Thomas Doran, y siempre acompañados de fieles a favor de la vida, cuatro sacerdotes, entre los cuales estaba el padre Kevin Butler, vicario de una parroquia de la diócesis, emprendieron una acción enérgica aquel año. Se colocaron en los cuatro ángulos de la clínica, desde donde pronunciaron oraciones de exorcismo, repitiendo la operación en numerosas ocasiones.

Aquellas oraciones no iban dirigidas contra las personas, sino que su objetivo era desalojar el mal que se cometía en el interior de aquellos muros.

Después de años de batallas legales contra el aborto; batallas que, en realidad, no produjeron grandes frutos, hubo un cambio considerable: en efecto, en las dos o tres semanas que siguieron a los exorcismos, el número de abortos comenzó a disminuir. Después, en algunos meses, se redujo claramente a la mitad, mientras que las solicitudes de ayuda de mujeres embarazadas a la *Iniciative Pro-Life* de Rockford se habían duplicado.

La clínica que había practicado entre 25 y 75 abortos por semana durante años, tuvo que reducir sus días de apertura. Los empleados se vieron perjudicados. En septiembre de 2011, el centro tuvo que cerrar provisoriamente porque ya no proporcionaba a los empleados el número mínimo de horas de trabajo impuesto por el Ministerio de Salud. En enero de 2016, aunque el gobierno suspendió la sanción, la clínica fue condenada a pagar una multa de unos cinco mil dólares. Poco después, el célebre *Rockford Women Center* declaró su cierre definitivo.

Aquellos cuatro valientes y motivados sacerdotes necesitaron seis años para conseguir la victoria. ¿Cuántas vidas han sido salvadas? ¡Sólo se sabrán en el Cielo! Pero podemos imaginar fácilmente que los ángeles de Dios y todos los elegidos han bailado por cada niño salvado porque según nos dice la Virgen en Medjugorje: "No olviden que cada uno de ustedes es un universo único para el Padre celestial".

¿Esta narración inspirará a otros sacerdotes motivados por la vida humana?

25
¡MARIAM HACE DE LAS SUYAS!

Roma, 17 de mayo de 2015. Con algunos amigos croatas y franceses, estaba sentada al mediodía en el podio más alto de la plaza San Pedro, a menos de cincuenta metros del papa Francisco que celebraba la misa de canonización de Mariam de Belén. Nos sofocábamos bajo un sol abrasador, pero reinaba la alegría. Estaba lejos de sospechar que a unas filas de distancia se encontraba una mujer que hasta entonces me era desconocida y que clamaba pidiendo socorro con todo su corazón.

Era Martine de Tarascón. Desde hacía veintisiete años, luchaba contra lo imposible y había hecho ese viaje en autobús hasta Roma para venir a refugiarse en los brazos de Mariam, su gran amiga, que sería canonizada aquel día. Acababan de desplegar el gran estandarte con la imagen de Mariam sobre la fachada de San Pedro y Martine le gritó con toda la pasión que emanaba de su vida crucificada:

Mariam, no puedo más; toma a Laurent, te lo entrego, encárgate de él. ¡Haz algo! Yo lo he probado todo y ya no puedo más.

¿Quién era ese Laurent desalmado, ese hijo pródigo? Abandonado por su papá a la edad de dos años y medio, creció prácticamente en una casa sin padres, porque Martine, su madre, trabajaba duro para educar a sus cuatro hijos. El consuelo de Laurent era su hermano mayor, Jacques, a quien admiraba y seguía como a su sombra. Sin embargo, a la edad de dieciocho años, éste se encontró en terapia intensiva, entre la vida y la muerte, a raíz de un terrible accidente automovilístico.

Después de realizar todo tipo de pruebas, los médicos declararon que su cerebro estaba muerto sin ninguna esperanza de mejoría con un electroencefalograma plano. Ante esta evidencia inevitable, le plantearon a Martine una alternativa abrumadora:

– Si quiere desconectarlo y donar sus órganos, tiene que decidirlo en el curso de las próximas horas; mañana ya no podrá hacerlo porque la ley lo prohíbe. De lo contrario, tendrá que llevarse a su hijo a casa, pero será como un vegetal conectado a máquinas durante años.

Martine, destrozada de dolor, se vio presionada a tomar una terrible determinación antes del plazo insoslayable. Como trabajaba como técnica de laboratorio en anatomía patológica en un hospital, conocía el valor y la escasez de órganos humanos de jóvenes para ayudar a salvar una vida mediante un trasplante. Movida por su generosidad, deseaba que algunas personas que estuvieran en la lista de espera para recibir algún órgano pudieran beneficiarse con la muerte de su hijo.

Pidió que desconectaran las máquinas que lo mantenían en vida y donó el bloque "corazón, hígado, pulmón". Con dieciocho años, el corazón de Jacques estaba completamente nuevo.

Al enterarse de la decisión de su madre, Laurent no comprendió sus motivos. Sólo vio un aspecto de la cuestión: "Mamá ha dicho que desconectaran a mi hermano y Jacques ha muerto. Ella lo ha matado". Esto le generó un odio salvaje hacia ella. "¡Tú les has dado la vida y ahora lo has matado!" le gritaba en la cara. Las palabras le resultaban insuficientes para insultarla y le decía las peores locuras, creyendo que así aliviaría el dolor que le causaba la pérdida de su hermano y compañero de vida.

Desafortunadamente de parte de Laurent, con la crueldad inconsciente que puede tener un adolescente de quince años, aquella violencia no fue más que el inicio de una serie de acontecimientos que sobrepasaron todo lo imaginable: comenzó a juntarse con malas compañías y a beber. Martine, por su lado, estaba destrozada. Padecía tres cánceres y frecuentemente estaba ausente de casa. Inclusive, a veces tenía que ser transportada de urgencia en helicóptero a Paris. Laurent se sentía doblemente abandonado. Luego comenzó a inhalar gasolina de su motocicleta. Viendo la mala influencia de las amistades de su hijo, Martine lo cambió varias veces de colegio, pero fue inútil. Laurent se sumergió en un laberinto de autodestrucción y fue como un descenso a los infiernos.

Empezó a inyectarse y contrajo hepatitis. Mientras tanto, Martine había vuelto a casarse con un buen hombre y, gracias a su fe en Dios, soportaba los abusos de su hijo con una paciencia casi angelical. Durante veintisiete interminables años, Laurent torturó a su madre. Hasta llegó a robar en el domicilio de sus padres. "Si mi marido no hubiera estado allí – me contó ella – me hubiera hecho daño". En ocasiones tenía que gastar sumas enormes para alquilar un alojamiento a fin de estar cerca de los hospitales donde Laurent aterrizaba por sus excesos con el alcohol y para reparar los daños de los departamentos que había destrozado en sus crisis de locura. Gracias a Dios, su marido la sostenía en su combate y conseguía pagar las facturas. En el caso de Martine, su amor maternal no tenía límites. Por mucho que Laurent pegara, golpeara, robara, gritara, injuriara, el corazón maternal de Martine, aunque estuviera muy herido y dolorido por cada golpe recibido de su hijo, no vaciló jamás. Parecía que el odio de Laurent se diluía en el océano de amor que le tenía su madre. Ella nunca le cerró su puerta.

¿Cómo pudo aguantar Martine la suma del dolor de un corazón maternal triturado y el temor constante al escándalo público, el riesgo de deudas insalvables y el miedo lacerante de que Laurent terminara muriendo por sobredosis? ¿De dónde sacaba semejante amor?

Cuando le pregunté: "¿Cómo te has mantenido en la esperanza de que un día saldría adelante, si siempre tenías a la vista la prueba de que se iba a pique?" Su respuesta se resumió en una palabra: "¡La oración!" Ella ponía su amor en el inmenso corazón de Dios cuyo amor no conoce límites. Martine utilizaba el medio más eficaz: sacaba ese amor con el recipiente de la CONFIANZA, tal como Jesús le había enseñado a santa Faustina. Ella creía con todo su ser que Dios salvaría a su hijo de las garras de la destrucción. Nunca se le pasó por la cabeza la idea de que Él no lo salvaría.

Laurent tuvo varios accidentes de moto, que le supusieron numerosas operaciones. Le hicieron un injerto y el cirujano le dijo a Martine que durante la anestesia oyó a Laurent hablando con Jacques, su papá. "No, Jacques es su hermano", respondió Martine. Ella comprendió entonces que Jacques había estado continuamente al lado de su hermano en el hospital. ¡Cómo la animó aquello!

Entre sus mejores amigos, había un sacerdote que trabajaba en la difusión del mensaje espiritual de Mariam y que tenía acceso tanto al convento de Belén como al de Pau, donde la carmelita vivió durante varios años. Este hombre de gran corazón, muy erudito, mantenía asombrado a todo su entorno con esa carmelita de Tierra Santa. Martine se familiarizó con ella y le hablaba frecuentemente con todo el corazón. Adoptó a Mariam y llegó incluso a decirme: "¿Sabes, sor Emmanuel?, quiero mucho a la Santísima Virgen, pero amo todavía más a Mariam". ¿Acaso Mariam y Martine no tenían ambas la sencillez de un corazón de niño? ¡A los inocentes se les da con las manos llenas!

Cada mañana, Laurent arrancaba el día ingiriendo, como si nada, un litro de vodka, lo que le provocaba frecuentemente un coma etílico. Como el exceso de alcohol en sangre quema la vaina protectora de los nervios – lo que ocasiona un sufrimiento atroz – los médicos solían inducir a Laurent en un coma artificial para ahorrarle esa tortura. Sus allegados, ante tal calvario, llegaron a desear su muerte para que toda esa pesadilla finalmente terminara, y que Martine pudiera volver a tener una vida normal. Cada año, ella servía en Lourdes como auxiliar hospitalaria con algunos amigos. En cierta oportunidad compartió con ellos su preocupación por su hijo y no dudaron en decirle: "Martine, no te hagas ilusiones; no pienses que pueda superar esa septicemia, sus 42 grados de fiebre y todas sus carencias… déjalo partir y que sea feliz; ¡que esté en paz!"

Aunque todos le decían que Laurent era una causa perdida, él lograba en cada caso salir adelante y los médicos no comprendían cómo. Pero Martine, la inquebrantable, pasaba horas enteras cada día a su cabecera y no interrumpía nunca su oración confiada.

¿Inquebrantable? Ante su confianza heroica, Dios la reconfortó con un signo que no olvidará jamás. Había ido de peregrinación a Santiago de Compostela. En la catedral de Santiago, se encontró con una estatua del apóstol, el santo patrono de su hijo desaparecido. Los peregrinos pasan por detrás de esa estatua que domina el altar mayor, suben a una pequeña plataforma y abrazan esa estatua, de espaldas, rezándole al santo. Es lo que hizo ella, y allí le fue concedido un consuelo maravilloso: su hijo Jacques, muerto veinticinco años antes, se le apareció y, sin pronunciar palabra, le sonrió. Era de una gran belleza y parecía decirle: "¡Mamá, muy bien, continúa!" ¡Ni falta hace mencionar que Martine recibió en aquel momento una tal dosis de luz, de alegría y de valentía que la dejó dispuesta a continuar la lucha con la certidumbre de que un día Laurent se salvaría a pesar de que todo parecía apuntar a lo contrario!

Después llegó el famoso día de la canonización de Mariam. Guiada por su amigo sacerdote, Martine llegó a Roma en un estado de gran fatiga interior y física. Cuando el estandarte con el retrato de Mariam fue colocado sobre la fachada de San Pedro, repitió interiormente esa oración que Mariam decía continuamente:

"Espíritu Santo, inspírame; Amor de Dios, consúmeme; al verdadero camino, condúceme; María, mi Madre, mírame; con Jesús, bendíceme; de todo mal, de toda ilusión, de todo peligro, presérvame. ¡Ven, Consuelo mío! ¡Ven, Alegría mía! ¡Ven, mi Paz! Mi Fuerza, mi Luz, ven y alúmbrame para que encuentre la fuente donde debo apagar mi sed".

Martine le gritó su dolor y le suplicó llorando de agotamiento: "No puedo más, ¡Mariam, haz algo! ¡Ocúpate de él, para mí es demasiado!"

Frecuentemente he escuchado decir que los santos, el día de

su canonización, otorgan gracias muy especiales a quienes le rezan. Efectivamente, un maravilloso regalo le esperaba a Martine: una semana después de su regreso de Roma, Laurent llegó a su casa y le anunció con calma: "Mamá, he dejado de beber; no beberé más a partir de ahora; esto está decidido". Martine atónita miró a su hijo. ¡El milagro se había producido!

– ¿Qué había pasado?

Laurent fue muy escueto en su explicación:

– He tenido un clic; no quiero beber más, no quiero más pastillas, no quiero tomar más droga, pero necesito ayuda.

Martine, que siempre había visto a su hijo con mil y un problemas, no podía creerlo. Se encontraba ante otra persona: "Un hombre al que no conocía", afirmó ella. Era el verdadero Laurent, escapado de los infiernos. Acababa de encontrar un terapeuta especialista en adicciones que lo había tomado a su cargo y de Laurent había surgido un hombre nuevo.

Otra alegría esperaba a Martine el 25 de diciembre de 2015. Laurent llegó a su casa con un gran paquete debajo del brazo.

– Escucha, mamá; voy a hacerte un regalo. Un regalo que nadie te ha hecho jamás y puedes quedarte con él para siempre. Martine abrió el paquete y se encontró con una bella estatua de unos 60 centímetros de altura. ¡Mira mamá, soy yo! ¡Es tu hijo Laurent, un hombre nuevo!

Martine ignoraba todo sobre esa nueva técnica que permite crear un clon en tres dimensiones, en forma de pequeñas figuras más "auténticas" que el modelo natural. Viendo la estatua, Martine estalló en sollozos. Conmocionada, no conseguía contener su alegría y temblaba de emoción.

Como Laurent era un chico brillante y Martine siempre se había preocupado con esmero de que siguiera la mejor escolaridad posible a pesar de sus excesos, pudo volver a su puesto en la SNCF (Compañía de Ferrocarril francesa), con todas las ventajas ligadas a la función de ingeniero que ocupaba antes de su debacle.

Él sabe que debe su salvación al amor sin límites de su madre y a su oración. Martine había sobrepasado todas las cuotas de paciencia, incluso había superado a santa Mónica, quien rogó durante veintidós años por la conversión de su hijo Agustín. ¡Como resultado, en la Iglesia, ahora no tenemos solamente a un gran santo en la persona de san Agustín, sino que tenemos también a santa Mónica! ¿Tendremos ahora otro san Lorenzo? ¡Es verdad que después de todos estos años tan duros para Martine, santa Mariam de Belén, la pequeña árabe, había sabido hacer muy bien su trabajo[31]!

Querida Mariam, durante tu vida has ido de victoria en victoria. Ahora continúa derramando tus bendiciones sobre la familia de Martine, pero no solamente sobre ella. Tú sabes cuántos jóvenes viven hoy como el Laurent de entonces. Mejor dicho, tu trabajo no ha hecho más que comenzar. ¡Contamos contigo; escucha el grito de los padres y madres que leyendo este testimonio te bombardearán con llamadas de auxilio!

---

[31] Ver el libro: Mariam de Belén, la Pequeña Árabe de sor Emmanuel

26

"HE MATADO A MI PADRE"

¡El caso de Natalia es inaudito! Había decidido ir hasta el límite del horror, y tuvo éxito. Aquí la tenemos presenciando la escena más atroz posible: dos hombres están torturando a su padre hasta la muerte. No llora, no experimenta ninguna tristeza; su cara permanece impasible y es normal: ella es quien ha ordenado ese asesinato. Tiene tan sólo trece años y ya ha pasado por todo tipo de experiencias.

Natalia nació en 1983 en Brasil, en un barrio muy pobre y extremadamente violento donde las personas se pelean por un lugar entre las ratas y la basura. Fue el fruto de una de las múltiples relaciones de su madre que entonces tenía diecisiete años. Algo común en aquellas favelas (villas miseria); su madre vivía de la prostitución para costearse el crack, la droga de los pobres... ese maldito crack, peor que la heroína, que la aniquilaba completamente. Incapaz de ocuparse de su hija, la había abandonado. Natalia fue educada por unos allegados en un medio marcado también por las drogas, por lo que no ganó mucho con el cambio. Aún peor: se encontró en una familia de traficantes donde reinaba la violencia y la droga.

El corazón de la pequeña Natalia se llenó pronto de odio y rebeldía. A los nueve años, fue a vivir a la casa de su padre, que también se drogaba. Él la trataba con frialdad y mucha maldad mientras que era muy cariñoso con sus otros hijos, nacidos de la mujer con quien compartía su vida. Podemos imaginar la cólera que hervía silenciosamente y aumentaba cada día en el corazón de la niña.

Pero todavía no había tocado fondo en el horror: una mañana, con sus nueve años, su padre le pidió que le diera un masaje en la espalda a lo que ella accedió. Durante el masaje, se develó el verdadero motivo del padre que violó a su propia hija. A partir de aquel momento, Natalia perdió las ganas de vivir; un vacío sideral se instaló en su corazón, concibió una gran rebeldía contra Dios y contra el mundo entero, multiplicada por un violento odio hacia su padre. Un deseo obsesivo germinó en ella y se convirtió pronto en una idea fija: ¡tenía que matarlo!

A los trece años fue arrestada por haber cometido una agresión y condenada a una pena de cárcel. La prisión no hizo más que incrementar su violencia interior y reforzar su decisión de pasar a la acción y matar a su padre. Un día ganó unos cincuenta reales brasileños (unos catorce euros) y corrió a comprar los servicios de dos matones. Pero ni siquiera tuvo la necesidad de desembolsar un centavo. En efecto, cuando los matones le preguntaron sus motivos y ella les explicó que su padre la había violado a los nueve años, decidieron cometer el acto gratuitamente. Natalia quiso ver con sus propios ojos los sufrimientos y la muerte de su agresor. Natalia, la niña violada, se convirtió así en una asesina. ¿Perdería su alma para siempre? ¡Si eso sucediera, sería no conocer la misericordia de Dios!

La llegada a la favela de jóvenes misioneros transformó radicalmente el curso de su existencia[32]. ¡Irradiaban una alegría que Natalia no había visto ni experimentado en su vida!

Cuidaban a los enfermos, sacaban la basura de las casas y se ponían al servicio de sus habitantes. "¿Por qué hacen todo eso? ¡Y gratis!", se preguntaba asombrada. "¿Puede existir un amor tan grande, tan desinteresado?" Se sentía casi deslumbrada por tanta luz y tanto amor. Los misioneros le revelaron que eran cristianos

---

[32] Para contactar a los Misioneros de *Aliança de Misericórdia* www.misericordia.com.br Tel +55 11 3120 9191

y que arriesgaban su vida por amor a Jesús. "¿Jesús? ¿Quién es ese?" ¡Apenas había escuchado hablar de él en su infancia, pero para ella estaba tan lejos…!

Todo cambió para Natalia ante este testimonio viviente. Un fuego, un calor y una inmensa esperanza penetraron en su corazón. ¡Los primeros balbuceos de la vida! Maravillada y entusiasmada, corrió al encuentro del padre Enrico que acompañaba a los misioneros. En tres palabras le pintó el cuadro de su existencia: la adicción a las drogas, el odio y el asesinato de su padre. Añadió que el amor de los jóvenes misioneros había transformado su corazón y le había permitido conocer a Jesús. "Quiero ser como ellos – le confesó –, ¿puede bautizarme?"

"Para mí – cuenta Natalia –, se abría un nuevo camino. Comprendí hasta qué punto el Demonio podía destruir una vida, pero también cómo el amor podía hacernos renacer verdaderamente. ¡He nacido de nuevo! He comenzado a frecuentar la Alianza de Misericordia y allí he descubierto la presencia viva de Dios, así como su Palabra. Una palabra de Jesús a sor Faustina me ha tocado especialmente: "Si los más grandes pecadores tuvieran confianza en mi misericordia, se transformarían en los más grandes santos de su tiempo".

Gracias al "sí" de Natalia, toda su familia ha encontrado la salvación. Así se cumplía para ella la palabra del Señor a través de san Pablo: *Cree y serás salvado tú y toda tu familia*. La comunidad ha acogido a los hermanos y hermanas de Natalia y a su madre, que ya está liberada de su adicción al crack.

Hoy, Natalia es misionera y consagra su vida a la evangelización. Da testimonio de la fuerza de ese amor misericordioso que la ha transformado y que puede transformarnos a todos.

En su memoria tiene grabado un recuerdo imborrable: la ex-niña asesina fue elegida para cantar en el escenario durante la visita del papa Francisco para las JMJ de Sao Paulo. Otro de esos regalos del Cielo que a Dios le encanta dar a sus hijos perdidos y reencontrados.

27

LAS VISITAS SECRETAS DE SLAVKO

El padre Slavko Barbaric, que oraba y ayunaba mucho, realizaba acciones en secreto que pocos testigos conocen. Le gustaba visitar a las familias de la zona donde se hallaba su parroquia, especialmente a aquellas que tenían niños. Les llevaba chocolate, dulces, jugaba con ellos, reía y oraba con ellos.

Una familia de éstas atravesaba una grave crisis: el padre se había dado a la bebida y la atmósfera en ese hogar se había vuelto insostenible. La vidente Marija nos dijo un día, ante la tumba del padre Slavko en el cementerio de Kovarica, que él se había tomado a pecho salvar aquella familia de la ruina. El sacerdote le preguntó a la madre el horario en que su marido se ponía a beber. Entonces decidió ir a casa de esa familia, precisamente a esa hora para hablar con aquel hombre. Le contaba historias, oraba con él y encontraba mil maneras para mantener su atención. Más tarde, cuando se marchaba, el momento del alcohol había pasado y la sobriedad se había marcado un punto. Slavko iba todos los días a ver a aquella familia. Su fidelidad, su amistad, su presencia luminosa había llenado el vacío que aquel campesino sentía en su corazón, de manera que un día olvidó el alcohol y retomó una vida normal con sus responsabilidades de padre de familia y de educador. ¡Ya estaba curado!

28
¡HAZ TÚ TAMBIÉN LO MISMO!

Estaba todo cubierto de sangre. Había perdido el conocimiento por la violencia de los golpes. Lo habían arrojado a una zanja como se descarta la basura, después de haberlo despojado de todo. Se moría lentamente, completamente solo[33].

Afortunadamente un sacerdote pasó por allí, viniendo de Jerusalén, y vio a aquel hombre que agonizaba. ¿Un sacerdote? ¡Perfecto! ¡Seguro que se va a detener y se ocupará de él! Para un consagrado es una ocasión de oro vivir la más bella de las *mitzvot*: la caridad gratuita hacia el prójimo. Al llegar a la altura del hombre, le echó un vistazo ¡y horror…!, pasó de largo y siguió su camino. Acababa de encontrar la excusa perfecta: el mandamiento formal para los judíos de no tocar a un muerto. Pero no escuchó la voz del Espíritu Santo que le susurraba que, tal vez, ese hombre todavía estaba vivo y tenía necesidad de ser socorrido con urgencia. Par los judíos, la protección de la vida humana está por encima de todos los preceptos.

Por suerte, un levita de la región apareció por el lugar y vio a nuestro amigo tirado en la zanja. ¡Sin duda, un hombre de Dios, un liturgista, que canta todos los días las alabanzas del Señor en el templo, no va a permanecer insensible! Pero no… también él pasó de largo. ¿Cómo es posible? ¿Qué excusa encontró para de-

---

[33] Parábola del buen Samaritano (Lc 10, 29-37)

satender la miseria de su hermano? ¿Quizás tuviera una cita? ¡No podía permitirse ensuciarse y llegar en ese estado al templo para la oración de la tarde! O talvez pensó que, si ese hombre estaba en ese estado, seguramente se lo había buscado. Además, con los desconocidos nunca se sabe…

El tiempo pasaba y el estado del hombre se agravaba. Desafortunadamente, el siguiente transeúnte era un samaritano, un extranjero para la comunidad hebraica… ¡Mala suerte! Los samaritanos y los judíos no se hablan; no están de acuerdo sobre ciertos puntos fundamentales de la religión. Además, iba de viaje, lo esperaban en alguna parte… ¡En resumen, no hay esperanza alguna de que socorra al moribundo!

Pero, ¡oh, sorpresa!, viéndolo en tan lamentable estado se conmovió, tocado de una viva compasión. Contra todo pronóstico, sin dudarlo, se acercó al hombre. Su corazón dio un vuelco al contemplar sus heridas abiertas. No pudo tolerar verlo en ese estado e hizo suyo el sufrimiento de aquel hombre.

Entonces, sin cuestionarse nada, sin dejar que ninguna excusa penetrara en su mente, hizo todo lo que estaba a su alcance para socorrer al hombre herido como si se tratara de su propio hijo.

Pasó a la acción, porque la verdadera compasión no consiste en experimentar un sentimiento o una emoción fuerte: la compasión nos empuja a actuar. Ése es el sello de la auténtica misericordia. Prodigó al desconocido todos los cuidados posibles. No omitió nada: vendó sus heridas, las curó con aceite y vino, lo cargó sobre su propia montura, lo llevó a la posada, se encargó de él allí. Finalmente sacó dos denarios y se los dio al posadero precisándole: "Lo que gastes de más te lo pagaré a la vuelta".

En esta enumeración, esa última buena acción se destacó de manera singular, porque el samaritano corría allí un riesgo real: en efecto, el posadero podría aprovechar la ocasión para abusar de su confianza y llenarse los bolsillos.

Sin que él lo supiera, era el Espíritu Santo quien le había inspirado una compasión tan ardiente. En efecto, aquel samaritano no calculó ninguna de las consecuencias posibles de su loca generosidad: ni el costo potencial en tiempo y dinero, ni la eventualidad de una estafa. Así comprendemos que la compasión es el contrario absoluto de la indiferencia.

Pero nuestra naturaleza carnal, aguijoneada por el Demonio, resiste a esa moción del Espíritu Santo. Tan pronto como se enciende un impulso de caridad y de misericordia en nuestro corazón, nos vemos bombardeados por pensamientos que nos bloquean, del tipo: ¡No tienes tiempo! ¡Ahora no es el momento! ¡Eso te va a costar caro! ¡Quién sabe qué clase de consecuencias te va a traer! ¿Esa persona se lo merece de verdad? ¡Tú no eres capaz! ¡Es muy tarde! ¡Demasiado pronto! ¡Se van a aprovechar de ti! ¡Ni siquiera conoces a esa persona!, etc.

Esta parábola nos edifica maravillosamente. En conclusión, Jesús le pide expresamente a su interlocutor, maestro de la Ley, que tome ejemplo de aquel samaritano y que haga como él: *"Ve y haz tú también lo mismo"*. ¿Lo mismo? No es cuestión de hacer solo un décimo o un cuarto o la mitad, ¡sino todo! ¿Y qué promesa va unida a esa invitación? Nada menos que la vida eterna.

El sentido escondido de la parábola

¡Y eso no es todo! El simbolismo de esta narración nos abre los ojos sobre un gran y profundo misterio que nos lleva concretamente, hoy mismo a la vida eterna: se trata del misterio de la Iglesia.

¿Qué representa nuestro amigo que yace en su zanja de muerte? El hombre caído, herido por el pecado original, desfigurado por sus propias faltas y cuya alma está como muerta. Mejor dicho, cada uno de nosotros. ¡Tú y yo!

¿Qué representan el sacerdote y el levita? La impotencia de la Ley de la Primera Alianza y del sacerdocio antiguo para salvar a la humanidad.

¿Qué representa el buen samaritano? ¡Al mismo Jesús! Los

samaritanos eran despreciados por los judíos. Jesús, el gran despreciado por excelencia, es el único que tiene el poder para cargar con el mal y curarlo.

¿Qué representa la posada donde se deposita al herido y el posadero que recibe todo lo necesario para los cuidados que hay que dispensarle? Se trata naturalmente de la Iglesia que es a la vez una casa y unas personas. Ha recibido de Cristo el poder de conducir a las almas a la salvación y todos los medios para ello. Especialmente por los sacramentos, significados por el aceite y el vino y todo lo que el posadero deba comprar de más hasta la vuelta del samaritano.

¿Y la vuelta? Se trata, claro está, del retorno de Cristo en gloria que toda la Iglesia está esperando. Jesús dará entonces a cada uno la recompensa que se merece.

Pecados de omisión

Aquel día, en catequesis, la maestra explicaba a los niños las distintas clases de pecados. Para verificar si habían comprendido bien, le preguntó al pequeño Clément.

– ¿Puedes decirnos qué es el pecado de omisión?

– ¡Sí, señorita! Es cuando uno tiene la ocasión de hacer un pecado y no lo hace.

Esta ocurrencia nos proporciona un excelente medio mnemotécnico: nos acordamos, a veces, con más gusto de algo divertido que de algo serio. Tengamos presente sin embargo que la definición de Clément no es por cierto correcta.

¿Qué pasará cuando nos presentemos delante del Señor en el momento del paso a nuestra nueva vida? A la luz absoluta del instante de nuestra muerte, veremos nuestra vida y nuestra alma en su pura realidad. No se nos escapará ningún detalle. Entonces, según algunos místicos cristianos, parece que lo más doloroso y lo más grave será contemplar el bien que no hicimos cuando podíamos, más que el mal que hayamos cometido. Ese es el meollo del pecado de omisión, tal como Jesús nos dice en la descripción del Juicio Final (Mt 25, 41-46): *"Lo que no hicisteis al más pequeño de entre los míos, a mí no me lo hicisteis"*.

En efecto, al atardecer de la vida, seremos juzgados en el amor, como enseña san Juan de la Cruz. Justamente lo que el sacerdote y el levita de nuestra parábola habían olvidado. Antes que amor, prefirieron una visión legalista y falseada de la Torá, desconectada de la caridad fraterna en los actos. Se otorgaron buena conciencia apoyándose en preceptos de pureza legal mal interpretados. ¡Es tan fácil encontrar una excusa!

¡Gracias a Dios, no todo el mundo busca excusas! Hoy vemos muchos ejemplos de personas que han elegido preferir la misericordia en acción, menospreciando su propia protección o cualquier otra consideración. Un ejemplo:

Una santa religiosa francesa, la madre Yvonne-Aimée Beauvais, llamada de Malestroit[34], dirigía un hospital en Bretaña durante la Segunda Guerra Mundial. Sentía una gran compasión por quienes corrían el riesgo de terminar en un campo de concentración, de modo que, para esconderlos de los nazis, los disfrazaba de enfermos. Sabía que se exponía a la tortura y a la muerte si era descubierta, pero no reparó en sí misma ante la situación desesperada de aquellos hombres; sencillamente encontró la manera de salvarlos de una muerte ignominiosa.

El motor de la misericordia es la compasión. No tengamos miedo, la verdadera compasión no debilita a nadie: la Santísima Virgen se mantuvo de pie junto a la cruz. El padre Pío permanecía largas horas en el confesionario y no en su cama gimiendo por los violentos dolores de los estigmas que sufría a causa de los pecadores. Al contrario, trabajaba duro, y justamente el hecho de compartir el sufrimiento de los demás era lo que lo propulsaba

---

[34] Para quienes lean en francés existe un excelente libro de su padre espiritual, el padre Labutte, *Yvonne-Aimée de Jésus*, Ediciones FX de Guibert.

hacia la vida, la alegría e incluso el humor. De su profunda compasión nació su inmenso hospital La Casa Alivio del Sufrimiento, en San Giovanni Rotondo. La infatigable Madre Teresa de Calcuta no veía más que a Jesús en el hombre destrozado; lejos de preguntarse si tendría o no la fuerza de socorrerlo, se arremangaba y corría a auxiliarlo... ¡Llegaba incluso a "provocar" a Dios, a quien no le quedaba más remedio que enviarle la fuerza necesaria!

La verdadera compasión ennoblece el alma. Nos regala la bienaventuranza de los misericordiosos. Las personas que la viven tienen en el corazón una luz, una ternura, una belleza particular. ¡Han obtenido misericordia!

29
EL PARAÍSO DE NIVALDO

Nivaldo antes de su muerte en Brasil
(Foto/Alleanza di Misericordia)

Bañado en lágrimas, en la vereda delante de la iglesia de su pueblo, Nivaldo estaba completamente destrozado. El joven brasileño, analfabeto, no había conocido en su vida más que la extrema pobreza y la más cruda violencia. Había caído en la droga a los doce años, luego en la delincuencia y en la criminalidad a los quince. Miembro de una de las numerosas bandas que pululan en las favelas de las afueras de Sao Paulo, acababa de perder a su mejor amigo en un ajuste de cuentas. Éste había muerto en sus brazos, asesinado por error en su lugar. Nivaldo, sumergido en una desesperación sin fondo, ignoraba por qué sus pasos lo habían conducido ante aquella iglesia, pero se sentía incapaz de seguir caminando. En aquel preciso momento dos jóvenes se le acercaron y le dijeron: "¡Jesús te ama!" Nivaldo, que no había escuchado nunca hablar de Jesús replicó: "¡Yo no soy gay! ¿Quién es ese Jesús?" Los jóvenes le anunciaron el amor de Dios que, en Jesús, se ha revelado a todos los hombres; después, lo invitaron a entrar en la iglesia para rezar en la capilla del Santísimo Sacramento. Nivaldo aceptó, impulsado más por la desesperación que por la fe. Allí se arrodilló y se puso a pensar: "¡Señor, si existes realmente, si me amas de verdad, manifiéstame tu amor, muéstrame que eres Dios!"

En aquel instante sintió deseos de abrir la Biblia al azar. Su mirada se posó en un pasaje de Isaías. Cuál no fue su asombro cuando se dio cuenta de que él, siendo analfabeto (no sabía leer más que el número de los autobuses), comenzaba a deletrear y después a leer rápidamente esta palabra que proclama:

"Yo soy el Señor y no hay otro: fuera de mí no hay otro Dios. Te he fortalecido, aunque tú no me conocías, para que se sepa de Oriente a Occidente que no hay nada fuera de mí" (Is 45, 5-6).

Las palabras y las lágrimas se mezclaban en el fuego que Nivaldo sentía en su cuerpo y en todo su ser, como si esas palabras estuvieran vivas, como si lo llenaran, lo abrazaran y lo recrearan. Se sintió invadido por ese fuego que, más más adelante, comprendería que era el del Espíritu Santo. Era como si hubiera sido curado, lavado y restaurado. Al levantarse, ya no era el mismo hombre; todo parecía nuevo en él. Por la fuerza de esta palabra que había aniquilado su desesperanza, Nivaldo cambió completamente de vida. Abandonó su revólver y tomó por única arma un gran crucifijo que llevaba siempre con él y que utilizaba como arma verdadera contra las fuerzas del mal. Llegó a vencer a los demonios de la impureza y de la droga. Nunca jamás, después de aquella efusión, volvió a caer en esos vicios. Nivaldo se convirtió, como lo anunciaba la palabra que había escuchado, en un fogoso predicador extremadamente generoso y sencillo. Sufría dolores de cabeza muy fuertes como consecuencia de tantos años de droga pero, a pesar de eso, se aplicaba con todas sus fuerzas al estudio. Alegre, puro, sonriente, estaba siempre disponible, dispuesto a servir y a acoger a quien necesitara su ayuda. Trabajó durante algunos años en un centro de reinserción.

Un día experimentó el deseo de consagrar toda su vida a Dios para anunciar el Evangelio. Se unió a la comunidad Alianza de la Misericordia. Su vida estaba enteramente dedicada al día a día, con el único objetivo de crecer en el amor. Había cambiado tanto que elegía siempre lo que más le costaba hacer en lugar de lo más fácil, para parecerse más a Cristo.

Nivaldo había leído un libro de san Juan de la Cruz y había quedado muy impresionado por estas palabras: "El amor no cansa y no se cansa". Decidió tomar esa bellísima expresión como divisa que, sin embargo, cambió ligeramente sin querer, por su dificultad con la lectura. Decía: "El amor no cansa y no descansa…" Estas palabras fueron para él una auténtica fuente de vida y no sospechaba hasta qué punto iba a vivirlas.

El 15 de septiembre de 2001 fue a animar un retiro en una prisión de menores. Su tema: *el buen ladrón*. Aquella predicación – que resultó ser la última – había conmovido a todos los corazones. No solamente a los de los jóvenes prisioneros, sino también a los de los guardias. Las palabras que pronunció entonces fueron premonitorias: "Junto a la cruz de Jesús – contaba Nivaldo – había un ladrón que había sido condenado a la crucifixión. Ante la muerte, supo reconocer al Hijo de Dios y con humildad le dijo: *"Jesús, acuérdate de mí cuando estés en tu Reino"* (Lc 23, 42). Yo también – continuó Nivaldo – he sido un ladrón, tal vez como algunos de ustedes; he cometido atracos, me he drogado y he sido traficante, he formado parte de una organización criminal, he utilizado un arma… y eso me daba un sentimiento de poder… Pero un día, en el fondo de mi desesperación, también yo le dije a Jesús con intención recta y humilde: "¡*Señor, acuérdate de mí*!" ¡Y Él se acordó de mí! Me ha sacado de los abismos en los que había caído porque invoqué su santo nombre con un corazón sincero. Sí, quiero ir al paraíso, pero no solo…"

Después, señalando con el dedo hacia los jóvenes delincuentes, añadió "Y tú, ¿quieres venir al paraíso conmigo? ¿Y tú también quieres venir? ¿Y tú?" Repitió la pregunta muchas veces para que los jóvenes se sintieran amados personalmente de manera única. Al final añadió: "¡Porque ser consagrado significa eso: no ir al paraíso solo!"

En aquella época, Nivaldo era el coordinador de la única casa de acogida de la Alianza de la Misericordia abierta a los jóvenes que habían dejado la calle y deseaban salir de la droga. Por la calidad del amor que se les prodigaba, conseguían reencontrar su dignidad y comenzar una nueva vida.

Aquella noche, volviendo de la prisión después de su predicación se enteró de que uno de los jóvenes acogidos acababa de fugarse, y pidió permiso a su padre espiritual para ir en su búsqueda por las calles de Sao Paulo. "Él es débil y no tendrá el valor de volver a la casa si no vamos a buscarlo", suplicó.

Pensando que sería peligroso, el sacerdote se negó a que fuera. En un impulso de amor, de generosidad y de "locura evangélica", Nivaldo le replicó: "Padre, tú me has enseñado que el buen pastor da su vida por sus ovejas (Jn 10, 11) ¡Déjame ir a buscar a este hermano perdido, mañana quizá será demasiado tarde!" El padre se sintió tan conmovido por esas palabras que permitió que Nivaldo saliera junto con otros dos misioneros.

De regreso, fueron víctimas de un gravísimo accidente automovilístico. Allí, solamente a unos metros antes de llegar, Nivaldo entregó su bella alma a Dios. Tenía veintiséis años. Testigo ardiente de la misericordia de Dios, volvió para siempre a la casa del Padre. Era el primer misionero consagrado de su comunidad.

Fue el único que murió en el accidente. Se le encontró en el asiento delantero, encorvado, como si se encontrara en brazos de la Santísima Virgen. Con otros dos hermanos de su comunidad, acababa de terminar la oración del rosario. El último canto de su vida fue el Magnificat:

"Él se acuerda de su misericordia, de la promesa hecha a nuestros padres, en favor de Abraham y sus descendientes por siempre" (Lc 1, 54-55).

Al día siguiente, durante la vigilia fúnebre, la "oveja perdida" regresó. El joven que se había fugado de la casa de acogida en un momento de debilidad quiso colocarse junto al ataúd y allí permaneció toda la tarde. Nivaldo, su pastor, había dado su vida por él. No habiéndolo encontrado aquella noche en los bares de Sao Paulo, desde lo alto del Cielo consiguió devolverlo al redil. ¡Había ido hasta el extremo de la misericordia!

Los hermanos de su comunidad conservan el crucifijo de Nivaldo como la reliquia más preciosa y elocuente de su ofrenda total a Dios. Al lado de la cruz han colocado una parte de sus vestidos manchados de sangre, la sangre que él perdió en el accidente, así como una palabra de Cristo que expresa tan bien el sentido de su corto camino y la fecundidad de su misión:

"Si el grano de trigo que cae en tierra no muere, permanece solo; pero si muere, produce mucho fruto" (Jn 12, 24).

30
"¡MADRE, ES TUYO!"

Jesús es un excelente narrador. Habiendo crecido en una pequeña aldea de Galilea escondida en medio de pintorescas colinas llenas de sorpresas, ha podido observar la creación. Ha visto al hombre luchando con la naturaleza y la dura labor que debe realizar para someterla. Este árbol, nos dice, no da fruto. Agota el suelo, no sirve; hay que cortarlo. ¿Cortarlo? ¡Qué lástima! La tierra de Israel no es tan fértil; ¿cuántos años son necesarios para que crezca un árbol en este suelo donde el agua por cierto no abunda? ¿Todo el trabajo del jardinero habrá sido en vano? ¡No! Se le dará una última oportunidad, le removerá la tierra a su alrededor, le echará una buena cantidad de estiércol y seguramente el árbol repuntará. Si continúa sin producir nada, habrá que cortarlo (Lc 13, 6-8).

Esto me recuerda una historia ocurrida en Fredonia, en el estado de Kansas, Estados Unidos, el 18 de octubre de 1985.

El padre Steven, cura párroco de la parroquia del Sagrado Corazón, debe rendirse ante la evidencia: se ha equivocado por completo y ha malgastado su vida; ¡un fracaso rotundo!

¿Cómo ha llegado a aquella abrumadora toma de conciencia? Todo comenzó en una carretera muy transitada de Kansas. Víctima de un choque contra una camioneta, fue expulsado de su automóvil y aterrizó en un campo vecino, por no llevar abrochado su cinturón de seguridad. La providencia permitió que una enfermera muy competente estuviera detrás de él. Al verlo volar por el aire, se detuvo de inmediato y corrió en su ayuda. Gracias a su acertado diagnóstico, pudo aconsejar a los socorristas que lo movilizaran con sumo cuidado, porque cualquier movimiento brusco podría paralizarlo de por vida. Efectivamente, esta enfermera se había dado cuenta de que el accidentado tenía una gran conmoción cerebral debido al impacto y una fractura en las vértebras cervicales. Si le movían la cabeza, por poco que fuera, moriría asfixiado en el acto. Ya había perdido el conocimiento.

Como en el servicio de urgencias más próximo no contaban con la infraestructura necesaria, los médicos decidieron transportarlo en helicóptero al servicio de Traumatología del gran hospital de Wichita, aunque temieran que no sobreviviera al traslado. Estimaban que sus posibilidades de vida eran de un 15 por ciento. ¡Sin contar con la gracia de Dios! El padre Steven fue puesto en manos de un neurocirujano especializado en el tratamiento de fracturas cervicales como la que él padecía, que se conocen por el nombre de *fractura del ahorcado* o *fractura de Hangman*. Tuvo que estar luego inmovilizado mediante dos dispositivos durante ocho largos meses. Tenía cuatro tornillos en el cráneo a la altura de la frente que le sujetaban la cabeza, con una especie de corona de metal. De esta barra de metal partían cuatro varillas metálicas adheridas a un chaleco que le mantenía inmóvil todo el tórax. Estos dos aparatos permitían mantener su cuello alineado con el tórax e impedir todo movimiento corporal para que las cervicales pudieran soldarse. ¡Nunca en su vida había sufrido tanto! Los médicos creían que permanecería acostado sobre su espalda, paralizado de la cabeza a los pies, por el resto de su vida. ¡Pero el Señor tenía otros planes para su sacerdote!

La tarde del accidente, uno de sus parroquianos que se encontraba justamente en Fredonia en el primer hospital donde había sido conducido, viendo a su párroco en aquel estado crítico, dio el toque de alarma para poner a toda la parroquia en oración por él. El templo permaneció abierto toda la noche. Los fieles sabían que su sacerdote se debatía entre la vida y la muerte y elevaron a Dios una oración incesante. Se rezó el rosario completo, dos veces al día, con este propósito. Incluso las iglesias protestantes, metodistas y menonitas oraron intensamente por él.

Una vez de regreso en Fredonia, su convalecencia duró cerca de un año, pero finalmente logró recuperarse.

Le vuelve la memoria

Un día en que celebraba la misa matutina como de costumbre, le sorprendió un fenómeno totalmente sobrenatural. Se disponía a leer el evangelio del día, un evangelio que conocía de memoria, el de la parábola de la higuera que agota el suelo, en Lucas 13, 6-9. Habla de un propietario que quería arrancar su higuera porque desde hacía tres años no daba ningún fruto. La intervención del jardinero la salvó de la destrucción porque intercedió y suplicó por una segunda oportunidad. Prometió echarle estiércol para que el árbol reviviera.

En aquel preciso instante de la lectura, el padre Steven tuvo la impresión de acordarse de una conversación. Además, la página del leccionario se iluminó, se agrandó y se desprendió del libro aproximándose a él. Sobrecogido por la emoción, trató de terminar su misa de la manera más normal posible. Luego se dirigió rápidamente a la casa parroquial, se sentó, bebió cuatro tazas de café una después de la otra, pensando cuál sería la razón por la que justamente ese evangelio había traído a su memoria tantos recuerdos. Pero, ¿qué recuerdos?

Pronto se hizo la luz en su mente. Con asombrosa precisión, revivió el momento del accidente cuando, gravemente herido e inconsciente, había tenido una experiencia de muerte inminente. Efectivamente, se había encontrado a las puertas de la muerte. El caso del padre Steven incluye un elemento muy poco habitual: en efecto, a esta hora crucial de la elección definitiva, pudo escuchar el increíble diálogo entre el Señor Jesús y la Virgen María, su Madre, con respecto a su destino eterno. Era consciente de que merecía el Infierno…

¡Pero dejemos que sea él quien lo cuente!

"Estaba delante del trono del Juicio. Jesús era el juez. No lo veía y lo oía apenas. Todo sucedió en una fracción de segundo, si se compara con nuestra noción del tiempo aquí en la Tierra. El Señor hizo desfilar toda mi vida delante de mí y desveló mis numerosos pecados, cometidos por acción y por omisión. Aquellos pecados, no solamente no los había confesado, sino que ni siquiera me había arrepentido de ellos. Por eso no habían podido serme perdonados. Yo, ante la evidencia de cada una de aquellas ofensas, decía: "¡Sí, Señor!" "Tú sabes que esta parroquiana era verdaderamente inaguantable; ¡le hacía perder la paciencia a todo el mundo!" Pero cuando nos dirigimos a la Verdad en persona, ya no tenemos excusas y todo lo que podemos decir es: "¡Sí, Señor!"

Cuando Jesús llegó al final de mi juicio, declaró: "Tu sentencia es el Infierno". Y también yo le respondí: "¡Sí Señor, lo sé!" Era la única conclusión lógica a la que se podía llegar. Eso no me sorprendió. Era como si el Señor respetara e incluso aceptara mis elecciones, mis decisiones. Yo mismo había pronunciado mi sentencia".

Había llegado la hora para el padre Steven de entrar en la eternidad; iluminado por aquella inmensa luz divina, se dio cuenta de que no podía pretender entrar al Cielo porque, durante años, en la Tierra había optado por las tinieblas. ¿Acaso no vivía él, un sacerdote, desde hacía mucho tiempo día tras día en estado de pecado mortal?

"Justo en aquel momento – sigue contando – después de aquella terrible sentencia, oí una voz femenina: *¿Hijo, quisieras salvar su vida y su alma inmortal?* Escuché al Señor que le respondía: "Madre, durante doce años ha sido sacerdote para sí mismo y no para mí. Que coseche la pena que merece". Ella le replicó: *Hijo, y si le damos gracias y fuerzas especiales quizás dé fruto; de lo contrario, que se haga tu voluntad.*

Hubo entonces una pausa durante un instante y oí que Jesús decía: "Madre, ¡es tuyo!"

Sentado en el sillón de mi casa parroquial, quedé conmocionado por aquello que me había vuelto a la memoria. Todas las piezas del rompecabezas encajaban armoniosamente. Salvado in extremis por mi Madre del Cielo, me volví verdaderamente suyo de manera natural y sobrenatural en los años que siguieron.

No salía de mi asombro… ¡cómo había podido vivir sin ella durante todos esos años en los que la tuve ausente de mi existencia y de mi vida espiritual! Me dicen frecuentemente: "Pero si usted tenía una devoción especial por la Madre de Dios antes del accidente, no es asombroso que haya intercedido por usted". A lo que yo respondo: "¡Pero es que no la tenía en absoluto!" Es cierto que siendo pequeño, a veces me unía a mi madre de buena gana los miércoles por la tarde para rezar juntos el rosario. Pero más adelante, a pesar de ser sacerdote, mi fe en los ángeles, los santos y la Madre de Dios era casi nula. Sí, creía en su existencia, *pero en mi cabeza*. Era un conocimiento intelectual y para nada nacido del corazón. Para mí los ángeles y los santos eran una especie de amables compañeros de juego imaginarios, pero no reales. He descubierto lo reales que son gracias a mi accidente. Ha sido necesario este acontecimiento para que centrara mi atención en el Señor.

Recuerden que el día en que el Señor murió en el Calvario; María, su Madre y Juan, el discípulo que Él amaba, estaban al pie de la cruz. Cuando Jesús vio a su Madre, le dijo con amor: "*Mujer, he ahí a tu hijo*", después le dijo al discípulo: "*He ahí a tu madre*". En aquel preciso momento Jesús nos confió a todos a su Madre, como hijos e hijas, y Ella se lo toma muy en serio. Acude a socorrernos e intercede por cada uno de nosotros, tal como lo hizo conmigo; yo no tenía nada de excepcional. Después del accidente, he aprendido una verdad muy importante sobre la Virgen María, el Padre, el Hijo y el Espíritu Santo. Ni Dios Padre, ni el Hijo, ni el Espíritu Santo pueden resistirse a nada de lo que quiera la Santísima Virgen, sea lo que fuere. Les es imposible decirle que no".

¡Qué poder de intercesión tiene la Madre de Dios en favor de sus hijos predilectos! ¡Ella le consiguió al padre Steven un pasaje de regreso a la Tierra! ¡Para su gran alegría, le fue concedida una segunda oportunidad!

Después de su experiencia de la luz verdadera en el Más Allá, el padre Steven se convirtió en un nuevo hombre y cambió radicalmente el rumbo de su vida. En su alma la noche dejó lugar al día.

¡Dios se inclina ante nuestra libertad!

Recientemente, he podido hacerle algunas preguntas fundamentales al padre Steven.

– Padre, a pocas personas les es dada una segunda oportunidad después de haber conocido el juicio particular. ¿Por qué le ha ocurrido eso a usted?

– He comprendido, gracias al accidente, que he sido salvado de la muerte física y de la espiritual por dos razones. La primera, para afirmar que el Infierno existe. Y la segunda, tan importante como la primera, para declarar que incluso los sacerdotes pueden ir allí. Añado otra razón: todos tenemos la obligación de cumplir los mandamientos de Dios y somos responsables de ello.

"En nuestra época, mucha gente tiende a rechazar el hecho que Dios sea justo. Piensan que como Dios es amor, nadie puede ser castigado por toda la eternidad. Es una idea falsa. Cada uno de nosotros está llamado a observar los mandamientos de Dios y a utilizar el sacramento de la reconciliación para el perdón de sus pecados. Si pensamos que no pecamos, deberíamos hacer un examen de conciencia bien completo. Después de mi experiencia he aprendido una verdad importante: no es Dios quien nos envía al Cielo o al Infierno, somos nosotros mismos los que escogemos nuestro destino eterno. Dios se inclina ante nuestra libertad. Esta decisión la tomamos nosotros; Dios no hace más que aceptar y confirmar nuestra propia elección, en el infinito respeto que tiene por cada uno de nosotros.

No porque un sacerdote sea sacerdote goza de un salvo-conducto para el Cielo. ¡Muy al contrario! Un sacerdote debería ser todavía más fiel que cualquier persona laica en guardar los mandamientos de Dios. Debería dar testimonio de ser sacerdote ordenado para servir al pueblo de Dios y encarnar a Jesucristo. La Santísima Virgen nos pide frecuentemente que recemos por los sacerdotes y que no los critiquemos. Ahora más que nunca, es fácil criticar a un sacerdote o a un obispo cuando oímos que ha abandonado el camino de la ortodoxia de la Iglesia".

El padre Steven me ha contado que, a veces, se quitaba su alzacuellos delante de la gente y declaraba: "¡Este trocito de plástico blanco que ven no es ninguna garantía para ir al Cielo!" ¿Acaso no había estado él a un paso de la perdición?

Cambia de vida

Está claro que el padre Steven vivía antes en estado de pecado mortal, pero no me atrevía a preguntarle los detalles sobre los pecados cometidos. ¿Qué habría hecho de tan grave? ¿En qué había quebrantado su comunión con Dios? Admitía abiertamente dos cosas:

– Buscaba más complacer a los fieles de su parroquia que velar sobre sus almas y protegerlos del pecado. No les hablaba de los mandamientos de Dios y de las verdaderas exigencias del Evangelio que hubieran podido conducirlos a la conversión porque temía perder su favor. Como ellos les daban dinero, deseaba conservar su amistad. En definitiva, quería asegurarse su dinero.

– Antes no oraba ni leía su breviario, a pesar de ser un deber cotidiano para todo sacerdote.

A través de su perseverancia en la oración, los sacerdotes reciben de Dios la luz y el amor que les son necesarias para ejercer el ministerio de conducir al Pueblo de Dios. Si no oran, ¿qué pueden darles a los demás? Además, la falta de oración había provocado en el padre Steven el adormecimiento de su conciencia. Pecaba gravemente sin hacerse mayores problemas y, a pesar de ello, continuaba celebrando la santa misa. Marthe Robin le contó al padre Finet (su padre espiritual) que veía místicamente a muchos sacerdotes que subían al altar en estado de pecado mortal y eso la hacía gemir de dolor. Se trata, en efecto, de un sacrilegio extremadamente penoso para el corazón de Cristo, porque lo cometen sus "elegidos" que deberían amarlo de manera especial y cuidar de su rebaño.

Durante la entrevista que me concedió, me pareció un sacerdote muy anclado en la fe, hasta el punto en que me era difícil imaginarlo tibio y mundano antes de su accidente. Le pregunté:

– Supongo que ahora usted está muy feliz de haber vuelto a este mundo para vivir, finalmente, en verdadera unión con el Señor, ¿no es así?

La respuesta le brotó con vehemencia desde lo más profundo de su ser:

– ¡Oh Dios mío! ¡Sí! Pero nuestro verdadero lugar no está aquí en la Tierra; la verdadera vida comienza después de la muerte. ¡Esto no es más que la sombra de la verdadera vida que nos espera!

– ¿Ha visto usted a Dios?

– No, no lo he visto. Estaba en pecado mortal. Uno no ve a Jesús cuando está en pecado mortal. Sin embargo… oí claramente su voz.

Para no herir su humildad, pregunté sobre este asunto a una pareja de amigos americanos muy queridos, Bill y Mabel, que viven en su diócesis. Quería que me informaran sobre su manera de vivir antes y después del accidente. Mabel me dijo:

"Un día en que yo navegaba por internet, me encontré con la historia de este sacerdote que había tenido una experiencia de muerte inminente y al que se le había dado una segunda oportunidad. Quería conocerlo y no desistí hasta conseguirlo. Desde nuestra primera entrevista con él, viendo la luz que emanaba de su persona, Bill y yo le pedimos que fuera nuestro acompañante espiritual. Desde entonces nos ha "embarcado" en la asamblea de los Marian Helpers (Ayudantes de María) a cuyos miembros les proponía asistir diariamente a la santa misa. El padre Steven había instaurado la adoración en su parroquia los primeros viernes de mes, y él participaba en ella. Animaba también la devoción mariana de los primeros sábados del mes[35]. A veces, ante nuestra preocupación al no saber cómo gestionar una situación difícil, nos decía: "Sólo Dios sabe, y ¡por ahora, no nos habla!". Esta observación nos ha ayudado a abandonarnos y a confiar en Dios.

Antes de su accidente, el padre nos ha confesado que buscaba sobre todo hacerse querer y apreciar por su entorno, por sus parroquianos y por los demás sacerdotes. Ponía mucho empeño en eso. Disfrutaba de las ventajas de su condición de sacerdote sin tener ni la menor preocupación por las almas. Ya desde niño, había tomado la costumbre de salirse con la suya conquistando a las religiosas de su colegio con su encanto y ablandándoles el corazón; les decía que quería ser sacerdote, lo cual le valía un trato de favor especial de su parte. En una palabra, ya era hábil en hacerse amar y mimar.

---

[35] Los cinco primeros sábados del mes: la tarde del 10 de diciembre de 1925, la joven postulante Lucía de Fátima recibió en su celda la visita de la Virgen y del Niño Jesús, llevado por una nube luminosa. La Virgen le mostró su corazón rodeado de espinas que ella sostenía en su mano. El Niño Jesús dijo: "Ten compasión del corazón de tu muy Santa Madre rodeado de espinas que los hombres ingratos le arrojan en todo momento sin que haya nadie que haga un acto de reparación para retirarlas". Después la Virgen le indicó: "Hija mía, mira mi corazón rodeado de las espinas que los hombres ingratos me arrojan con sus blasfemias e ingratitudes. Tú, al menos trata de consolarme y di que a todos los que, durante cinco meses el primer sábado de mes, se confiesen, reciban la santa comunión, recen un rosario y me hagan compañía durante quince minutos meditando los quince misterios del Rosario, con espíritu de reparación, que prometo asistirlos a la hora de su muerte con todas las gracias necesarias para la salvación de su alma".

Siendo adulto, había puesto al mundo y al espíritu del mundo en primer lugar en su vida. El punto de vista y la opinión de los demás eran primordiales para él, lo que lo conducía forzosamente a compromisos dudosos. Como sacerdote, anteponía el agradar a los hombres sacrificando el agradar a Dios. ¡Es esto lo que terminó por perderlo! De ahí la observación de Jesucristo: "Era sacerdote para sí, y no para mí". Semejante actitud explica también las tinieblas que lo invadieron. ¿No lo dice san Juan bien claro? *"Si alguien ama al mundo, el amor del Padre no está en él"* (1 Jn 2,15)[36] A partir de su accidente, su primera preocupación ha sido la de agradar en todo a Dios. ¡No más compromisos funestos! El padre Steven se había vuelto un hombre libre, liberado de la esclavitud de la opinión de los demás. A tiempo y a destiempo, no dudaba en proclamar la verdad del Evangelio de Cristo. Aunque algunas veces tenía que ser algo duro predicaba la verdad desnuda, sin maquillaje. ¡Que eso agradara o no a su auditorio, le tenía sin cuidado! Se había convertido en un valiente defensor de su Señor.

Hacer la voluntad de Dios a cualquier precio era lo que contaba para él, porque había experimentado el esplendor de esa voluntad. ¡Había dado un giro de 180 grados! ¡Su honestidad y sinceridad eran notables! Para él, la obediencia a Dios y la fidelidad a su papel de pastor de almas eran esenciales.

La Virgen se le había vuelto muy querida y repetía incesantemente: "¡Jesús no puede rechazarle nada!" Convertía las oraciones de los primeros sábados de mes en algo muy especial. Había puesto la santa misa en el centro de su vida y se empeñaba en celebrarla todos los días, incluso en sus días libres".

---

[36] "Si alguien ama al mundo el amor del Padre no está en él" (1 Jn 2, 15). Y también: "El que quiera ser amigo del mundo se hace enemigo de Dios" (Jn 4, 4)

Mabel añade:

"Muchos de nosotros, que somos del Great Bend, hacíamos 50 kilómetros para ir a Bushton y asistir a sus misas del primer sábado de mes, porque en nuestra diócesis de Dodge City no se celebraba ninguna misa el sábado por la mañana. Los días en que el tiempo era bueno, el padre Steven permanecía afuera delante de la puerta de la iglesia para recibirnos y en invierno, cuando el clima era menos clemente, nos esperaba en el vestíbulo. Allí nos proponía una unción con aceite a todos los que teníamos más de sesenta y cinco años, enfermos o no, porque decía que corríamos gran riesgo de morir de manera inesperada. ¡Y es verdad que la muerte súbita no tenía ya secretos para él! Quería favorecernos con esa gracia adicional. Después de la misa, rezábamos el rosario y las letanías de la Virgen. Se revestía con sus mejores galas litúrgicas para el día de Nuestra Señora. Procuraba que el altar estuviera adornado con las flores más bellas. Llevaba puesto un enorme rosario con una gran cruz, que contenía una reliquia de la Vera Cruz".

Una anécdota revela que había recibido ciertos carismas. Bill, el marido de Mabel, se había roto el bíceps, y un fuerte dolor le recorría todo el brazo. Consultó a un médico amigo suyo, quien programó la operación. El padre Steven se había informado de la hora exacta en que Bill sería intervenido. Llegó al hospital y permaneció sentado a su lado mientras las enfermeras se atareaban alrededor del enfermo con los cuidados preoperatorios. Después de un último examen, el médico no ocultó su poca esperanza en cuanto al éxito de la operación que iba a realizar. En síntesis, ¡el ambiente no era de lo mejor! Cuando llegó la hora de llevar la camilla al quirófano, el padre Steven la detuvo y comenzó a orar sobre Bill, invitando a Mabel y a las personas presentes a unirse a él. Viendo aquello, el doctor preguntó a Mabel:

– ¿Qué hace este sacerdote aquí?

– Es un amigo muy querido que ha venido para apoyarnos, replicó Mabel.

Después el padre Steven miró a Mabel a los ojos y le aseguró:

– ¡No te preocupes, todo irá bien con Bill!

Entre el examen preliminar y la finalización de la intervención quirúrgica, normalmente transcurrían alrededor de cinco horas. En la sala de espera, para evitar ser invadida por el miedo, Mabel se repetía esas palabras del padre Steven: "Ora y ten confianza". Tres horas más tarde, el cirujano, rojo de emoción y bañado en sudor, salió corriendo del quirófano y se dirigió hacia Mabel gritándole:

– ¡Mabel, lo he conseguido! ¡Acabo de realizar la operación de mi vida! No sé lo que ha pasado ahí dentro, pero conseguí atrapar el músculo, estirarlo, engraparlo y fijarlo con dos clavos. La reparación es sólida. ¡Sencillamente no puedo creerlo! Con una buena rehabilitación, el hombro de Bill debería recuperarse y no moverse más. Sé que es la intercesión del padre Steven la que nos ha bendecido con semejante resultado.

El padre Steven tenía un auténtico don de curación que se manifestó también en muchas otras ocasiones. Hoy, con sesenta y nueve años de edad, reside en una casa para sacerdotes jubilados y está muy enfermo. Lo mantienen con oxígeno. Su vida pende de un hilo, porque padece una grave insuficiencia cardíaca. ¡Podemos adivinar hasta qué punto desea ver con sus propios ojos a su querida Santísima Virgen y echarse con confianza en los brazos de Jesús, su rey de misericordia!

Gracias a Mabel, he tenido la alegría de conocer a ese sacerdote que, por su testimonio, corrobora lo que la Iglesia, al igual que los místicos, nos ha enseñado siempre: Dios es amor y misericordia. Él no manda a nadie al Infierno; ha enviado a su hijo Jesús para proponer la vida eterna a todos sus hijos: *"Dios quiere que todos los hombres se salven"* (1 Tim 2, 4). Nosotros mismos escogemos nuestro destino eterno por las decisiones que tomamos día tras día, a lo largo de nuestra vida. Nuestros pequeños "sí" preparan nuestro gran SÍ final, y nuestros pequeños "no", nuestro gran NO final, porque el árbol cae del lado hacia donde se inclina. No nos engañemos: si la Virgen María ha intercedido con poder ante su Hijo, es su propio Hijo quien le ha inspirado esa oración para tener, una vez más, la alegría de complacer a su Madre y de salvar esa alma.

¿Difícil ir al Infierno?

Este testimonio sobrecogedor del padre Steven se parece en cierta manera al de Gloria Polo. Los dos se vieron a las puertas del Infierno y han recibido una segunda oportunidad. Algunos podrán preguntarse si a Dios le satisface que se haga justicia, a la manera humana, con un pecador que no se haya arrepentido. Nosotros nos imaginamos, a veces, al alma que se condena suplicando al Señor que no la envíe al Infierno. ¡Es todo lo contrario! Dios es quien, hasta el límite extremo, le suplica al alma que consienta acogerse a su misericordia y abandonarse confiadamente en ella, de manera que esa alma pueda salvarse definitivamente.

Permítanme citar aquí un diálogo conmovedor entre Jesús y el pequeño vietnamita Marcel Van, siervo de Dios[37], que nos muestra hasta qué punto Dios tiene sed de nuestra inquebrantable confianza en su misericordia.

Jesús: "Si los hombres pudieran comprender que el Amor los ama infinitamente, no habría ni un alma que cayera en el Infierno. Verdaderamente el Demonio no tiene ningún poder para arrancar un alma de mis manos; todo lo que puede hacer es llevar a los hombres a caer en el pecado. Sin embargo, si un alma no tiene ya confianza en mi amor infinito, entonces le es muy fácil al Demonio apoderarse de esa alma.

¡Ay Marcel! ¿Hay para el Amor un dolor comparable al de

---

[37] La causa de beatificación del servidor de Dios Marcel Van de Vietnam ya está abierta. Si lees en francés visita la web www.amisdevan.org

perder un alma? Naturalmente el Amor, siendo infinito, ama también con un amor infinito. Pero esta infinitud del Amor sólo puede abrazar con fuerza a aquellos corazones que confían verdaderamente. Si no encuentra esta confianza sincera, el Amor infinito no tiene nada que le permita adherirse al alma; ¿cómo podría entonces seguir reteniéndola?

¡Oh, almas pecadoras! Hermanitas mías, la única cosa que les pido y que bastaría para estrecharlas junto a mi corazón desbordante de amor, es que crean de verdad que el Amor las ama infinitamente.

Infelices hermanitas, ¿creen que ignoro lo miserables que son? Incluso si su miseria es infinita, deben creer por lo menos que mis méritos son infinitamente infinitos. Aunque sus pecados les hayan merecido el Infierno un sinnúmero de veces, ni siquiera así deben perder la confianza en mi amor... Pero ¡ay! La desgracia es que los hombres no confían en mi amor. ¡Oh, el pecado! Nunca el pecado ofende a mi amor; no hay absolutamente nada que ofenda a mi amor, a no ser la falta de confianza en mi Amor...

¡Marcel! ¡Marcel! Oh, hermanito, ruega para que las almas pecadoras, tan numerosas, no pierdan jamás la confianza en mi amor. Mientras conserven esa confianza, el Reino de los Cielos no cesa de pertenecerles de verdad".

Marcel: "Pero Jesusito, si los hombres continúan pecando deliberadamente, ¿qué ocurrirá? ¿Les darás el paraíso de todas formas?"

Jesús: "Hermanito, ¡no sabes que conozco la extrema debilidad de los hombres! Incluso si los hombres me ofenden deliberadamente y aún más gravemente de lo que puedas suponer, su pecado no es nada en comparación a una sombra del Amor... El Amor es infinitamente infinito. Díselo bien a los hombres, sí, infinito e infinito. Que confíen en mí y nunca, nunca jamás, serán separados de mí. El Demonio debe desesperar de un alma en la que encuentre la palabra *confianza* (...). Más tarde en el Cielo, seguramente estaremos muy sorprendidos al ver en las filas de los santos y de las santas, un gran número de almas que creíamos condenadas…

El Amor ama infinitamente, es infinitamente justo. Porque es infinitamente justo, ama infinitamente y porque ama infinitamente es infinitamente justo… Tan sólo una simple mirada de confianza en mí es suficiente para arrancar a las almas pecadoras de las garras del Demonio. Incluso si un alma se encontrara a las puertas del Infierno, esperando su último suspiro para caer allí, si en ese último suspiro hubiera el menor grado de confianza en mi amor infinito, aún eso bastaría para que mi amor atraiga esa alma a los brazos de la Trinidad; por eso digo que puede ser muy fácil para los hombres subir al Cielo, mientras que puede serles muy difícil e incluso infinitamente difícil caer en el Infierno; porque el Amor no puede soportar que un alma se pierda tan fácilmente".

¡Sin embargo, hermanito, estas palabras no deben manifestarse a todas las almas indistintamente; hace falta hacerlo con prudencia, por temor a que ciertas almas, sabiendo esto, se endurezcan en el mal… Y luego pierdan la confianza en mí y no tengan ya confianza alguna[38].

Esta última frase es de vital importancia: el pecado, por perdonable que sea para Dios, progresivamente nos enceguece acerca de la bondad del Señor. ¡Nos envuelve en las tinieblas al igual que al padre Steven que no creía ya en la misericordia y que ni siquiera recurrió a ella durante su encuentro con Jesús! ¡Ah, si María no hubiera estado allí…! Pero ¡estaba allí, y lo estará para todos nosotros!

Uno de mis amigos, muy cercano de Dios, me hizo esta confidencia: después de haber cometido un pecado, estaba sumido en un profundo dolor y se arrepentía mucho de haber herido a

---

[38] Extractos del libro (en francés) Marcel Van, Colloques (capítulos 646-650) Edit. Saint Paul/Éditions religieuses.

Jesucristo. Entonces, en su corazón, oyó estas palabas: "¿Tu pecado? ¡Mira mi carne cubierta de heridas! ¡Me has confesado tu pecado, así que el pecado ya no existe, tus pecados están en mis llagas y no ya en ti!"

31
HIROSHIMA O LAS VICTORIAS DEL ROSARIO

Hiroshima después de la explosión de la bomba atómica
(Foto Archivo/autorizada)

El 6 de agosto de 1945, a las nueve y cuarto, un hongo gigante se elevó por encima de la ciudad de Hiroshima en Japón. En dos minutos, alcanzó 10.000 metros de altura y nada resistió a su devastación. En un radio de 3 kilómetros, alrededor de diez mil inmuebles fueron destruidos por la onda expansiva de la explosión y cincuenta mil por los incendios. Miles de víctimas murieron instantáneamente en un diámetro de 1.200 metros de su punto de impacto. Más allá de ese círculo, los soldados japoneses encargados de recoger a las víctimas también caían muertos algunas semanas más tarde, a causa de las radiaciones.

Sin embargo, a unos 100 metros del centro de la explosión, una casa permaneció en pie sin haber sido afectada por la bomba, a pesar de ser una construcción típica japonesa, hecha con materiales livianos, que hubiera debido ser arrasada en un abrir y cerrar de ojos. ¿Qué había pasado?

Esta casa era la casa parroquial de varios misioneros jesuitas alemanes. Uno de ellos, el padre Hubert Schiffer, dio un testimonio sorprendente durante el gran Congreso Eucarístico de Filadelfia en julio de 1976, al que pude asistir con Pierre Goursat y algunos miembros de la comunidad del Emmanuel. Ni él, ni ninguno de los otros jesuitas que vivían con él, fueron afectados por la bomba y resultaron ilesos de toda contaminación radiactiva. No sólo salieron vivos de la tragedia, sino en perfecto estado de salud. Murieron muchos años más tarde. El padre Schiffer tenía treinta años cuando cayó la bomba. Aún vivió treinta y tres años más, antes de morir en Frankfurt en 1982.

Los expertos han investigado ese enigma durante mucho tiempo, con ayuda de los mejores aparatos y buscando con pasión los menores indicios de una fuerza oculta en la construcción. ¿Cómo había podido resistir aquella casa semejante cataclismo? Además, los mismos jesuitas fueron examinados por más de doscientos científicos y especialistas, llegando todos a la misma conclusión: estaban sorprendidos por no ver en ellos ningún efecto de la radiactividad y no comprendían cómo habían podido sobrevivir en medio de aquella hecatombe en la que todos los otros seres vivos habían perecido, por decenas de miles. La ciencia se vio incapaz de resolver ese enigma y se dio por vencida; los jesuitas, en cambio, poseían la clave: fueron milagrosamente protegidos gracias al rezo cotidiano del rosario en comunidad. El padre Schiffer diría más tarde:

"Los científicos no comprendieron nada, no dieron crédito a nuestra explicación cuando les dijimos que vivíamos el mensaje de Fátima, especialmente en lo referente al rezo comunitario del rosario".

La Reina del Rosario había mantenido su promesa. ¿Acaso no

les había dicho, el 13 de mayo de 1917 a los tres pastorcitos de Fátima durante la Primera Guerra Mundial?:

"Recen el rosario todos los días para obtener la paz para el mundo y el fin de la guerra".

Un hecho análogo se produjo en Nagasaki. Antes de la Segunda Guerra Mundial, el padre Maximiliano Kolbe, franciscano, había previsto construir en Japón un convento para la Inmaculada. Cuando les dijo a sus superiores que quería establecer ese convento detrás de una pequeña colina con vistas a Nagasaki, tanto ellos como los lugareños se reían de él y quisieron impedírselo, porque allí no había agua ni electricidad y el lugar era de lo más incómodo. ¿Por qué no construirlo en la ciudad y disponer así de los equipamientos urbanos? El padre Kolbe, inspirado por la Virgen, oró con fuerza y esperó a que sus superiores cambiaran de opinión. Se salió finalmente con la suya, obtuvo el permiso y construyó su convento para la Inmaculada junto a la dichosa colina. También allí los hermanos diariamente rezaban juntos el rosario. ¡Ni siquiera podían llegar a imaginar lo que ocurriría casi en sus narices! Tres días después del bombardeo de Hiroshima, la bomba H "Fatman" fue lanzada sobre Nagasaki, el 9 de agosto de 1945 y el convento se salvó milagrosamente. La pequeña colina lo había protegido mientras que el ochenta por ciento de la ciudad fue destruido.

La Santísima Virgen nos repite una y otra vez que la paz sólo se derramará si nos unimos a Dios por medio de la oración, especialmente el rezo del santo rosario. ¡La Virgen siempre cumple sus promesas cuando nos confiamos a ella! Recordemos, entonces, lo que les dijo a santo Domingo y al beato Alain de la Roche: "Quien confía en mí y reza el rosario no perecerá jamás". Y también: "Los que propaguen mi rosario serán socorridos por mí en todas sus necesidades". ¡Los hechos frecuentemente hablan con más fuerza que las palabras! ¡Libros enteros no podrían contener todos los testimonios de favores y milagros alcanzados por la oración del Rosario!

He aquí uno de esos favores recientes: en Estados Unidos, nuestra amiga Linda tiene hijos en la escuela primaria. En el programa de su colegio habían introducido unos libros de la New Age (Nueva Era) que promocionaban la brujería. Linda y su amiga Mary decidieron ponerse en primera fila en la reunión de padres de alumnos con los profesores, y sencillamente rezar el rosario en silencio. Vieron entonces cómo los que hacían la promoción de los libros sobre brujería comenzaron a tartamudear ante el micrófono. Uno tras otro, terminaron por sentarse. ¡Los niños estaban protegidos!

"¡Denme un ejército que rece el rosario y conquistaré el mundo!", dijo san Pío X; y Adriano VI: "El rosario es el látigo de los demonios".

El valor de nuestro rosario, como el de toda oración, no depende de los sentimientos que nosotros experimentemos. Depende más bien de nuestra buena voluntad y de nuestra firme decisión de dedicar ese tiempo a Dios y a acercarnos a Él. ¡Del resto se encarga Dios! Jesús le dijo un día a sor Faustina, que estaba triste por haber tenido fuertes distracciones en su oración:

"¡Cuando sientes consuelo en la oración, Yo te consuelo a ti; cuando sientes sequedad, eres tú quien me consuela a Mí!"

El profeta de la Virgen María

Hay muchos profetas que hablan sobre el futuro, pero hay uno al que deseo citar aquí porque ya está canonizado: san Luis María Grignion de Montfort (1673-1716). Curiosamente, su profecía resuena con exactitud en nuestra situación actual, aunque más no fuera en Europa:

"Jesucristo vendrá, como lo espera la Iglesia, para reinar en todas partes en el momento y de la manera en que los hombres menos lo esperan".

"Al final de los tiempos, más rápidamente de lo que se piensa, Dios suscitará grandes santos para establecer el Reino de su Hijo en el mundo corrompido, por medio de la devoción a la Santísima Virgen".

"En los últimos tiempos, el poder de María se manifestará a todos. Extenderá el Reino de Cristo hasta entre los mahometanos".

"María debe resplandecer más que nunca en misericordia, en fuerza y en gracia en los últimos tiempos…"
"Los amigos del mundo perseguirán más que nunca a los que pertenezcan a la Santísima Virgen María. Pero la humilde María obtendrá siempre la victoria…"
"El poder de María impactará sobre todos los demonios especialmente en los últimos tiempos".

Extractos del libro *"El secreto de María"*

Habla sor Lucía

La pastorcita de Fátima, convertida en sor Lucía en el Carmelo de Coímbra en Portugal, partió hacia la Casa del Padre tres meses antes que Juan Pablo II en 2005. Ha dejado unos escritos muy fuertes sobre el rosario, porque incluso después de las seis apariciones de 1917 que presenció con sus primos, continuó viendo a la Virgen y recibiendo de ella luces sobre la Iglesia y sobre nuestro tiempo. No olvidemos que la Virgen confió a aquellos pastorcitos sin instrucción la más bella profecía que se refiere a ella: "Al final mi corazón inmaculado triunfará". ¡María no precisó al final de qué! Pero estas cartas sobre el rosario nos lo aclaran: nos recuerdan que la victoria del amor se gana con los medios más sencillos y que el enemigo se deja vencer por aquellos que rezan como lo hacen los niños.

En Fátima, la Virgen recomendaba el rosario "para detener la guerra". Pero cien años después ¿por qué lo hemos abandonado? ¿Por qué hemos permitido al enemigo que suprima de nuestras familias y de nuestras iglesias esta práctica que tanto le molesta?

En 1957, sor Lucía escribía al padre Fuentes:

"La Santísima Virgen María ha querido dar, en estos últimos tiempos en que vivimos, una eficacia nueva al rezo del santo rosario. Ha reforzado tanto su poder, que no hay ningún problema por difícil que sea, temporal o sobre todo espiritual, en cada una de nuestras vidas privadas o en nuestras familias, ya sean familias que vivan en el mundo o comunidades religiosas, o incluso en la vida de los pueblos o de las naciones, que no pueda ser resuelto con la oración del santo rosario. No hay problema, digo yo, por difícil que sea, que no pueda ser resuelto. Con el santo rosario, nos salvaremos, nos santificaremos, consolaremos a nuestro Señor y obtendremos la salvación de muchas almas".

En 1970, sor Lucía le escribe a una de sus hermanas:

"El rosario es la oración de los pobres y de los ricos, de los sabios y de los ignorantes; quitarles esta devoción a las almas sería como quitarles el pan espiritual de cada día. El rosario alimenta la llamita de la fe que no está aún totalmente apagada en muchas conciencias. Para las almas que rezan sin meditar, el simple hecho de tomar el rosario para rezar permite ya acordarse de Dios y de lo sobrenatural. El solo recuerdo de los misterios de cada decena mantiene en las almas la mecha todavía humeante. ¡Por esa razón el Demonio le ha declarado semejante guerra! Lo peor es que ha acertado en hacer tropezar e inducir en el error a almas que tenían grandes responsabilidades en el cargo que ocupaban... Estos son los ciegos que guían a otros ciegos..."

En octubre de 2001, sor Lucía escribió a todas las comunidades marianas del mundo:

"La Santísima Virgen nos exhorta a rezar el rosario con más fe, más fervor, contemplando los misterios gozosos, dolorosos y gloriosos de su Hijo que ha querido asociarla al misterio de nuestra redención... Cuando desgranan el rosario en sus manos, los ángeles y los santos se unen a ustedes. Por eso los exhorto a recitarlo con gran recogimiento, con fe, meditando con profunda piedad el sentido de los misterios. Récenlo en privado o en comunidad, en casa o fuera de ella, en la iglesia o en la calle, con simplicidad de corazón, siguiendo paso a paso el camino de la Virgen con su Hijo. Récenlo siempre con una fe viva por los que nacen, los que sufren, los que trabajan o los que mueren. Récenlo en unión con todos los justos de la Tierra y con todas las comunidades marianas pero, sobre todo, CON LA SENCI-LLEZ DE LOS PEQUEÑOS, cuya voz se une a la de los ángeles. Hoy como nunca, el mundo tiene necesidad de su rosario… Muy frecuentemente, el rezo de un solo rosario ha apaciguado la cólera de la justicia divina, y obtenido para el mundo la misericordia divina y la salud de muchas almas[39]"

Uno de los milagros más asombrosos ocurridos en Francia por la oración del rosario es el que logró la vidente Jacqueline Aubry, de l'Île Bouchard[40] a raíz de la aparición que tuvo a la edad de once años en 1947 de Nuestra Señora de la Oración (reconocida por la Iglesia), quien rezaba mucho por Francia. Por una inspiración del Espíritu Santo intercedía especialmente por Georges Marchais – líder del partido comunista de 1972 a 1994 y diputado de 1973 a 1997 – y le escribió una carta privada. Éste moriría de cáncer. El resultado no se hizo esperar: antes de morir el 16 de noviembre de 1997, Georges Marchais recibió una luz interior y se convirtió al instante. Pidió confesarse y recibir la Sagrada Comunión.

"¡Dénme un ejército que rece el rosario y conquistaré el mundo!" (San Pío X)

---

[39] Ver nota al pie 35 sobre la aparición de la Santísima Virgen a sor Lucía del 10 de diciembre de 1925.

[40] El 8 de diciembre de 1947, la Virgen se apareció a cuatro niñas -Jacqueline, Jeannette, Nicole y Laura- y les pidió que "rezaran por Francia". De hecho, después de la Segunda Guerra Mundial, el país estaba al borde de la guerra civil y los comunistas, dispuestos a tomar el poder. La oración de los niños y de toda aquella parroquia derrotaron el plan enemigo. Jacqueline murió el 15 de marzo de 2016 después de un hermoso testimonio de vida. El 8 de diciembre de 2001 Mons. Vingt-Trois, arzobispo de Tours, autorizó las peregrinaciones y el culto público celebrado en la iglesia parroquial de Saint-Gilles-Bouchard para invocar a Nuestra Señora de la Oración.

El padre Manteau Bonamy, op (1916-1999), gran experto mariano y amigo de Medjugorje escribía: "La maternidad divina ha revestido a la Santísima Virgen de una grandeza tal que no puede tener igual en la Tierra ni en el Cielo. Le da por participación el poder que Dios tiene por naturaleza y se puede decir de ella que no pasa nada en el Cielo ni en la Tierra sin que Ella intervenga. La maternidad divina ha dado a la Santísima Virgen, en sus relaciones con nosotros, la ternura bienhechora de una madre y la autoridad incomparable de una reina. María, Madre de Dios, reina del amor participa en la mediación de Cristo y tiene todas las gracias que Cristo nos ha adquirido. Ha merecido ser su dispensadora. Es quien distribuye todos los dones, todas las virtudes, todas las gracias a quien ella quiere, cuando quiere, de la manera y en la medida que quiere[41]".

El 2 de diciembre de 2016, en Medjugorje, la Virgen dijo: "Queridos hijos, mi corazón maternal llora cuando miro lo que hacen mis hijos. Los pecados se multiplican: la pureza del alma no tiene importancia; mi Hijo es olvidado, es honrado cada vez menos y mis hijos son perseguidos… Por eso, queridos hijos, **vuelvan a rezar el rosario.** Recen el rosario con sentimientos de bondad, de sacrificio y de misericordia. Recen no solamente con palabras, sino también con actos de misericordia. ¡Recen con amor por todos los hombres!"

---

[41] Extractos del libro (no traducido) *Marthe Robin sous la conduite de Marie,* Père Manteau-Bonamy o.p., Ed Saint-Paul

32
¡QUIERO VER A MAÏTI!

Los dedos de Maïti se deslizan por el piano con maestría y una magnífica melodía surge de esas teclas; el efecto es casi mágico. Es su primer concierto; tiene doce años y una carrera más que brillante se abre ante ella. ¡Maïti, de ello está segura, será pianista; la música será su vida!

Maïti Girtanner nació en 1922 en la Suiza alemana, en una gran familia católica de origen germánico. En la década de los treinta se percibía ya con inquietud la subida del nazismo. Como su madre era francesa, a la muerte de su padre, cuando tenía tres años, Maïti fue a vivir a la región parisina. Allí emprendió con brío los estudios en el Conservatorio de Música de París y comenzó, poco a poco, a ser una pianista de talento. La niñita tenía ya una relación de intimidad con Jesucristo y soñaba con darlo a conocer por medio del piano. "Yo había comprendido que la verdad era una persona, Jesucristo, y ardía en deseos de transmitir y proclamar esa verdad".

Cuando Francia fue invadida por el ejército alemán en 1940, la familia se refugió en su casa de vacaciones en Bonnes, cerca de Poitiers, muy próxima a la línea de demarcación que separaba la Francia libre de la Francia ocupada por los alemanes. Conmocionada por las injusticias de los nazis y dotada de un carácter un poco rebelde, Maïti se sumó muy rápidamente a la Resistencia y fundó su propia red. Tenía apenas dieciocho años. Su grupito de resistentes estaba formado sobre todo por estudiantes libres de toda sospecha, y ayudaban a los soldados, a las familias judías, a los ingleses y a toda clase de clandestinos para que huyeran a la zona libre.

Recorrían kilómetros en bicicleta para pasar informaciones y fabricaban papeles falsos. Ante los graves peligros que tales acciones les hacían correr, muchos tenían miedo. Maïti también, pero los animaba con firmeza: "¿Ustedes creen en Dios? Entonces, ¡recen y avancen!" Su fe y su determinación eliminaban cualquier obstáculo. Nada la detenía. A pesar de su juventud, estaba decidida a ir hasta el final. Más tarde se preguntaría: "¿Hasta dónde llegará mi arrojo? ¿Hasta el final?" La llevará mucho más lejos de lo que ella podía sospechar.

Cuando en 1943, con el avance de los alemanes en la zona libre, la línea de demarcación fue suprimida; Maïti decidió ir sola a París para proseguir allí sus actividades en la Resistencia. ¡Tenía veintiún años!

En la capital continuó ayudando a sus amigos en la obtención de papeles, a lograr la liberación de camaradas detenidos por la Gestapo... Utilizaba para ello sus "armas": su dominio de la lengua alemana y su arte de engatusar. Llegó incluso a aceptar tocar el piano ante oficiales nazis. Se relacionaba especialmente con un general melómano, que la apreciaba mucho y que confiaba plenamente en ella.

Es la hora de la pesadilla

A fines de 1943, fue arrestada por casualidad en una redada. Para Maïti fue el principio del horror. Al encontrar su nombre en la lista de las personas detenidas, el general se indignó. "Libérenme inmediatamente a esa chica, es nuestra pequeña pianista". Infelizmente su implicación en la Resistencia estaba fuera de toda duda: sus actividades fueron descubiertas. El general fue presa de cólera al saberse engañado por esa jovenzuela. Decidió infligirle un castigo ejemplar. Maïti fue transferida entonces junto con otros diecinueve resistentes, hombres y mujeres, a un lugar secreto de represalias, de donde nadie salía vivo. Allí, unos *médicos verdugos* se encarnizaban causando el mayor daño posible a sus víctimas.

Maïti fue confiada a un hombre que se llamaba Leo. Durante

días, sin descanso, este médico la golpeó con un sadismo y una precisión diabólicos. Los golpes provocaron una multitud de daños en la médula espinal que afectaron su sistema nervioso sensitivo. Su verdugo la condenó para siempre a sufrir unos dolores insoportables. Al igual que sus compañeros, Maïti sólo tenía una certeza: iba a morir.

En febrero de 1944, después de una nueva serie de torturas, la dieron por muerta. Fue liberada y salvada in extremis, pero sufrió secuelas irreversibles. Necesitó ocho años de hospital y de cuidados antes de que pudiera ponerse nuevamente de pie. El sufrimiento no la abandonó jamás. Todo aquel maravilloso porvenir que se abría delante de ella, se había derrumbado; nunca más sería pianista. "El sueño de mi vida hecho añicos – contará ella – . Esta renuncia fue terrible de aceptar. Durante años, escuchar tocar el piano me hacía llorar de impotencia y de pena". Maïti tuvo incluso que renunciar a casarse y formar una familia.

"Sin embargo – afirma – yo no odiaba a nadie. De todas formas, no habría servido para nada y no me habría devuelto mis dedos. En ningún momento he transformado mi pena en odio, ni alimentado un resentimiento personal contra ese Leo y sus verdugos".

Si no aborrecía a sus verdugos, Maïti tampoco le echaba la culpa a Dios:

"Cuando descubrí esa relación de persona a persona con Jesús, me di cuenta que Dios no había querido que transitara ese camino de sufrimiento y horror. Comprendí que en el centro de ese sufrimiento Él había estado junto a mí casi físicamente, con su presencia y su proximidad. Había permanecido a mi lado en medio del mal que los hombres habían sido capaces de crear por sí solos. Dios sólo ha permitido ese mal para que, al fin de cuentas, me uniera más a Él. Dios ha estado junto a mí en medio de un sufrimiento espantoso, infligido por los hombres, para ayudarme a seguir adelante y reconstituirme primero, y luego aportar, con mi consentimiento, algo a los demás".

A pesar de su fe profunda, Maïti confesaba: "Ciertamente que no había llegado a la idea del perdón. Para eso también, tendría que recorrer un largo camino". Durante cuarenta años, a diario y sin flaquear, Maïti rezaba por Leo. Lo llevaba en su oración. Llegó a decir: "Siempre he pensado que la desgracia estaba más del lado del verdugo que del lado de la víctima. El hombre no es cruel por naturaleza".

Cuarenta años más tarde, Leo la llama

Maïti necesitaba reconstruirse, y sobre todo asumir su nuevo estado. "Lo que yo ya no era tenía que aceptar entregarlo por completo". Se convirtió en profesora ayudante de filosofía, sacó el permiso de conducir y profundizó su fe cristiana que la ayudó a encontrar un nuevo sentido a su vida: el darse siempre, el crecer en el amor. Lo consiguió, no a fuerza de puños sino invocando la ayuda de la gracia.

¿Habrá sido la gracia la que también permitió aquel reencuentro inimaginable con Leo, cuarenta años más tarde? Maïti así lo intuyó: "Muy pronto sentí un deseo loco de poder perdonar a aquel hombre" Pero había que dejar que la gracia actuara.

Fue él quien la llamó un día de 1984. Sí, aquel hombre que la había destruido, reapareció. Le dijo que estaba en París y que quería verla. Maïti estaba conmocionada; no había preparado ni proyectado nada. Ni siquiera sabía si lo había perdonado de verdad. Acepté encontrarme con él, intentando estar a la altura de la situación, como lo había hecho siempre. Ella misma ha contado este reencuentro en la televisión…[42]

Leo fue a verla en 1984 cuando estaba a punto de morir. Con setenta y dos años parecía un anciano, aterrado por la idea de la muerte. Su médico no le daba ya más que algunas semanas de

---

[42] Testimonio directo de Maïti en el programa "El día del Señor"

vida. ¿Habrá sido la oración de Maïti? Leo sentía la necesidad inexplicable de encontrar a aquella jovencita que había dejado moribunda después de haberla torturado en 1944. Maïti, como los demás, hubiera debido sucumbir algunas horas más tarde. Pero al antiguo SS esa idea ni siquiera se le cruzó por la cabeza, como si intuitivamente supiera que todavía estaba viva. Cuando se conocieron, Leo tenía veintiséis años. Maïti le preguntó cómo habían sido sus inicios en el ejército. Captado por las Juventudes Hitlerianas a los ocho años, había sido arrancado de su familia; luego, como los demás, había sufrido un lavado de cerebro para convertirse en un médico verdugo, un criminal de guerra. Himmler lo había elegido personalmente y estaba muy orgulloso de ello.

Leo recordaba haberla escuchado hablar de Dios a sus compañeros, es decir los otros dieciocho resistentes encerrados con ella en una pequeña habitación donde iba a buscarlos uno por vez para torturarlos. Ella les hablaba de ese amor que los esperaba después de la muerte. Los que resistían la tortura eran llevados moribundos a esa habitación y Maïti los ayudaba a morir. Leo lo había escuchado todo y se acordaba. Ahora que se aproximaba a la muerte, un gran temor se había apoderado de él y quería salir de dudas. "¿Existe algo después de la muerte o caeré en un agujero negro?"

En un primer momento, Leo sólo quería volver a ver a Maïti para saber a qué atenerse. Fue a verla a su departamento parisino y lo primero que le dijo fue: "Vengo a hablarle de la muerte, ¡es urgente!" La conversación duró cerca de dos horas. Maïti le habló de la muerte, afirmándole que Dios nos espera a todos con los brazos abiertos, incluso a los más grandes pecadores, si se arrepienten. Al oír esas palabras Leo sintió aflorar en su mente los recuerdos de las atrocidades que había cometido. La idea del perdón comenzó a germinar en su espíritu. Su cara, de repente, se metamorfoseó. Hasta entones su visión de la muerte era la de un telón de hierro que caía brutalmente y detrás del cual estaría encerrado eternamente sin tener ya ninguna posibilidad de comunicarse con alguien. Maïti le explicó que la tortura más grande en el Infierno era la ausencia de comunicación con Dios, la ausencia de Dios.

Maïti vio, poco a poco, crecer en sus ojos la llama del perdón.

Al cabo de una hora Leo se descruzó de piernas, se enderezó en su sillón, bajó la cabeza y preguntó a Maïti con una gran humildad, como un niño perdido:

– ¿Qué puedo hacer?

¡Era un hecho, la gracia acababa de actuar! Entonces Maïti le habló de Dios y del amor.

– Háblele a Dios, balbucéele. Dios está en todas sus criaturas, incluso en las más entenebrecidas. Ahora sólo tiene que vivir de amor, ya que no tiene más que algunas semanas de vida. Debe poner los medios para ello y no ser más que amor para los demás.

– No puedo – replicó Leo –. He cortado todos los lazos con mi familia y nadie sabe lo que he vivido; todo el mundo ignora que yo era un verdugo. He hecho nuevos amigos y me he convertido en el alcalde de mi ciudad; soy un buen ciudadano, un amigo notorio, estimado por todos.

Sin embargo, la recomendación de Maïti le siguió dando vueltas en la cabeza. Leo y Maïti acababan de vivir unos instantes inolvidables, pero el fruto más bello, lo impensable, estaba aún por venir.

"En el momento de marcharse – contaba Maïti –, Leo estaba de pie a la cabecera de mi cama. Un movimiento irreprimible hizo que me incorporara sobre mis almohadas, aunque eso me resultaba doloroso, y lo abracé para depositarlo en el corazón de Dios. Él me dijo muy bajito: 'Perdón'. En realidad, había venido a buscar el beso de la paz. A partir de ese momento supe que lo había perdonado".

Leo experimentó un terremoto interior. ¡Estaba transformado! Ni bien regresó a Austria, tal como lo relató su mujer después de su muerte, convocó a los miembros de su familia y les develó todo, ¡porque no sabían nada de su pasado de torturador nazi! Terminó su confesión diciéndoles: "Y ahora quiero pasar el tiempo que me queda amándolos". Tuvo para cada uno de ellos una atención particular y concreta. Reunió también a sus amigos de antes y a sus amigos actuales y renovó su confesión. Les declaró que, desde hacía tiempo, ya no sentía en su corazón odio alguno, ni siquiera el odio ideológico debido al nazismo. Luego añadió: "No tengo más que una idea, un deseo, el de pasar las últimas semanas de mi vida realizando actos de amor y de ternura hacia ustedes".

Los invitados no salían de su asombro. Leo se tomó al pie de la letra lo que Maïti le había dicho. ¡Quizá fue para él la única persona que, en toda su vida, le había indicado el camino de la luz!

Algunos minutos antes de morir, Leo no pidió ver a un sacerdote, ni a un pastor. Su mujer le preguntó: "¿A quién quieres ver?" El murmuró: "A Maïti".

33
LA COMPARACIÓN VIENE DEL MALIGNO

Los Padres del desierto nos asombran siempre por la claridad y sobriedad de sus testimonios. Había una vez un monasterio de monjes en pleno desierto de Egipto. Uno de los monjes fue a ver a su abad para quejarse porque, según decía, era testigo de una injusticia y de una falta a la regla de la comunidad. En efecto, un nuevo postulante, el hermano Antonio, disponía de un almohadón en su celda. Las demás celdas, en cambio, no contaban más que con una estera en el suelo. ¿Por qué ese recién llegado tenía derecho a un almohadón y los demás no?

El abad, discerniendo muy rápidamente la trampa en la que había caído su hermano, le hizo las siguientes preguntas:

– Antes de entrar al monasterio, ¿tenías servidumbre en tu casa para el trabajo del campo y las tareas domésticas?

– No, no había necesidad de eso en casa. Ni siquiera nos imaginábamos la posibilidad de tener servidumbre.

– Tú, antes de entrar al monasterio, ¿tenías para comer todos los días?

– No – respondió el monje –, algunos días no teníamos nada. Mi familia era muy pobre y he conocido el hambre.

– Y ahora, aquí en el monasterio, ¿tienes para comer todos los días?

– ¡Sí – contestó el monje – gracias a Dios!

– Antes de entrar al monasterio – continuó el abad –, ¿tenías un techo sobre tu cabeza?

– El techo que teníamos era muy precario; tenía frecuentemente goteras y mi padre no lograba protegernos de la intemperie.

– ¿Y ahora tienes un techo sobre tu cabeza?

– Sí, el techo del monasterio.

– ¿Ves? en el mundo no tenías casi nada, pero al entrar al monasterio te has enriquecido, tu calidad de vida ha mejorado mucho y ahora no te falta nada, aunque vivamos pobremente. El hermano Antonio en el mundo era un príncipe muy rico, vivía en un palacio, los sirvientes proveían todas sus necesidades. Gozaba de un confort extraordinario y podía comprar todo lo que quería. Comía de manera exquisita todos los días. En definitiva, vivía lujosamente. Al entrar al monasterio, renunció a todos sus bienes para seguir a Cristo pobre. ¿Quién de ustedes dos vive más profundamente la pobreza?

El monje comprendió enseguida y dio las gracias a su abad por haberlo ayudado a detectar la trampa en la que lamentablemente había caído al juzgar a su hermano.

¡Cuidado! ¡Peligro! La comparación viene del maligno. Dios no compara; cada uno es único a sus ojos. La comparación frecuentemente nos sumerge en la amargura, la frustración, un sentimiento de injusticia y en la envidia. Ésta nos empuja a ignorar las bondades de Dios hacia nosotros y la belleza específica y única que ha colocado en nosotros cuando nos ha creado. Jesús decía a santa Mechtilde: "Quien se regocija por un don que Dios hace a su hermano y que él no posee, recibirá la misma recompensa que el que posee aquel don".

El monje santo y la prostituta

La tradición oriental de los Padre del desierto nos aporta este aforismo de los primeros siglos de la Iglesia. En un monasterio de Egipto se encontraba un abad muy reputado por su misericordia, porque todos los que iban a verlo partían muy felices después de haber llorado sus pecados. Sorprendía a cuantos se le acercaban por su profunda humildad y su amor ardiente por Cristo.

Su carisma para convertir a los pecadores más endurecidos era muy conocido, por lo que un día le llevaron a una prostituta de la ciudad. Aquella mujer iba provocativamente maquillada; sus cabellos trenzados y adornados con perlas testimoniaban un gran deseo de agradar a los hombres, sin hablar del perfume seductor que emanaba de ella. El abad la acogió con bondad, la dejó hablar un momento y se puso a llorar. Una profunda tristeza lo había invadido, al punto que había perdido el habla. De todo el encuentro con el abad, la mujer no recibió más que sus lágrimas. Viéndolo llorar así, sus hermanos murmuraban entre ellos: "¡Oh, qué gran compasión tiene por los pecadores! ¡Qué bello es ver cómo comunica el sufrimiento de Cristo frente al pecado!"

Cuando la mujer se retiró, el abad siguió sollozando; parecía inconsolable. Uno de los hermanos pensó entonces que habría algún otro motivo y le preguntó:

– Padre, ¿por qué tantas lágrimas?

– Viendo a esa mujer, he comprendido que había pasado largas horas delante de su espejo para ponerse bella a los ojos de los hombres. ¡Y yo, un consagrado, no he sabido pasar tantas horas como ella para verme bello delante de mi Señor!

La tradición oriental de la Iglesia nos enseña que el don más deseable del Espíritu Santo es precisamente el don de lágrimas cuando el corazón está afligido por haber herido a una persona que se ama... ¡o incluso que no se ama! Antes de considerar la tristeza de Cristo ante el pecado de la prostituta, el santo monje acertó a ver en esa mujer una cosa notoria. Como en un espejo, ayudado por su humildad, vio que él mismo no era capaz de vivir su pasión por Dios con la misma intensidad que esta mujer la manifestaba por su cuerpo.

¿Qué moraleja podemos extraer de esta historia?

Hacer un examen de conciencia: ¿qué pasión hemos puesto en el centro de nuestro corazón? ¿Por cuál de nuestros pecados, de nuestros juicios, de nuestras omisiones de caridad, incluso de nuestras condenaciones, lloraremos?

34
¡LEVÁNTATE Y ANDA!

Ugo Festa y el Papa Juan Pablo II (Foto Archivo/autorizada)

Existen personas de las que decimos en mi tierra: "Es preferible tenerlas en foto que a la mesa" o bien: "Las visitas siempre nos alegran; algunas cuando llegan y otras cuando se van".

Hay que reconocer que Ugo era un gruñón de primera y no perdía ninguna ocasión para manifestar su agresividad; peor aún, para proferir blasfemias. Estaba enojado con toda la creación y especialmente con el Creador.

Pero, si examinamos la raíz de su actitud, en su descargo encontraremos un inmenso sufrimiento tanto físico como moral. Desde su más tierna infancia, Ugo se vio afligido por una serie impresionante de males.

Contrariamente al buen ladrón, no tuvo ocasión de cruzarse con la mirada estremecedora de Jesús en la cruz, esa mirada que trastoca el alma y que vuelve ligeras las peores cruces.

Para citar sólo una parte de sus males:

Su vida comenzó muy mal en Piovene Rochette, una pequeña ciudad en el norte de Italia donde nació. Vean si no: abandonado por su madre, fue adoptado. A los diez meses tuvo una otitis bilateral. A los cinco años, contrajo una meningitis tuberculosa y fue hospitalizado por una encefalitis y una adenotectomía. Después sufrió una hemiplejia y empezó a padecer de estrabismo. A los trece fue operado de apendicitis; a los catorce, de una hernia de hiato; a los diecinueve de la vejiga y a los veintidós, de una segunda hernia de hiato. A los veintitrés sufrió una hepatitis viral y un estado delirante que implicó su traslado a psiquiatría; a los veinticuatro, fue afectado por un síndrome con vértigos que resultó ser una neurosis depresiva. Continuamente hospitalizado, sufrió astenia neurocirculatoria. A los veinticinco, una duodenitis evasiva (inflamación del intestino) con dolores epigástricos (a nivel del abdomen). A los veintiséis, empezó a caer en la esclavitud del alcohol y del tabaco. A los veintiocho, tuvo una lomboscitalgia (dolor localizado en la región lumbar y en la trayectoria del nervio ciático). Tener afectados los nervios del pie, derivó en un déficit muscular, una discopatía (artrosis vertebral) y dificultades para caminar; apareció una artritis y continuó hospitalizado. Alrededor de la treintena, sufrió distrofia muscular, epilepsia, crisis convulsivas y una deformación en la columna vertebral; se le pusieron unos catéteres, etc.

Resumiendo, Ugo Festa sufrió una lesión neurológica orgánica del sistema nervioso que le produjo una ligera parálisis de los miembros inferiores (paraparesia) con problemas urinarios y un síndrome comicial (que puede manifestarse con problemas en la conciencia y la percepción, con convulsiones). Estos trastornos le ocasionaron esclerosis en placas, depresión, crisis de epilepsia muy frecuentes, temblores, fallas en los reflejos pupilares y problemas en la visión y en el esfínter. Sufría además de incontinencia urinaria y problemas psíquicos. Todas estas patologías lo condenaron de manera definitiva a una silla de ruedas, sin ninguna esperanza de curación. Durante años fue de hospital en hospital y consultó a un gran número de especialistas. En vano. La medicina se confesaba totalmente impotente. ¡Ugo Festa era incurable!

La desesperación vencida

A los treinta y cuatro años, como último recurso, le aconsejaron a este antiguo obrero de una fábrica de lanas, casado y padre de dos hijos, que fuera a Lourdes. Muy escéptico, había ido a Francia, no tanto con esperanza de curación, sino para encontrar a una verdadera mamá, ya que su madre terrenal lo había abandonado a los nueve meses. No había sido fácil convencerlo de hacer el viaje: desde hacía mucho tiempo vivía una rebeldía muy profunda hacia Dios, a quien juzgaba responsable de su terrible situación. Pero después del baño en el agua milagrosa de las piscinas, Ugo Festa, el blasfemador empedernido, no consiguió emitir improperio alguno. Se confesó por primera vez después de mucho tiempo y pudo hacer las paces con Dios en el sacramento de la reconciliación.

También la Virgen lo esperaba para concederle una gracia: mientras estaba sentado frente a la Gruta y pensaba en su madre natural, escuchó la voz de la Inmaculada que le decía: "Yo soy tu primera Madre y todas las otras madres son tus madres". Era necesaria esa palabra tierna y maternal, esta unción tan particular de la cual María tiene el secreto, para que su vida comenzara a cambiar. Vivió entonces una conversión auténtica, comenzó a orar y tomó la decisión de ofrecer todos sus sufrimientos a Dios.

A pesar de estos primeros pasos, Ugo sufría mucho y seguía paralizado por su discapacidad. Esto le ocasionaba una crisis espiritual profunda que le hacía, a veces, hundirse en la desesperación.

Por suerte, un nuevo regalo divino lo esperaba ¡y no era pequeño!

El giro decisivo se produjo cuando fue a Roma para que le bendijeran unos íconos del Cristo de la misericordia. Allí conoció a la Madre Teresa que lo bendijo y lo reconfortó profundamente.

Juan Pablo II pasa delante de él...

La mañana del 29 de abril de 1990, en la plaza San Pedro, el papa Juan Pablo II pasó delante de él y... ¡oh, maravilla! se detuvo un momento frente a su silla de ruedas, bendijo las imágenes y le preguntó cómo estaba. Ugo aprovechó para expresarle su tristeza, su desesperación y su rebeldía.

"Pero ¿cómo puede usted estar desesperado – le preguntó Juan Pablo II –, si tiene entre sus manos a Jesús misericordioso? Abandónese completamente a Dios y encomiéndese a la intercesión de mi hermana Faustina Kowalska[43]"

El Santo Padre le recomendó también que fuera a Villazzano, en la diócesis de Trento, a la "Villa O Santissima", un santuario donde tiene la sede la asociación Alianza de la Divina Misericordia[44].

Sin gran convicción Ugo decidió seguir la recomendación del Santo Padre y llegó a la "Villa O Santissima" justo cuando tenía lugar una semana de evangelización y de espiritualidad. No esperaba recibir ninguna gracia particular. Tenía la impresión de estar rodeado por exaltados y fanáticos. El primer día de oración fue traumatizante, pero se dejó convencer por las personas presentes y decidió quedarse. En aquel lugar de recogimiento, su estado

---

[43] Santa Faustina Kowalska (1905-1938) es una religiosa polaca que fue favorecida por numerosas gracias místicas. Jesús, que la llamaba la "Secretaria de mi Misericordia" le ha dictado numerosos mensajes sobre la misericordia divina que ella consignaba fielmente en un diario publicado bajo el título *Diario. La Divina Misericordia en mi alma*. El caso de Ugo fue utilizado para la canonización de sor Faustina.

[44] Villa O Santissima es un santuario donde tiene su sede la Alleanza Dives in Misericordia (A.D.I.M.). Está animado por una comunidad de oración y de estudio dirigida por el padre Renato Tisot, que tomó a Ugo bajo su protección.

anímico mejoró considerablemente, hasta el punto que encontró la fuerza para perdonar a su madre y agradecerle por haberle dado la vida. Pudo dar ese perdón en el curso de una oración por la curación de la vida, de la memoria y de las heridas vividas en el seno materno. Todo el odio que había acumulado desde su infancia brotó con fuerza. Después se apaciguó y recibió, a través del perdón dado, una curación profunda de la relación con su madre. El efecto del perdón hasta suscitó en él el deseo ardiente de ir en busca de su madre y abrazarla con amor. ¡El nudo principal de su vida acababa de desatarse! La fuente inicial de todas sus desgracias y el odio que lo había tenido cautivo en su alma y en su cuerpo desde pequeño acababa de desvanecerse gracias a la fuerza del perdón. Jesucristo ya podía desplegar libremente en Ugo el poder de su amor y de su vida.

¡Dios le regala aún más!

El cuarto día de la sesión, Ugo se encontraba en primera fila en la capilla y rezaba con los demás. De repente, experimentó una extraña sensación: ¡la figura de Cristo del ícono ante el cual estaba rezando empezó a cobrar vida! Ugo veía moverse la ropa de Jesús y cómo Él le tendía los brazos. Tuvo miedo y trató de evitar el gesto del Redentor. Le costaba admitir lo que estaba pasando. Pero Dios es paciente… La visión se repitió cinco veces y, al final, Ugo decidió prestarse al acontecimiento increíble que se le proponía. Por sexta vez, la figura de Cristo salió del ícono y se aproximó a él. El enfermo sintió que alguien lo tocaba. Escuchó entonces la voz de Cristo que le decía: "¡Levántate, deja tu silla de ruedas!" Incluso antes de haber tenido tiempo de reflexionar, Ugo se encontró de pie, con los brazos levantados ante el ícono de Jesús[45].

---

[45] Esta comunidad de Villa O Santissima en Trento ha donado ese ícono a la parroquia de Medjugorje. Ahora se encuentra en la pequeña iglesia de Surmanci, a 15

Era el 2 de agosto de 1990. Ugo Festa había recuperado el uso de sus piernas, la epilepsia había desaparecido y su déficit visual había pasado de 7 dioptrías a menos de 0,7. A partir de ese momento, dedicó su tiempo a rezar y a dar gracias a Dios. Ya nunca más necesitó la silla de ruedas. El 29 de agosto volvió a ver nuevamente al Santo Padre para informarle personalmente de la gracia que había recibido y esta vez llegó ante él a pie, bien firme sobre sus dos piernas.

El milagro fue comprobado por un médico neurólogo providencialmente presente aquel día y según los criterios que se exigen en Lourdes. También ese médico había sido sanado anteriormente ante el mismo ícono de Jesús misericordioso en Villa O Santissima, de un tumor diagnosticado como incurable.

El ex-rebelde da un giro total

Pasemos ahora a los frutos de la misericordia. ¡Después de su curación espectacular, Ugo recorrió el mundo entero para proclamar ante todos, la bondad del Señor hacia los peores casos, como el suyo! Se había vuelto un testigo privilegiado de la misericordia de Cristo. ¡En la India, la Madre Teresa quería estar a su lado y era digno de ver cómo lo inundaba con su ternura! Ugo se enroló como voluntario en su fundación en la India y en África.

En Italia, se entregó en cuerpo y alma al servicio de los pobres. Como apóstol, con su historia increíble, ¿quién era capaz de escucharlo sin resultar profundamente tocado por la gracia? ¿Sin llorar ante semejante amor? Aunque antes había escupido veneno contra Dios y la Iglesia, desde entonces emanaba de él una fuerza que transformaba a los que lo rodeaban. Para dar su testimonio y atraer a los más alejados de Dios, no retrocedía ante ningún obs-

---

kilómetros de esta localidad. Muchos peregrinos van allí a pie para honrar a la Divina Misericordia.

táculo. Fue así como Ugo se expuso a numerosos riesgos en los barrios más peligrosos de las ciudades y junto a las poblaciones desheredadas. Un día, mientras cumplía una misión difícil, fue salvajemente asesinado por un delincuente. Era el 22 de mayo de 2005. Para concluir su historia terrenal de manera magnífica, derramó su sangre por Aquel que antes había derramado la suya por él, Jesús, que lo había salvado de lo peor. Ugo se convirtió así en mártir de la misericordia.

Con motivo de su fallecimiento, un periodista italiano escribió: "La historia de Ugo Festa demuestra cómo, para Dios, ninguna vida es inútil o indigna. Así la vida que Cristo más ama, y que es la más preciosa para Él, es la que parece más desastrosa, la que la mentalidad dominante de hoy quisiera suprimir. Jesucristo puede hacer grandes cosas en esa existencia. Y el lugar del mundo donde lo excepcional se da de manera cotidiana es la Iglesia, lugar privilegiado de la misericordia divina.

35
LA MUERTE DE UN HIJO

Bajo un abrasador sol de verano, el pequeño grupo de los após-toles avanza lentamente por los caminos de Galilea. Jesús va con ellos de sinagoga en sinagoga, de casa en casa. ¡Le gusta tanto hablar con los que se cruzan en su camino, enfermos o sanos, ricos o pobres, sinceros o hipócritas…! Está atento, ante todo, a las almas que divinamente percibe detrás de sus rostros. Acaba de impartir unas enseñanzas fuertes sobre el amor a los enemigos, lo que no ha agradado a todo el mundo. ¡Es normal! Hasta enton-ces, la Torá decía: "Ojo por ojo, diente por diente", que era por cierto más cómodo. Pero su extraordinario poder de curación fas-cina a las masas. Todos hacen lo posible para aproximarse al Maestro. Un simple intercambio de miradas con Él los ilumina y los transforma. De hecho, los sorprende siempre por su compasión y su manera única de volver a dar vida a cada uno y de captar su verdadera necesidad. Caminando a su lado, los apóstoles están frecuentemente desconcertados y se preguntan a veces entre ellos: "¿Con qué nos encontraremos hoy?"

Aquel día, acompañados como de costumbre por una gran multitud, Jesús y sus discípulos se aproximaban a la ciudad de Naím, cerca de Nazaret[46]. En la puerta de esta ciudad se encon-traron con un cortejo fúnebre; una pobre viuda enterraba a su hijo único. Los apóstoles, ya fatigados por su larga marcha bajo un

---

[46] Lc 7, 12 y ss.

sol implacable y las incesantes solicitudes de la gente, temieron lo peor: sin duda Jesús se detendría. No podría permanecer insensible ante el dolor de esas personas en duelo. Además, era posible que el gruñón de Pedro refunfuñara: "¡Muchachos, olvídense de descansar…!"

¡No se había equivocado! Efectivamente, embargado por una fuerte compasión, Jesús atravesó la multitud y no vio más que a la viuda deshecha en lágrimas, toda vestida de blanco, el color del duelo en Oriente. Él sabía cuánto había sufrido ya por la muerte de su marido. Esta nueva muerte acababa de aniquilarla. ¿Cómo saldría adelante sin él? Era la única persona que le quedaba en el mundo. Jesús la miró, ella lo miró. Silencio… Las lágrimas corrían. "No llores", le dijo Jesús con infinita dulzura.

Luego, aproximándose al muerto, lo tocó. Los portadores se detuvieron. Sin más, Jesús se dirigió directamente al difunto con su poder de Creador: *"Muchacho, yo te lo ordeno, ¡levántate!"* En griego, la traducción literal es: *"Despiértate"*. Entonces, el muchacho se levantó y comenzó a hablar. ¿Qué dijo? Lo sabremos en el Cielo.

Jesús se lo devolvió a su madre. Ésta, asombrada, no lo podía creer. Todos estaban maravillados. ¡Con qué alegría glorificaban a Dios! Estaban convencidos de que Jesús era un gran profeta, tan grande como Elías, que también había resucitado a un niño. Ya no tenían dudas: era Dios mismo el que venía a visitarlos en la persona de Jesús. ¡Sólo Él podía resucitar a los muertos!

Misericordia por las personas en duelo

La pérdida de un ser querido es especialmente dolorosa. ¿Quién mejor que Jesús para comprenderlo? ¿Qué siente mirando a esa viuda que acababa de perder a su hijo único? Su corazón se conmueve hasta lo más profundo. Ve con antelación la realidad de su propia Madre: idéntica situación, la Santísima Virgen ha perdido ya a José, su marido, y se dispone a perder a su único hijo. Jesús se estremece hasta las entrañas. Él, el Creador del amor materno, también quiso tener una madre en la Tierra. Deseó nacer de un seno materno y experimentar el intercambio de amor en la intimidad de un hogar humano junto a su madre. Durante treinta años Jesús conoció una verdadera vida de familia.

En su madre ve también a todas esas madres que, a lo largo de la historia del mundo, han vivido, viven y vivirán el desgarrador dolor de la pérdida de un hijo. Movido por una compasión a la vez humana y divina, Jesús comparte en su corazón esos mismos sentimientos y participa de nuestros sufrimientos; los ve y ante todas nuestras lágrimas, interviene.

El Evangelio nos indica qué les preguntará a las mujeres que lo buscan en la tumba, especialmente a María Magdalena: *"Mujer, ¿por qué lloras, a quién buscas?"* Igualmente, en Betania, ante Marta y María que lloraban por la muerte de su hermano Lázaro, Jesús se emociona hasta derramar lágrimas. Seamos muy conscientes de que hoy, Él se conmueve de la misma manera con cada uno de nosotros, cuando lloramos por un ser querido.

Ante la herida abierta

Cuando experimentamos un combate, como éste del duelo, el Demonio interviene e intenta empujarnos a la desesperación; nos incita a rebelarnos contra Dios, a dudar de su amor y a imaginarnos que nuestra situación es injusta. Aquella viuda de Naím hubiera podido pensar: "Soy más vieja que mi hijo; hubiera sido más justo que muriera yo antes que él". La angustia del futuro también puede atacarnos cuando desaparece el pilar de la familia. Nos pueden invadir los celos hacia una mujer que tiene a su marido y a su hijo con ella mientras que nosotros estamos terriblemente solos. Así pueden germinar en nuestro corazón la envidia, la depresión o el deseo de morir. Incluso la cólera contra Dios, cólera que puede empujarnos a excluirlo de nuestra vida. Esto le causa mucha alegría al Maligno[47]. Ante la herida abierta debida a la ausencia de un ser querido, intenta infiltrar en nuestro corazón sus propios venenos que le atormentan sin cesar. Frente a esa herida abierta Jesús tiene un remedio muy poderoso que elimina la desesperación: derrama un bálsamo consolador en el corazón dolorido que, poco a poco, va transformando y transfigurando el sufrimiento.

Pero Jesús no se contenta sólo con ayudar a la viuda, también ayuda al hijo como lo veremos más adelante. Sabemos que, en el momento de nuestra muerte, Dios se revelará a cada uno de nosotros, lo veremos cara a cara y también veremos desfilar toda la película de nuestra vida. Veamos el ejemplo del Fray Daniele.

Fray Daniele Natale y la segunda oportunidad

Esta experiencia le ocurrió a un fraile capuchino italiano en los años cuarenta. Vivía en San Giovanni Rotondo (Italia) y el padre Pío lo quería mucho. El hermano Daniele padecía de un grave tumor en el estómago y aunque había sido desahuciado por los médicos y estaba a punto de morir, el padre Pío le dijo: "¡Ve a Roma para que te opere tal cirujano! Confiado en el consejo de aquel gran profeta fue a operarse. La intervención duró ocho horas y fue un éxito. Pero poco después, fray Daniele estuvo en coma por el espacio de tres días y murió. El padre Pío, conmocionado por la noticia, rogó intensamente por él, haciendo con la Virgen María una especie de trato particular, cuyo secreto sólo conocen los santos. Los amigos del hermano Daniele le habían dicho: "¡Padre Pío, tú le aconsejaste la operación a pesar de la opinión contraria de los médicos; ahora tienes que rezar para que vuelva a la vida!" El padre Pío fue escuchado enseguida: de re-

---

[47] Psicológicamente, el duelo se considera un proceso llamado *elaboración del luto o resiliencia*. Se desarrolla en cinco fases: la negación, la ira, la expresión, la depresión y la aceptación.

pente, fray Daniele se levantó de su lecho mortuorio: estaba vivo y bien vivo; caminaba, hablaba y hasta veía a través de las paredes de la clínica.

Evidentemente, fue bombardeado a preguntas sobre su experiencia en el momento de la muerte. Los detalles que les comparto me fueron contados por un sacerdote y unos laicos que conocieron muy bien a ese hermano. Además, el propio sobrino de fray Daniele, el padre Remigio Fiare, ha dado un testimonio privado que mis amigos de Roma me han transmitido. El hermano Daniele contó que tuvo un encuentro maravilloso con Jesús y que vio también a la Virgen María. Declaró "¡En la Tierra no tenemos ni idea de lo que es el amor de Dios! Me parecía que para Jesús yo era el único objeto de su amor; tenía un deseo loco de unirme a Él de tan fuerte que era el amor y, además, Él me invitaba a hacerlo". En aquel momento, Daniele vio, en una fracción de segundo, desfilar delante de él toda la película de su vida y comprendió que merecía el Purgatorio pues no estaba preparado para ser abrazado por Dios. En efecto, no había confesado algunos pecados, especialmente ciertas faltas relacionadas con el voto de pobreza de las que no se había arrepentido. Tuvo que estar dos o tres horas en el Purgatorio y sin embargo esa purificación le pareció haber durado un siglo.

También dio testimonio de que, en el Purgatorio, tuvo que padecer dos sufrimientos atroces. El primero era no poder ver a Jesús; entonces se apoderó de él una nostalgia indescriptible. Es lo que se denomina la *pena de ausencia:* no se ve a Dios, pero se experimenta un deseo infinito de Él, Bien Supremo. Se tiene la impresión de estar lejos de Él y uno se encuentra ante la imposibilidad de verlo y de gozar de su presencia; pero a la vez la esperanza de volver a verlo consuela al alma. El segundo sufrimiento era aún más doloroso. El Señor le hizo conocer el alto grado de santidad que había concebido para él. Fray Daniele veía incluso todas las gracias que su Creador le había ofrecido en el curso de su vida para que llegara plenamente a ese estado de santidad. ¡Esto deslumbró a Daniele! ¡Qué belleza en aquel elevado grado de santidad! ¡Qué gloria tan magnífica! ¡Qué esplendor! Pero cuando vio lo que realmente había cumplido en la Tierra, se dio cuenta de que había realizado tan sólo una parte del plan de Dios y se apoderó de él un sufrimiento intenso, que describía como una espada que le traspasaba el corazón. "Es demasiado tarde", pensó. ¡Y no tenemos más que una vida allí abajo! En efecto, había desaprovechado parte del sueño que Dios había concebido para él.

¡Entonces vio que el padre Pío se presentaba en el Purgatorio! También vio a la Santísima Virgen y comenzó a implorarle: "¡Oh, Santísima Virgen María, Madre de Dios, obtenme del Señor la gracia de volver a la Tierra para vivir y actuar movido sólo por el amor de Dios" Suplicó también al padre Pío: "¡Por tus atroces dolores, por tus llagas benditas, padre, ruega a Dios que me libere de estas llamas y me conceda continuar mi Purgatorio en la Tierra!" Después se dio cuenta de que el padre Pio hablaba con la Santísima Virgen. Ella inclinó la cabeza y después le sonrió al hermano Daniele. Entonces éste tomó posesión de su cuerpo. El padre Pío le dijo: "¡Yo te había prometido que estaría siempre contigo!" En efecto, la oración del padre Pío había obtenido de la Virgen que se le concediera una segunda oportunidad. Así fue como fray Daniele volvió a la vida. Huelga decir que el personal del hospital que estaba junto a él quedó aterrorizado y comenzaron a gritar porque creían que se trataba de un fantasma ¡incluso, por algunas horas, cerraron con llave la puerta de la habitación donde se encontraba!

A partir de su retorno a la Tierra, el hermano Daniele cambió radicalmente. Convencido por lo que había visto y comprendido del Más Allá, pasó el resto de su existencia en oración, con el rosario constantemente en la mano. Tenía una compasión extraordinaria por los pequeños, los pobres, los discapacitados y los sufrientes de todo tipo y los acogía incansablemente; veía en ellos a Jesús sufriente. Rebosaba de alegría a pesar de tener una pésima salud y haber sido sometido a numerosas operaciones, porque se había dado cuenta del valor del sufrimiento ofrecido a Jesús en la economía de la redención. En una palabra, ¡no desperdició su segunda oportunidad!

Volvamos al hijo de la viuda de Naím... Una vez resucitado por Jesús, seguramente reconsideró su vida en la Tierra, comprendiendo que sólo el amor cuenta y que el resto pasa. Como Lázaro en Betania, como fray Daniele en Italia, ese joven de Naím tendría, a partir de entonces, muchas luces para compartir con sus seres queridos sobre el devenir del alma después de la muerte; y podemos imaginar que eso conmovería también a su madre. Había perdido a un hijo, ¡y recobraba a un testigo de la misericordia!

Fray Daniele Natale en Italia (Foto Archivo/autorizada)

36

SUS CABELLOS OLÍAN A INCIENSO

¿Por qué la Virgen María dice que "la muerte no existe"[48], como si no hubiera sido testigo de la muerte de su esposo José, de su hijo Jesús, de los primeros mártires cristianos y de tantos otros?

Es que, como dice el padre Cantalamessa, "la muerte no es una pared, sino una puerta". Según el Talmud, cuando Moisés murió en el monte Nebo, Dios envió a muchos ángeles para tomar su alma. Pero, ante la grandeza de Moisés, ninguno de ellos se atrevió acercarse a él. ¿Acaso no había hablado con Dios cara a cara? Entonces, Dios decidió buscar Él mismo el alma de Moisés y con un beso de su boca aspiró su alma, por eso está escrito: *"Moisés murió en la boca de Dios"*[49].

Felices los bienaventurados que mueren en la paz de Dios, porque en realidad, se trata de un nacimiento hacia otra vida. En uno de sus numerosos mensajes de impacto en Medjugorje, la

---

[48] Mensaje dado al grupo de oración a través de Jelena Vasilj.

[49] Leamos Dt 34, 5, donde asistimos a la muerte de Moisés: "En aquel lugar murió Moisés, siervo de Dios, en la tierra de Moab". En realidad, el texto hebreo añade: וַיָּ֤מׇת פִּי־יְהֹוָ֖ה ("en la boca de Adonai") que casi todas las Biblias traducen **"según orden de Dios"**. Pero el genio de la lengua hebrea permite afirmar a la tradición judía que –incluso si Moisés murió en el monte Nebo por orden de Dios, después de ver, pero sin poder llegar a la tierra que esperó alcanzar durante cuarenta años- recibió un honor insigne por parte del Señor. De hecho, este texto también puede leerse de esta forma: **"Ahí murió Moisés**, siervo de Dios, en tierra de Moab, **en la boca de Dios"**.

Virgen nos ha hecho una observación sorprendente:

"No, queridos hijos, no saben celebrar la muerte de sus seres queridos de manera adecuada. Deberían celebrarla con alegría, con la misma alegría que sienten por el nacimiento de un niño".

A veces, Dios hiere en carne viva a la manera quirúrgica para elevar a sus hijos a dimensiones que nunca hubieran podido sospechar antes de aquella intervención divina. Florence vive cerca de Lisieux. Su marido y ella han tenido seis hijos. Cuando su primer hijo nació en 1988, estaba tan maravillada al ver en él el esplendor de la vida que, en presencia de su Creador y con una profunda gratitud hacia Él, dejaba escapar de su corazón oleadas de acciones de gracias por el inmenso tesoro que había dado a luz.

Florence ya era una ferviente practicante, pero aquella maternidad fue para ella un avance notorio en su intimidad con Dios y en su alegría de vivir para Él. Se sentía muy pequeña ante semejante maravilla, aquel diminuto nuevo ser depositado en sus manos. Su sensibilidad maternal la llevó a experimentar que la vida de su pequeño Emmanuel no le pertenecía, sino que le había sido confiada por el Creador y que ella debía colaborar con Él para ayudar al niño a ser plenamente lo que es a los ojos de Dios; llegar a ser santo. Nacieron otros hijos y Florence crecía en su amor por todos.

Un día, a la edad de once años, Emmanuel tuvo fuertes convulsiones en el colegio. Se le realizaron todo tipo de exámenes y el diagnóstico los partió en dos: tenía tres tumores cancerígenos alojados en el cerebro, uno de ellos inoperable.

Tan sólo padres que han experimentado la pérdida de un niño pueden intuir el choque. Había dos posibilidades: que Dios les concediera o no una curación milagrosa. Florence y su marido emprendieron un asalto al Cielo mediante una oración muy intensa. La idea de la desgarradora separación les traspasaba el alma.

Como la noticia se difundió enseguida por su entorno, sus seres queridos formaron una cadena de oración y ayuno por el niño. Una persona de aquel grupo conocía Medjugorje y transmitió uno de los mensajes de la Virgen al finalizar una asamblea de oración. Fue así como Florence y su marido descubrieron aquella localidad de Bosnia y Herzegovina donde se aparecía la Virgen. Este improvisado grupo de oración y adoración suscitó numerosas conversiones e inesperados redescubrimientos de Dios.

En cuanto a Emmanuel, estaba feliz y reconfortaba a todos los que iban a verlo a su casa con un nudo en el estómago. Con mucha delicadeza, sus padres le habían revelado la verdad de su estado.

Florence por su parte, comprendió que el Señor se llevaría a su niño. Lo sabía por ese conocimiento profundo e intuitivo de madre, y era indefectible. Renovó por lo tanto su acto de ofrecimiento ante Dios, el mismo que había hecho espontáneamente en el momento del nacimiento de Emmanuel.

Aunque también lloraba mucho, su dolor se entremezclaba con la gloria, como le sucedió a Jesús con la muerte de Lázaro. Su niño había terminado su misión en la Tierra y había que dejarlo ir. "El Señor nos lo ha dado, el Señor nos lo quita. ¡Bendito sea el nombre del Señor!", decía. Su marido y ella volvieron a consagrarlo al Corazón Inmaculado de María y al Sagrado Corazón de Jesús, para que cuando llegara el momento, ellos condujeran a su pequeño hacia su felicidad eterna.

La noche de la partida de Emmanuel, toda la familia estaba reunida junto a él en la unidad de terapia intensiva (¡permiso especial obtenido seguramente por la Virgen!) y el paso fue muy sencillo, como un irse de viaje. Emmanuel ya había sido entregado, no les fue arrebatado. ¡Sus cabellos olían a incienso! Al decir de todos, los funerales fueron más un "encielo" que un "entierro" donde sonrisas y lágrimas se entremezclaban.

El día de Todos los Santos (1° de noviembre) Florence se encontraba en Medjugorje, entre el grupo de peregrinos a los que propuse vivir las cuatro etapas de consagración de nuestra muerte y la de nuestros familiares. Al final de la charla, corrió hacia mí y me dijo:

"¡Esto es exactamente lo que me ocurrió! ¡Ahora comprendo por qué hemos vivido la partida de Emmanuel con tanta paz! Sin angustia, ni frustración, ni rebeldía… Literalmente nos sostuvo la oración. Emmanuel no ha desaparecido; permanece con nosotros y hablamos con naturalidad de él en familia. ¡Con él se nos comunica la paz de Dios!"

Para esa familia tan cristiana, Emmanuel es su enlace con el Cielo, ¡su tesoro muy querido! Él los hace crecer en la fe y les concede aspirar a los bienes que no pasan. Tal como María nos propone, han vivido esa partida como un nacimiento.

Lágrimas sí, pero dulces lágrimas. Ojalá pudiéramos todos vivir un amor verdadero y regocijarnos cuando el ser amado entra en la verdadera vida. *"¡Si me amaran, dice Jesús, se regocijarían de que yo vaya hacia el Padre!"* (Jn 14, 28). Ya decía san Bernardo de Claraval: "Cuando estamos en la Tierra, no hemos nacido aún. Nacemos cuando entramos en el Cielo. En la Tierra estamos en el seno de la Madre de Dios".

¡Consagra tu muerte!

La perspectiva de la muerte es un hecho para todo hombre y muchos le temen. Sin embargo, se trata simplemente del paso de esta vida a la otra, de un verdadero nacimiento. Por eso nos dice la Virgen que la muerte no existe. Cuando habló del padre Slavko, fallecido el 24 de noviembre del 2000, no nos dijo en su mensaje del día siguiente: "Ha muerto santamente", sino "¡Regocíjense conmigo, porque su hermano Slavko ha nacido al Cielo e intercede por ustedes!"

¡Consagra tu muerte! Vivir plenamente en el seno de la Madre de Dios significa desterrar todo miedo a la muerte, miedo a este misterioso nacimiento que se nos ha prometido y del salto a lo desconocido que comporta. Toda buena madre prepara el nacimiento de su hijo con esmero, con una infinita ternura. ¡Cuánto más la Virgen María lo hará por nosotros! Me agradaron mucho las palabras de Vicka Ivankovic: "¡La muerte no es nada, es como pasar de una habitación a otra en una misma casa!". Después se rectificó y dijo: "¡No, ni siquiera es eso, es pasar de un rincón de una habitación a otro rincón de la misma habitación!" "Si la gente supiera hasta qué punto Dios es bueno, no le tendrían nunca miedo a la muerte"[50].

Pero en nuestro mundo envuelto en la niebla del materialismo, ¡hemos perdido la perspectiva última de nuestras vidas! Frecuentemente sólo vemos en la muerte una partida sin retorno, un muro completamente negro, mientras que no se trata de un muro sino de una puerta, puerta que da, por fin, a la vida para la cual hemos sido creados.

Por eso, como hijos e hijas de la Virgen María, es bueno que consagremos nuestra muerte a su Corazón Inmaculado y al Corazón de Jesús, para que ese momento crucial de nuestra existencia le pertenezca ya plenamente a Dios por las manos de María. Para estar completamente seguros de superar el miedo y toda infiltración de angustia que pudieran perturbarnos, incluso paralizarnos; he aquí cuatro etapas, que cada uno puede recorrer a su ritmo:

1. Agradecer a Dios de todo corazón por el **momento** que haya elegido para llevarnos a su Casa. Cualquiera sea ese momento, mañana o dentro de cincuenta años, digámosle a Dios cuánto confiamos en Él, sabiendo que habrá escogido el mejor momento para nosotros, en la perspectiva de nuestra eternidad.

2. Avancemos más y agradezcámosle por la **manera** que haya escogido para llevarnos. ¡Que nuestra imaginación no nos haga fabricarnos una película! ¡Sufriríamos entonces por adelantado por algo que con seguridad no ocurrirá de esa manera! Al contrario, hagamos callar a la loca de la casa – la imaginación – para hacer un acto de abandono total en las manos de Aquel que sabe mejor que nosotros lo que necesitamos.

3. Pasemos a una nueva etapa y agradezcamos a Dios por el **momento** que haya elegido para llevarse a su casa a **la persona**

---

[50] Ver el viaje de Vicka Ivankovic y de Jakov Colo cuando la Virgen María en 1981 se los llevó a visitar el Cielo, el Purgatorio y el Infierno en *Medjugorje, el triunfo del corazón* de Sor Emmanuel, Ed. Paulinas.

que nos es más querida. ¿Mañana? ¿Dentro de cincuenta años? ¡Bendito sea Él! porque esa elección divina es la mejor para esa persona, para su felicidad eterna. Aquí la confianza en Dios es grande, porque nace del abandono a su santa voluntad de amor.

4. Finalmente, agradezcamos a Dios por la **manera** que haya elegido para **llevarse a ese ser querido.**

Esta acción supone un profundo trabajo interior, y no siempre fluye fácilmente, porque podemos encontrarnos con fuertes resistencias. Es la ocasión para recurrir con la confianza de los niños hacia nuestro Padre… Para nosotros, adultos que hemos recibido golpes y que queremos mantener el control de nuestro futuro, ¡eso puede tomar tiempo! Pero con una fuerte determinación, ayudados por la gracia de Dios y por una fe viva en su amor, terminaremos por pronunciar nuestro "Sí". Y el gran regalo que se desprende de ese "Sí", de ese abandono confiado a los planes divinos, es la curación de nuestros miedos, incluso de nuestra angustia ante la muerte. Es la serenidad ante todo acontecimiento agradable o desagradable, porque sabemos en Quién nos hemos fiado. ¡Hemos realizado una inversión segura! En manos de semejante Padre y de tal amor ¿cómo podría invadirnos el miedo? ¿cómo osaría la angustia predominar en nosotros? Si Jesús, en el jardín de Getsemaní, cargó sobre sí todas nuestras angustias, ¿acaso no era para ayudarnos a superarlas?

Emmanuel de Villequier
en Francia
(Foto Archivo /autorizada)

37
UN COMA DE LUZ

En Texas, el padre Tim Deeter era vicario de la parroquia Santa María y también capellán nocturno de un gran hospital católico. Trabajaba allí cuando los médicos terminaban los exámenes y recorridas de la jornada, y las visitas, la familia y los amigos ya se habían retirado. Dado el número de enfermos para visitar, la tarea era muy grande. Los pacientes que iban a ser intervenidos quirúrgicamente al día siguiente se quedaban solos. Era entonces, más que en cualquier otro momento del día, cuando solían pedir la presencia del sacerdote.

Cada noche, el padre Tim asistía a muchísimos enfermos, pero no dejaba nunca de visitar a Elena, que estaba en coma desde hacía varias semanas. Sabía que una persona en coma todavía puede escuchar, porque la audición es el último sentido que se pierde. Cada vez, rezaba junto a ella un Padrenuestro, un Avemaría y un Gloria. Luego como la cosa más natural del mundo, le hacía una síntesis de las últimas noticias del día: deportes, meteorología, artes y espectáculos, etc.

Pero una tarde, al haberse alargado la lista de personas de su recorrida, el padre Tim pensó en postergar para el día siguiente su visita a Elena. "¡Además – se decía –, ella no responde de forma normal, entonces, si no voy una noche, no tendrá mucha importancia!". Sin embargo, después de haber terminado todas las demás visitas, no conseguía apartar el pensamiento de que, por lo menos, debía ir a verla.

A las tres de la mañana, entró en la habitación de Elena sin encender la luz, porque la luna brillaba lo suficiente para iluminar la habitación. Sentado en una silla junto a su cama comenzó a rezar rápidamente las oraciones habituales, pensando que con eso bastaría. No obstante, tenía una profunda sensación de que su tarea no había terminado con respecto a ella. En efecto, algo (¿o Alguien?) le dijo que debía proponerle recibir el sacramento de la reconciliación. ¿Quién sabe si había tenido ocasión de confesarse antes de su enfermedad?

Entonces, inclinándose hacia ella, el padre Tim le murmuró al oído: "¿Quieres recibir la absolución sacramental de tus pecados? Te dejo un momento de silencio durante el cual podrás confesar tus pecados a Dios en tu corazón". Poco después, el padre recitó lentamente el acto de contrición y pidió a Elena que lo rezara en silencio al mismo tiempo que él. Después le impuso las manos y le dio la absolución de todos sus pecados (cabe señalar que la palabra *absolución* no significa "perdón" sino "liberación").

¡El padre Tim no olvidará jamás el choque que recibió en aquel momento! Mientras pronunciaba las últimas palabras de la absolución, ¡Elena se incorporó repentinamente en su cama! Con los ojos abiertos, alargó los brazos hacia adelante y, sonriendo, gritó ¡"Jesús"! El padre Tim se estremeció. A continuación, dirigió su mirada hacia la pared que Elena miraba fijamente y en la penumbra del claro de luna observó un pequeño crucifijo de madera. Volviéndose de nuevo hacia Elena, vio que había caído sobre la almohada, muerta. El padre Tim necesitó varios minutos para comprender lo que había ocurrido y aquietar su mente. Algo en la vida de aquella mujer la había retenido en esta vida, pero una vez desatado aquel lazo, había quedado liberada para ir con Jesús.

El día del funeral, la hermana de Elena fue a saludar al padre Tim. Había oído decir que él había asistido a su hermana en el momento de su muerte. El padre precisó que le había dado la absolución, aunque estaba en coma. Llena de gratitud y con lágrimas en la voz, esta mujer le reveló un hecho de su infancia: "Cuando Elena y yo éramos pequeñas, nuestros padres nos enseñaron a pedir todas las noches al Señor, en la oración, la gracia de una buena muerte (es decir, una muerte en estado de gracia). Ahora sé que Dios ha escuchado nuestras oraciones y le agradezco que mi hermana haya muerto en paz".

El padre Tim me contó que solía decirles a los pacientes en coma: "Mira, te tomo ahora la mano y si deseas recibir la absolución de tus pecados hazme una pequeña señal apretándome suavemente la mano". Frecuentemente, con sus pobres fuerzas, los pacientes respondían con una ligera presión, indicando así que lo habían escuchado, lo habían comprendido todo y que deseaban recibir ese sacramento. ¡Estos hechos hoy son para proclamarlos desde todas las azoteas!

38

EL S.O.S. DE LAS ALMAS DEL PURGATORIO[51]

No debemos olvidar nunca que uno de los mayores actos de misericordia es el de rezar por las almas del Purgatorio. Por supuesto que honramos a nuestros difuntos con hermosos funerales, coronas de flores y diversas señales de afecto; pero cuando las almas han dejado este mundo, sólo la gracia de Dios puede ayudarlas. Disponemos de muchos medios espirituales para obtener de Él esas gracias: nuestras oraciones y nuestros sacrificios, la celebración de misas y la ofrenda de nuestros propios sufrimientos por sus intenciones, las indulgencias ofrecidas por la Iglesia, por no citar más que esas.

A diez minutos de nuestra casa se encuentra el cementerio donde descansa el padre Slavko Barbaric, además de Nado, Iva y algunas otras personas queridas. Me resulta fácil ir allí porque me gusta mucho ese lugar tranquilo donde están enterrados nuestros amigos invisibles. Al llegar a ese cementerio hablo a corazón abierto con las almas que aún podrían estar en el Purgatorio: "Queridas almas del Purgatorio, yo sé que están necesitadas y cuánto desean nuestras oraciones para ir al Cielo. Entonces, aquí estoy. ¡Vengo a ayudarlas con alegría! Por mi parte, también yo necesito su ayuda, por lo tanto, no se olviden de mí. ¡Sé que su

---

[51] Las siglas S.O.S. significan "Save Our Souls" (Salva nuestras almas)

oración es poderosa! Concédanme la gracia de..., se lo ruego".
He notado que, si les ofrezco una novena o si rezo un rosario por
su intención en el cementerio, durante nueve días seguidos, escasos
son los favores que no me son concedidos, ¡y eso que no les pido
pequeñas cosas!

El Purgatorio es un lugar de gran misericordia; tratemos de
comprender mejor esta realidad, que hoy está demasiado olvidada,
incluso es negada en los medios católicos o entre los miembros
del clero.

El fuego que transforma

Encuentro del P. Slavko Barbaric con el Cardenal Ratzinger en Viena
(Foto Archivo/autorizada)

"El Purgatorio no es un tercer camino intermedio entre la salvación y la condenación. Está definitivamente del lado de la salvación para el alma que aún necesita de una purificación final
para ser capaz de Dios... El Purgatorio tampoco es una sala de
espera o una especie de campo de concentración en el Más Allá,
donde el hombre debería sufrir los castigos que le serían impuestos
de una manera más o menos positiva" (J. Ratzinger *La Muerte y
el Más Allá*, p. 238)

"El Purgatorio es un proceso interno y necesario de transformación del hombre por el cual éste llega a ser capaz de Cristo, capaz de Dios; y en consecuencia, capaz de unirse a toda la comunión de los santos. Digámoslo claramente, no hay tres elecciones posibles después de la muerte, cuando veamos a Cristo cara a cara, sino dos. O bien aceptamos su salvación o la rechazamos (la condenación). Aceptando su salvación, muchos de entre nosotros no estaremos suficientemente preparados para vivir en su presencia y es así que esa presencia, a pesar de ser puro amor, será dolorosa. Ése es el fuego de la purificación del que habla san Pablo. El Purgatorio no es, por lo tanto, una sala de espera, una penitencia previa a la visión de Dios, sino que es esa misma visión, aún dolorosa, por el hecho de la condición todavía pecadora del salvado. En el Purgatorio esta visión de Dios se experimenta como una pena tanto como un beneficio. Como si fuera una violencia hecha a nuestra impureza, y esa violencia purificara a la persona de sus impurezas.

Cada vez más teólogos, apoyándose en la tradición, piensan que es la misma presencia del Señor la que purifica y no la espera de esta presencia en un "lugar" separado del Cielo.

Es el encuentro con Él lo que, quemándonos, nos transforma y nos libera para hacernos volver verdaderamente nosotros mismos. Lo que hemos realizado durante la vida puede entonces revelarse como paja seca, jactancia vacía y derrumbarse. Pero en el sufrimiento de este encuentro, donde lo impuro y lo malsano de nuestro ser se nos hacen evidentes, se encuentra la salvación. La mirada de Cristo y el latido de su corazón nos sanan gracias a una transformación ciertamente dolorosa, como "por el fuego". Sin embargo, es un feliz sufrimiento, por el cual el santo poder de su amor nos penetra como una llama, permitiéndonos, al fin, ser totalmente nosotros mismos y con eso, totalmente de Dios.

El Purgatorio sería como un deslumbramiento doloroso, pero temporal. Si nos quedáramos un largo tiempo en una oscuridad total y, de golpe, saliéramos a plena luz del sol de mediodía, nuestros ojos se cegarían y sufrirían durante un tiempo de adaptación a esa luz. Esta ceguera puede durar mucho tiempo y el dolor puede ser muy intenso, según el grado de oscuridad en el que vivíamos antes. La presencia de Cristo que colma al alma de alegría es, de alguna manera, dolorosa, no porque Dios la castigue, sino más bien porque no está preparada plenamente para esa luz"[52]

Los místicos nos lo aclaran

Muchos santos han vivido experiencias aleccionadoras con el Purgatorio. Cada místico agrega un elemento que le es personal, acerca de una doctrina que no varía: la que enseña la Iglesia. Es asombroso ver hasta qué punto sus revelaciones se entrelazan y develan las mismas realidades, sin haberse conocido entre ellos. Algunas luces sacadas de sus obras pueden alimentar nuestra esperanza.

Cuando santa **Mechtilde de Hackebron** (1241-1299) terminó de rezar su oración dominical por las intenciones de las almas del Purgatorio, tuvo la visión de un gran número de almas que, en medio de una inmensa felicidad, daban gracias a Dios por su liberación. Mechtilde se alegró y luego supo de la muerte de cierta persona. Se apresuró entonces a rezar cinco Padrenuestros en honor a las cinco llagas de Cristo en la cruz. Un día, deseosa de saber qué alivio había recibido aquella alma, después de su oración, el Señor le respondió: "El alma ha recibido cinco favores: a la derecha, los ángeles han extendido sobre ella su protección; a su izquierda, le han proporcionado el consuelo; delante de ella, le han dado la esperanza; detrás de ella, la confianza y por encima de ella, la alegría celestial". Luego el Señor agregó: "Cualquiera que, en un ímpetu de compasión y de caridad, interceda por un difunto, participa de todo el bien que se realiza por medio de esa alma en la Iglesia. El día en que el intercesor deje este mundo,

---

[52] Fuente encíclica de Benedicto XVI: *Spe Salvi* (47)

encontrará todos esos favores preparados para su propio alivio y para la salvación de su alma".

Un día en que santa **Brígida de Suecia** (1303-1373) oraba, oyó voces que provenían del Purgatorio y le decían: "Que les sean devueltas gracias a aquellos que nos aportan alivio a nuestro sufrimiento; ¡su poder es grande! Oh, Señor, devuelve el céntuplo a nuestros bienhechores que nos permiten llegar más rápido a la mansión de tu divina luz".

Santa **Catalina de Siena** (1347-1380) refiere palabras de Jesús sobre el Purgatorio: "Si miras hacia el Purgatorio, encontrarás mi dulce e inestimable providencia para con esas almas dolientes. Estando ahora separadas de su cuerpo, ya no tienen tiempo para adquirir méritos. A través de ustedes que aún están en la vida mortal y tienen tiempo para ellas, Yo proveo a sus necesidades. Gracias a la limosna, al oficio divino que hacen rezar a mis ministros (la misa), gracias al ayuno y a las oraciones hechas en estado de gracia, pueden abreviar el tiempo de sus penas, confiando en mi misericordia".

Santa **Catalina de Génova** (1447-1510) escribe en su *Tratado sobre el Purgatorio*: "Ninguna alegría es comparable a la de las almas del Purgatorio, excepto aquella de los santos en el Cielo, la cual crece sin cesar por el "derramamiento" de Dios en esas almas, a medida que desaparecen los impedimentos. Ellas soportan tormentos que ninguna lengua puede describir, ninguna inteligencia comprender, a menos que les sean revelados por una gracia especial. El alma, al dejar el cuerpo y no encontrando en ella la pureza en la cual ha sido creada, viendo también los obstáculos que retardan su unión con Dios, y comprendiendo que sólo el Purgatorio puede eliminarlos, se arroja entonces en él, pronta y voluntariamente, comprendiendo que, en razón de sus faltas no expiadas, no puede acercarse a Dios. Ella misma elige el Purgatorio. Sabe que es una gran misericordia para ella.

Allí ve, a la luz divina, que Dios no cesa de atraerla y de conducirla amorosamente a su última perfección, con un tierno cuidado y una continua providencia, y que lo hace, únicamente, por puro amor hacia ella; y eso la consume aún más por el deseo de devolver a Dios amor por amor y unirse a Él. Cuando el alma evalúa todo esto, si pudiera encontrar un Purgatorio más doloroso para ser purificada más rápidamente, se sumergiría enseguida en él, empujada por el amor ardiente que siente por Dios y que Dios siente por ella.

Se enciende en ella tal deseo de ser transformada en Dios, que su Purgatorio consiste en ese deseo que la consume. Sentir en sí un impulso ardiente hacia Dios y no poder satisfacerlo es para ella el verdadero Purgatorio. El amor que procede de Dios, y rebota en el alma, causa en ella un gozo inexpresable; pero ese gozo no quita a las almas del Purgatorio ni una chispa de su pena. Así tienen al mismo tiempo una alegría extrema y un sufrimiento extremo, sin que una sea obstáculo para el otro.

En el Purgatorio, las almas sufren de dos maneras: por un lado, sufren de buen grado sus penas, porque se dan cuenta de que Dios es muy misericordioso con ellas y saben que con toda justicia han merecido esas penas; por el otro, se alegran al ver con cuánto amor y misericordia Dios actúa hacia ellas.

Como están en estado de gracia, ellas captan esas dos modalidades cada una según su capacidad. Se ocupan intensamente de Dios, mucho más que de sus penas y las consideran una nada en comparación con Dios".

Santa **Francisca Romana** (1384-1440) recibió visiones del Cielo, del Purgatorio y del Infierno. Definió el Purgatorio como el reino de los dolores, dividido en diferentes regiones, donde las penas están en proporción con la gravedad de las faltas. Las oraciones y las buenas obras ofrecidas para cierta alma del Purgatorio son aplicadas enseguida a favor de esa alma, pero no en forma exclusiva. En efecto, otras almas también pueden beneficiarse. Si el alma en cuestión ya está en la gloria, los méritos de las oraciones y de esas buenas obras sirven a otras almas que aún sufren en el Purgatorio.

Santa **Teresa de Ávila** (1515-1582) nos comunica una de las mayores gracias que recibió. En una visión, Dios le mostró el Infierno y el lugar que le estaba reservado si hubiera continuado viviendo en la tibieza y superficialidad, incluso en la vida religiosa. A partir de entonces fue poseída por un deseo infinito de preservar a las almas de ese abismo. En su libro *El castillo interior*, describe el tormento que sufren las almas del Purgatorio a causa del ardiente deseo que tienen de la visión beatífica de Dios. Ese tormento puede alcanzar el paroxismo, pues no es sentido en el cuerpo, sino en lo íntimo del alma. Ésta se consume por una sed ardiente de poseer a Dios, cuando aún no puede beber de esa "agua".

Santa **María Magdalena de Pazzi** (1566-1607), carmelita, tenía frecuentes éxtasis. En concreto vio a su propio hermano Alamano en el Purgatorio. "¡Oh, pobre hermano mío – exclamó – te veo sufrir terriblemente! pero, consuélate. Sabes que esas penas te abren el camino de la beatitud eterna. Veo que no estás triste. Soportas estas penas inmensas con gusto y eres feliz. Mientras estabas en este mundo, no quisiste escucharme cuando te llamaba la atención y te daba consejos, y ahora, ¡quieres que sea yo quien te escuche! ¿Qué quieres de mí?" Su hermano le pidió un número determinado de misas y de santas comuniones por su intención, lo que se apresuró a hacer para su liberación. Quedó extremadamente impactada al ver también a religiosos en el Purgatorio.

La venerable **Orsola Benin Casa** (1547-1608) tenía gran devoción por las almas del Purgatorio y, a veces, cargaba con sus penas. Un día, estaba a la cabecera del lecho de su hermana Cristina que se estaba muriendo. Vio que estaba invadida por un gran temor hacia el Purgatorio. Para confortarla y liberarla de esa angustia, Orsola pidió a Dios que dirigiera las penas del Purgatorio de la moribunda hacia ella y la dejara sufrir en su lugar. El Señor aceptó su oración y, de repente, Cristina fue liberada de sus tormentos y temores y murió en paz. En cambio, Orsola se vio invadida por grandes dolores que no la abandonaron hasta su muerte.

Teresa Musco (1943-1976), nació en Caiazzo, Italia, en el seno de una familia de modestos agricultores. Consagrada al Señor en la tercera orden franciscana, tenía un amor particular por las almas del Purgatorio. El 2 de noviembre de 1962, al no poder ir al cementerio, rezaba en su cuarto y se unía a esas almas. Mientras estaba absorta en su oración, vio de repente su habitación llena de gente. Dio entonces un grito de alegría, pues esas personas la saludaban diciendo: "Tú nos has liberado de las penas del Purgatorio". Acto seguido todas desaparecieron. Eso la animó a trabajar aún más por esas almas, ofreciendo sus enfermedades por ellas. Consagraba la mitad de sus escasos ingresos para la celebración de misas a favor de ellas.

Natuzza Evolo (1924-2009) desde la edad de catorce años manifestaba señales místicas. No sabía leer ni escribir, pero llegó a ser para toda Italia como un nuevo Padre Pío. Tenía apariciones de difuntos que conversaban con ella sobre el Cielo, el Purgatorio y el Infierno. Las que se encontraban en el Purgatorio le reclamaban siempre oraciones y limosnas (ella era muy pobre), sufragios y sobre todo, la celebración de misas para aliviar sus penas. Natuzza invitaba a todo el mundo a recuperar el sentido profundo del pecado. Ella decía que una de las mayores desgracias de nuestro tiempo es precisamente la pérdida completa del sentido del pecado. Las almas del Purgatorio son muy numerosas. Eso nos hace comprender, por un lado, la misericordia de Dios que salva la mayor cantidad de almas posible y, por otro, los defectos y las carencias hasta en las mejores almas.

Santa **Faustina Kowalska** (1905-1938) frecuentemente era favorecida con apariciones de Jesucristo, que la denominaba *Secretaria de su Misericordia*. Ella recibía de su parte palabras que hoy dan la vuelta al mundo e invitan a los fieles a abandonarse, sin ninguna reserva, a la infinita misericordia divina. Sus palabras fueron consignadas en su obra, *Diario. La Divina Misericordia en mi alma,* un libro de cabecera y best seller en las librerías.

"Protegeré durante toda su vida, como una tierna madre a su criatura, a las almas que propaguen la veneración de mi misericordia. En la hora de la muerte, Yo no seré para ellas un juez, sino el Salvador misericordioso. Cuando llega su última hora, el alma no tiene nada para su defensa salvo mi misericordia. Feliz el alma que, durante su vida, se alimente de la fuente de mi misericordia, porque la justicia no la alcanzará". (1074)

"Todo lo que existe está oculto en el corazón de mi misericordia, más profundamente que el niño en el seno de su madre. ¡Cuánto me hiere la incredulidad en mi bondad! Son los pecados de desconfianza los que más dolorosamente me hieren" (1075)

Dejemos la última palabra a santa **Teresita del Niño Jesús** (1873-1897) Hubo una animada discusión en el Carmelo de Lisieux entre Teresita y la madre Fébronie. Ésta estaba segura de ir al Purgatorio, mientras que Teresita defendía la confianza en la misericordia, confianza que puede ahorrarnos el tiempo de purificación en el Purgatorio. Caso perdido, la madre Fébronie continuó insistiendo a raja tabla en su visión de la justicia divina. Teresa le replicó: "Hermana, usted quiere la justicia de Dios, entonces, ¡tendrá la justicia de Dios! El alma recibe de Dios exactamente aquello que espera". Poco tiempo después, la madre Fébronie murió y Teresa soñó con ella e hizo el siguiente comentario: "La hermana pide que se rece por ella; está en el Purgatorio por no haber confiado lo suficiente en la misericordia de Dios. Por su aspecto suplicante y su mirada profunda parecía decirme: 'Usted tenía razón, toda la justicia se cumple sobre mí, pero es culpa mía, porque si le hubiera creído, hubiera ido directamente al Cielo'. Nunca será demasiada la confianza en la bondad de Dios, tan poderoso y tan misericordioso. ¡Recibimos de Él tanto como esperamos[53]!", dirá Teresa.

---

[53] Un hermoso ejemplo, relatado por María Simma (Austria), demuestra en qué medida *"la caridad cubre la multitud de los pecados"* (1 Pe 4,8). Ya he publicado este testimonio en *El sorprendente secreto del Purgatorio*, pero es tan llamativo que no vacilo en citarlo una vez más:
"Conocí a un joven de un poblado vecino que había sido cruelmente devastado por una serie de avalanchas, con gran número de muertos. Sucedió en 1954. Una noche este joven se encontraba en casa de sus padres cuando escuchó el estruendo de un derrumbe muy cerca de allí. Podía oír gritos realmente desgarradores: "¡Auxilio! ¡Vengan a ayudarnos! ¡Estamos atrapados bajo una avalancha!" De un salto

La autora entrevista a María Simma, © Enfants de Medjugorje

se levantó de la cama y corrió para rescatar a la gente. Su madre también había oído los gritos y quiso impedirle que saliera. Le bloqueó el paso diciendo: "¡No! ¡Deja que vayan otros! ¿Por qué siempre hemos de ser nosotros? Es demasiado peligroso salir. ¡No quiero una muerte más!" Pero él, conmovido por los gritos, realmente quería socorrer a esas personas. Apartó a su madre y le dijo: "¡Sí, voy a salir! ¡No puedo dejarlos morir así!" Y salió. En el camino fue alcanzado por un alud y murió… Dos días después de su muerte vino a visitarme por la noche y me dijo: "Manda decir tres misas por mí y seré liberado del Purgatorio". Fui a informar a sus familiares y amigos quienes se sorprendieron al saber que con tan sólo tres misas saldría del Purgatorio. Sus amigos me dijeron: "No hubiéramos querido estar en su pellejo a la hora de la muerte… ¡Con todas las que se mandó!" Pero este joven me dijo: "Sabes, hice un acto de amor perfecto al arriesgar mi vida por ellos; fue gracias a eso que el Señor me acogió tan prontamente en el Cielo".

39

JACQUELINE Y MADRE TERESA, UNA UNIÓN DE ALMAS CREADORA

"¡Ya llegué!" Jacqueline de Decker exulta de alegría. Su sueño más preciado y profundo, ese deseo que la devoraba desde hacía meses, se ha realizado. ¡Acaba de aterrizar en la India! Ha cambiado la ropa de abrigo de su Bélgica natal por un simple sari de algodón que desentona un poco con su pálida tez de nórdica. De origen aristocrático, rica y culta, se contenta con muy poco: come la comida de los pobres, se sienta en el suelo, duerme sobre una estera en el duro suelo en compañía de grandes lagartos verdes y de otros visitantes nocturnos del reino animal. Se asea en una canilla atornillada a una pared de cemento alisado; y no mencionemos la electricidad que tan frecuentemente se corta.

Todo comienza para ella en Patna, capital del estado de Bihar, al noreste del país, uno de los más pobres de la India. Jacqueline, a pesar de ser una belga de pura cepa, está como en su casa en ese rincón del fin del mundo.

¿Cómo en su casa? ¡Sí! Hay dos razones por las cuales uno se encuentra como en su casa en algún país: ya sea por el hecho de haber nacido allí, o por haber sido llamado a estar allí.

En lo que respecta a Jacqueline, ha recibido de Dios un llamado profundo e incuestionable para servir en la India, confirmado por su director espiritual, un jesuita que la animó sin reservas. Pero apenas puso un pie allí, el 30 de diciembre de 1946, aquel buen sacerdote murió repentinamente. Jacqueline se encontró sin apoyo espiritual; y en el plano material, habiendo llegado con las manos vacías, sumida en una pobreza total.

En Patna, en la capilla de un centro médico cristiano, conoce a una religiosa albanesa que habla un inglés muy sencillo, marcando mucho las erres. Luego de haber vivido varios años en el convento de las religiosas de Loreto en Darjeeling, aquella mujercita enérgica y determinada estaba haciendo una breve formación en enfermería para poder servir mejor a los pobres de las villas miseria. ¿Su nombre? Teresa. Las dos mujeres perciben al instante que se encuentran vibran en la misma sintonía. Ambas arden con un mismo fuego, el de inclinarse sobre Jesús doliente escondido en los más pobres de los pobres. Desean calmar su sed de amor torturante, disimulada en aquellos a quienes nadie quiere. El llamado es visceral, innegable. Su inmensa compasión para con los miembros dolientes de aquella población quebrantada, las unía profundamente. Ya adolescentes, cada una por su cuenta, había decidido consagrar su vida a Dios. En la alegría de descubrirse "almas gemelas", Jacqueline y Teresa intercambian sus visiones y sus esperanzas con pasión.

¿Por qué no trabajar juntas? Jacqueline concibe la idea de unirse a la nueva fundación de la Madre Teresa, y allí van las dos, camino a Calcuta.

¡Calcuta! ¿Qué es lo que tanto atrae a Jacqueline de esa ciudad mal construida por los ingleses, en la zona más insalubre de Bengala? ¿Aquel calor húmedo que se pega a la piel? ¡Ciertamente, no! ¿El pueblo hindú, tan conmovedor por su dulzura natural y su humildad? Tampoco. ¿La pequeña comunidad cristiana tan ferviente que Juan Pablo II describió como los mejores cristianos del mundo? Tampoco. ¿Entonces, qué?

Desde su descenso del avión en Netaji-Subhash-Chandra-Bose, el aeropuerto internacional de Calcuta, el clima húmedo y tórrido del país la atrapó, sin hablar de aquel olor indefinible y único en el mundo. ¡Por fin, había llegado a destino!

Las villas miseria que circundan la ciudad de Calcuta, los niños famélicos, los ancianos abandonados en las esquinas de las calles, los adivinos que pretenden atrapar a los ingenuos, las mujeres que escarban en las pilas de basura con la esperanza de encontrar algún alimento tirado por los ricos, los mendigos harapientos que ya no saben qué inventar para dar lástima, aunque tengan que cortarle un brazo a un hijo para asegurar la supervivencia de sus otros hijos... Es el mundo de la miseria. ¡Esto era precisamente lo que Jacqueline había venido a buscar! "¡Este es mi lugar, éste es mi llamado!" se dice a sí misma.

Y allí está trabajando junto a la Madre Teresa, irradiando felicidad. Ante el ejemplo de esta santa religiosa, tan intrépida en sus emprendimientos para con los pobres y tan persuasiva con cuantos pueden llegar a ayudarla en sus obras, Jacqueline aprende cada día más la manera de socorrer a los moribundos y de devolverles su dignidad de hijos de Dios, ¡de hijos del Rey! Especialmente, se impregna del secreto que constituye la pieza clave de toda la acción y la fuente de toda esta increíble bondad: las horas de adoración cotidiana pasadas ante Cristo presente en el Santísimo Sacramento.

La vida cotidiana y el ritmo de trabajo resultan físicamente muy duros para Jacqueline porque, aun con la mejor voluntad del mundo, la naturaleza no puede borrar sus orígenes acomodados y las fragilidades que derivan de ellos. Pero la coincidencia perfecta entre el llamado profundo que resuena en su alma y esa existencia radical entregada a Dios en los pobres, todo aquello bajo la guía de una mujer extraordinaria colma a Jacqueline de una felicidad inefable. La unión de almas que vive con la Madre Teresa es tan intensa, su colaboración tan estrecha, que la futura santa de Calcuta ve en Jacqueline "a su otro yo"[54]. La pequeña fundación crece en medio de las pruebas gracias a su profunda unidad.[55]

---

[54] La Madre Teresa definió a "su otro yo" como "un alma gemela que ofrecería a Dios sus oraciones y sufrimientos por la Madre Teresa y el fruto de su trabajo. Madre Teresa a su vez ofrecería sus oraciones y apostolado por Jacqueline" (Come Be My Light, p. 146)

[55] En Medjugorje, la Virgen hace especial hincapié en la importancia de la unidad de los corazones en la familia y en los grupos de oración; llega incluso a decirles a los jóvenes del grupo de oración creado por ella en 1982: *Si están unidos entre ustedes entonces su grupo será más poderoso que una central nuclear*.

Sin embargo, con el correr de los días, la salud de Jacqueline se deteriora. A los quince años había tenido un accidente al zambullirse en una piscina y en aquella época los médicos no habían podido evaluar la importancia de la lesión, ni prever sus consecuencias para el futuro. El calor extremo y húmedo de Calcuta sumado a la incomodidad física constante terminan por provocar en Jacqueline fuertes dolores. Debe volver a Amberes para someterse a exámenes médicos e intentar salir de ese callejón sin salida. Pero de regreso en su país natal le esperaba la peor de las noticias.

En Bélgica se descubre que sufre de una grave enfermedad en la columna vertebral, complicada por la tendencia de su organismo a producir fibras anormales.

Un día, mientras le daba un masaje a uno de sus amigos enfermos, se da cuenta de que sus brazos comienzan a paralizarse. Después, le llega el turno a uno de sus ojos, y luego a su pierna derecha (Entonces comprendió por qué sus zapatos siempre se gastaban mucho más del lado derecho).

Finalmente le anuncian que, para evitar una parálisis total, es necesario que pase por varias intervenciones quirúrgicas. Recibe varios injertos, uno de ellos en el cuello. Jacqueline pasa enyesada un año entero antes de ser operada doce veces de las vértebras.

Jacqueline se encuentra frente a una terrible evidencia: ¡nunca más podrá volver a la India! Su compromiso al lado de los pobres y desheredados, que ella creía tan profundamente era la voluntad de Dios para ella, no podrá, por lo tanto, cumplirse. Durante algún tiempo, se hunde en la depresión e incluso piensa en el suicidio. Asaltada por las dudas y tentaciones, llega hasta pensar que había fracasado en su vocación. Se imagina haber decepcionado a Dios hasta el punto de ser rechazada. Esta toma de conciencia le resultó inicialmente muy amarga, agravada por la sensación de haber fracasado en su vocación; pero luego la llevó a someterse plenamente a la incomprensible voluntad de Dios. Esto también nos demuestra, de forma más elocuente que las palabras, que de cada experiencia, por más negativa que sea, puede surgir algo positivo y constructivo.[56]

Pero gracias a su fidelidad indefectible a la oración, reacciona. ¡No, seguro que Dios no la había rechazado! Y no solamente no la había rechazado ni abandonado, sino que había preparado para ella un camino que jamás hubiera imaginado. Dios le iba a devolver al céntuplo lo que ella pensaba haber perdido.

Necesito almas como la suya

En otoño de 1952 recibió una carta de Madre Teresa que cambió su duelo en una fiesta.

"Hoy le voy a hacer una propuesta. Usted ha deseado ardientemente ser misionera. ¿Por qué no unirse en espíritu con nuestra comunidad que tanto ama? Mientras nosotras trabajamos en los poblados usted compartirá nuestros méritos, nuestras oraciones y nuestro trabajo gracias a sus sufrimientos y oraciones. El trabajo aquí es enorme y requiere obreros, es verdad, pero necesito almas como la suya para rezar y sufrir por este trabajo: físicamente, usted estará en Bélgica, pero en espíritu estará en la India, donde tantas almas desean ardientemente al Señor y no pueden ir hacia Él (…)
Usted será una verdadera Misionera de la Caridad si ofrece sus sufrimientos por esas personas mientras que las hermanas – sus hermanas – los ayudan físicamente a ir hacia Dios. Yo necesito que mucha gente que sufre se una a nosotros porque quisiera tener (1) una comunidad gloriosa en el Cielo, (2) una comunidad sufriente en la Tierra: los hijos espirituales y (3) una comunidad militante: las hermanas en el campo de batalla.

---

[56] Este capítulo fue mayormente inspirado en el libro de Brian Kolodiejchuk: *Ven, sé mi luz – Santa Teresa de Calcuta*, disponible en e-book. www.ebookcatolicos.com y en el libro de Kathryn Spink *A Chain of Love: Sharing in the work of Mother Teresa throug prayer and suffering* (sólo en inglés).

Puede estar físicamente en su país e igualmente ser una misionera en la India y en el mundo. Alégrese, porque ha sido elegida por el Señor que tanto la ama y que comparte con usted una parte de su sufrimiento. Sea valiente y alegre, y ofrezca mucho para que podamos llevar numerosas almas a Dios. Una vez que esté en contacto con las almas, esa sed irá aumentando cada día en usted".

Al leer esta carta, Jacqueline comprendió cuál era su "vocación en la vocación": sí, podía continuar donando su vida a Dios por medio de los pobres, pero dejándose configurar con Cristo doliente, a través de su salud arruinada, de las múltiples operaciones que sufría y de todos los dolores que soportaba. En realidad, Dios fue mucho más lejos de lo que ella sospechaba, y así hizo que su vocación fuera más bella y más fecunda para el Reino. Aquel día, Jacqueline comprendió que sus enfermedades constituían regalos de Dios por las que le dio las gracias. No por amor al sufrimiento en sí, claro que no, pero sí por amor a Jesús, el cual, a través de su ofrenda, podría extender su salvación a un mayor número de almas. En suma, Jacqueline percibió esta nueva llamada como la de llegar a ser, a ejemplo de la Virgen María, una corredentora.

En junio de 1953, Jacqueline teje las bases de la red de cooperadores enfermos y dolientes de las Misioneras de la Caridad. La Madre Teresa le escribe esta carta que le confiere su espíritu a esta fundación:

"Estoy muy feliz de saberla dispuesta a unirse a los miembros dolientes de las Misioneras de la Caridad (…) Ya ve usted que la meta de nuestra comunidad es saciar la sed de Jesús en la cruz por amor a las almas, trabajando para la salvación y santificación de los pobres, en las villas miseria. ¿Quién podría hacerlo mejor que usted y los demás que sufren como usted? Sus sufrimientos y sus oraciones serán el cáliz en el cual nosotros, los miembros que trabajamos en el terreno, verteremos el amor de las almas, esas almas que nosotros le aportamos. Por consiguiente, usted es muy importante y necesaria para el cumplimiento de nuestra misión. Para saciar esta sed, debemos tener un cáliz y usted – tal como los demás – hombres, mujeres, niños, jóvenes y viejos, pobres y ricos, son todos bienvenidos para formar este cáliz. En realidad, usted puede hacer mucho más en su lecho de dolor que yo corriendo de aquí para allá. Usted y yo juntas podemos hacerlo todo en Aquel que nos fortalece. Podemos darle algunas oraciones que nosotras recitamos para que usted también pueda rezarlas, a fin de aumentar el espíritu de familia. Pero hay algo que debemos tener en común: el espíritu de nuestra comunidad, un abandono total a Dios, una confianza amorosa y un buen humor indefectible.

Por eso usted será reconocida como Misionera de la Caridad. Toda persona, sea quien fuere, que desee llegar a ser Misionera de la Caridad y portadora del amor de Dios es bienvenida. Pero yo quisiera, en particular, que los paralíticos, los lisiados, los incurables se unan a nosotros, porque sé que ellos llevarán muchas almas a los pies de Jesús. Gracias a usted, cada hermana recibirá un alma hermana que reza, sufre, piensa en ella y se une a ella – que será como un *alter ego* " – otra ella misma – ". Ya sabe, mi querida hermana, que nuestro trabajo es extremadamente difícil. Si usted está con nosotros, rezando y sufriendo por nosotros, seremos capaces de cumplir grandes cosas por amor a Cristo, gracias a usted.

Por mi parte siento una alegría y una nueva fuerza en mi alma al pensar que usted y otras personas se unen espiritualmente a la comunidad. Ahora que todos ustedes trabajan con nosotros, ¿qué podrá detenernos?; ¿habrá algo que no podamos hacer? ¡Qué no haríamos por Él! ¿No es verdad? Sonríale a Jesús en su sufrimiento, porque para ser una verdadera Misionera de la Caridad, debe permitirle que viva su vida en usted, aceptando todo lo que Él le da y dándole todo lo que Él toma con una gran sonrisa".

Jacqueline se encargó activamente de encontrar otras personas sufrientes, deseosas de unirse a ella para compartir esta hermosa vocación.

A pesar del aspecto pobre y exigente de la congregación de las Misioneras de la Caridad, contaban ya con 48 hermanas en 1954. Había también 48 miembros sufrientes que acompañaban a estas hermanas con sus oraciones y el ofrecimiento de sus sufrimientos.

Sesenta años más tarde, más de tres mil enfermos y personas sufrientes han encontrado un profundo sentido a su vida uniéndose a los cooperadores. Gracias a este lazo de comunión, permiten que los miembros activos de las Misioneras de la Caridad reciban una nueva fuerza y un nuevo empuje. Así saben que alguien reza especialmente por ellos y refuerzan su celo para aliviar el sufrimiento de los pobres. En un mundo en que el sufrimiento conduce a muchas personas a perder la fe, esos cooperadores son la prueba viviente de que también el sufrimiento puede acercar el hombre a Dios.

El 3 de abril de 2009 Jacqueline se apagaba en Bélgica. Había sobrepasado sus propios deseos para abrazar los deseos de Dios y embarcarse con santa Teresa de Calcuta en una aventura mucho más hermosa: la de vivir totalmente despojada, vulnerable e identificada con los pobres a quienes quería socorrer. ¡Qué exigente, pero cuán fecunda misericordia!

40
GANDHI Y EL NIÑO DIABÉTICO

Mahatma Gandhi, foto archivo privada

Ruya está preocupadísima porque su niño de cinco años es diabético, a pesar de su corta edad. Con el corazón encogido se empeña en impedirle que coma dulces, pero él no puede resistirse y los come a escondidas con sus amigos. ¿Qué hacer?

En los años cincuenta, Mahatma Gandhi recibía con gusto a las personas que acudían a él en busca de consejo porque estaba muy cercano a las necesidades de su pueblo. A pesar de que no era cristiano, este hombre extraordinario vivía el Evangelio a su manera; es hermoso ver cómo el Espíritu Santo trabaja en el corazón de un hombre de buena voluntad. Ruya puso toda su esperanza en él para ayudar a su pequeño Manoj. "Le suplico – le dijo – que hable con mi hijo. Si usted le pide que no coma azúcar, seguramente nunca más lo hará. ¡Conmigo no funciona!"

Ruya llevó al niño a ver a Gandhi y, después de algunos minutos de conversación entre los dos, el niño volvió muy contento y orgulloso, pero no se había tocado en absoluto el tema del azúcar. Ruya volvió a su casa muy desilusionada: Manoj seguía comiendo dulces.

Sin embargo, algunas semanas más tarde, no encontrando otro medio eficaz para ayudar a su hijo, volvió a visitar a Gandhi y le hizo la misma petición. La conversación a solas con el niño duró de nuevo unos minutos. Esta vez el niño regresó convencido de no comer más azúcar. ¡Ruya estaba radiante de alegría! Le dio las gracias vivamente a Gandhi y le preguntó: "¿Por qué durante su primer encuentro con mi hijo no le habló usted del azúcar?" "Después de mi primera conversación con él decidí privarme yo también de azúcar para así poder pedirle al niño que hiciera lo mismo", le contestó.

La venerable Marthe Robin conocía a Gandhi sin haberlo visto nunca, pues místicamente veía a ciertas personas, hasta en países lejanos, y rezaba por ellos. También, a veces, se bilocaba (podía estar en dos lugares al mismo tiempo). Un día, en los años setenta, mi amiga Brigitte C. fue a visitarla. Durante su breve conversación, Brigitte habló de Gandhi. Habiendo vivido en la India, había podido apreciar sus cualidades, en particular sus actitudes extraordinarias del corazón y del espíritu. Para su gran sorpresa, Marthe, de repente exclamó: "¡Gandhi, es como otro Jesús!".

41
EL CRIMINAL SE LLAMABA DIMAS

Del templo de Jerusalén se eleva el sonido desgarrador del sofar. Todos los judíos religiosos se preparan para celebrar el comienzo del Shabbat. Esta vez, es también la Pascua judía y el momento solemne de la inmolación del cordero pascual en el Templo.

Sobre el Gólgota reina una gran agitación. Según la venerable Marthe Robin[57] están crucificando a dos malhechores justo antes que a Jesús. Tanto Dimas como Gestas pertenecían a una banda de malvivientes establecidos en la frontera con Egipto. (Según la leyenda, los padres de uno de ellos habrían dado hospitalidad a la Sagrada Familia durante su huida a Egipto. El pequeño Dimas era leproso. La Virgen le propuso a su madre que lo lavara con el agua que había servido para bañar al Niño Jesús y Dimas se curó en el acto).

Los dos bandidos habían estado mucho tiempo en prisión antes de ser condenados. Mientras los soldados se preparaban para elevar la cruz de Dimas, éste había observado la asombrosa paciencia con la que Jesús aceptaba las más terribles crueldades que le estaban infligiendo, porque todo el Infierno, exultante por

---

[57] Este pasaje de Lucas 23, 39-43 ha sido abundantemente descrito por Marthe Robin. En efecto, ella revivía la Pasión de Cristo cada semana y conocía a cada personaje. Sus revelaciones están, en gran parte, publicadas en: *La douloureuse passion du Sauveur,* disponible en las Ediciones Foyers de Charité, www.lesfoyersdecharite.com

haberlo capturado, se desencadenaba contra Él con la imaginación que puede suscitar el más violento de los odios. Dimas no era malo, y su corazón estaba conmovido por la infinita dulzura de Jesús. Le hablaba de Él a su compañero con mucha deferencia y compasión: "Están maltratando horriblemente al Galileo" le decía al oír los martillazos y las vociferaciones de los verdugos.

En el momento en que lo subían a la cruz, Dimas se dirigió a los verdugos: "Si nos hubieran tratado como al Galileo, ya no necesitarían crucificarnos, ya estaríamos muertos desde hace mucho tiempo con todo lo que lo han hecho sufrir". Pero nadie le contestó.

Las cruces de los dos ladrones estaban levantadas un poco más abajo que la de Jesús, enfrentadas una a la otra. Sin embargo, se había dejado un espacio entre ellas para que un hombre a caballo pudiera pasar fácilmente y dar la vuelta. Estos dos infelices presentaban un aspecto tan lamentable en la cruz que verdaderamente inspiraban piedad, especialmente el de la izquierda, un horrible malhechor que no paraba de injuriar y decir improperios. Sus rostros eran espantosos a la vista, magullados y lívidos. Sus labios estaban ennegrecidos por el brebaje que les habían hecho ingerir y por la sangre que fluía de ellos; sus ojos enrojecidos y a punto de salirse de las órbitas. Los sufrimientos que les causaban las ataduras que los amarraban tan duramente les arrancaban aullidos verdaderamente espantosos.

Sus cuerpos estaban agitados por movimientos convulsivos causados por el dolor que los atormentaba sin tregua. Gestas gritaba y blasfemaba sin cesar contra Jesús, mientras que Dimas, ya tocado por la gracia, intentaba rezar y guardaba silencio mirando a Jesús, con el corazón lleno de una dulce esperanza.

Jesús en la cruz juntó las últimas fuerzas que le quedaban y abrió finalmente los ojos. Los elevó al Cielo y dejó desbordar, de lo más profundo de su corazón amante hasta la locura, este testamento de infinita bondad. Dirigiéndose a su Padre, murmuró estas palabras increíbles con una mansedumbre sin límite: *"Padre, perdónalos, porque no saben lo que hacen"*. María repitió las mismas palabras que su hijo e imploró con Él, el perdón de sus enemigos. A pesar de los horrorosos gritos de odio que se elevaban a su alrededor, Ella pidió al Padre que los perdonara.

Los insultos continuaban sin tregua contra Jesús como una borrasca de granizo. Dimas, que ya había comenzado a rezar, se sintió profundamente conmovido al oír que Jesús intercedía por sus enemigos. Repentinamente, embargado por un profundo arrepentimiento en el preciso momento en que la Santísima Madre de Jesús se acercaba a la cruz, fue favorecido con una gran luz interior: tuvo verdadero conocimiento de que Jesús intervenía en su alma. Dijo con voz fuerte a la muchedumbre que ultrajaba a Jesús: "¿Cómo pueden injuriar así a su Salvador mientras Él ora por ustedes? Se ha mantenido callado mientras lo maltrataban y ha sufrido pacientemente todas sus afrentas y desprecios cuando hubiera podido aniquilarlos a todos. Y aún ahora intercede por ustedes y ustedes no lo escuchan". Se enardeció todavía más y añadió: "¡Es un profeta! ¡Es nuestro rey! ¡Es el Mesías, el Hijo de Dios Altísimo! ¡El Redentor y el Salvador de todos!"

Al oír esas palabras inesperadas, salidas de la boca de un miserable asesino amarrado a su patíbulo, se elevó un gran tumulto entre los asistentes que recogieron piedras para lapidarlo; pero el centurión Abenadar lo prohibió severamente y los dispersó, restableciendo el orden.

Dimas se dirigió entonces a su compañero que seguía injuriando al Señor: "¿No tienes siquiera temor de Dios, tú que estás condenado al mismo terrible suplicio que Él? Para nosotros es justo, nuestros crímenes han merecido el castigo que estamos sufriendo, pero Él no ha hecho nada malo. Piensa que vas a morir y pídele perdón".

Una luz divina inundaba su alma; estaba sensiblemente tocado y confesó sus faltas al Señor. Después le dijo: "Señor, si me condenas, harás justicia, porque mis faltas me han merecido el Infierno; pero, ¡ten piedad de mí!" Jesús le contestó: "Hoy mismo tendrás derecho a mi misericordia".

El ejemplo del Buen Ladrón arrepentido nos revela a todos la eficacia soberana del perdón divino cuando encuentra en el hombre, hasta en el más culpable, el sencillo sentimiento del pesar por sus pecados. Consolación bastante aislada aquella del Buen Ladrón en esa hora de amor, pero ¡qué dulce para los corazones de Jesús y de María en medio de aquel océano de odio y de amargura! ¿Acaso un solo pecador arrepentido no produce una alegría superior en el Cielo que la de noventa y nueve justos que no necesitan conversión? ¡Por lo menos un hombre se atreve, en medio de ese mar de injurias a rendir homenaje al Amor y a dar testimonio de la misión del Hijo de Dios! ¡Y este hombre es un asesino! Pero su fe es contagiosa y pronto brotarán otros arrepentimientos.

La influencia divina que Jesús había ejercido sobre sus apóstoles, sus discípulos y sobre las masas desde el principio de su ministerio, lejos de desaparecer en esa hora como lo esperaban sus enemigos, ejercía su poder, inclusive a pesar de ellos, sobre los que asistían a aquella terrible escena, confundiéndolos.

Todo esto ocurrió entre las doce y las doce y media. Pero a partir de aquel momento se produjeron grandes cambios y grandes transformaciones en el alma de los espectadores, así como en la naturaleza. En efecto, mientras el Buen Ladrón se acusaba de su vida de pecado y de sus crímenes, en la naturaleza se producían señales extraordinarias que llenaron de espanto y de estupor a los blasfemadores que callaron enseguida.

Hacia la hora sexta, según la manera de contar de los judíos, lo que corresponde a las doce y media nuestra, el cielo se oscureció de repente con una espesa niebla rojiza y hubo luego un eclipse solar. Un terror generalizado se apoderó de los asistentes y, a medida que las tinieblas aumentaban, cada uno se volvía más pensativo y se alejaba o se acercaba a la cruz temblando. Los animales que estaban en el campo gemían y huían asustados. Los caballos y los burros de los fariseos se apretaban unos contra otros y bajaban la cabeza relinchando. Los pájaros buscaban refugio para resguardarse como cuando se acerca una tormenta y se dirigían en gran número hacia las colinas que rodeaban al calvario. Aquellos que hasta entonces habían injuriado al Señor bajaban la voz y se retiraban. ¡La niebla se volvía cada vez más inquietante!

Los fariseos todavía intentaban encontrarles una explicación natural a esos hechos, pero no lo lograban porque ellos mismos estaban interiormente llenos de espanto. Todos tenían los ojos fijados obstinadamente en el cielo.

Poco a poco, la disposición interior de la gente fue cambiando. Se percibía que un misterio muy grande inundaba aquella escena incomparable. Algo divinamente grande, divinamente hermoso y solemne se cumplía en aquella misteriosa colina que se convertía para todos en la santa colina del amor de un Dios para sus hermanos pecadores.

El cielo se oscurecía cada vez más y pronto las tinieblas cubrieron toda la Tierra. La violencia y el odio comenzaron a ceder ante el temor e incluso el arrepentimiento. Algunos se golpeaban el pecho y se retorcían las manos de desesperación mientras otros caían de rodillas implorando perdón.

Cerca de María estaba el apóstol Juan que pronto recibiría la magnífica recompensa de su perfecta fidelidad a Cristo y a su santa Madre. No lejos de ellos, María de Magdala, en el colmo de la desolación, estaba encogida al pie de la cruz rodeándola con sus brazos. Apoyando su frente contra los pies ensangrentados de su bien amado, los cubría con sus tiernos besos. Muy cerca de la Santísima Virgen estaban igualmente Salomé y María de Cleofás, unidas ellas también por el dolor y el amor al gran y divino misterio de la crucifixión y muerte de Cristo.

Dimas, aunque hundido en el abismo de su profundo arrepentimiento, levantó la cabeza hacia su Salvador y le dijo con una humilde esperanza: *"Señor, acuérdate de mí cuando estés en tu Reino"*. Jesús le contestó: *"En verdad te digo, hoy mismo estarás conmigo en el Paraíso"*.

Cuando el condenado se hace abogado

Gracias a las revelaciones de Marthe Robin nos es dado penetrar mejor los sentimientos de Jesús y del Buen Ladrón. Sin lugar a dudas, no por casualidad, el Padre permitió que un malhechor tomara la defensa de Jesús. ¡Efectivamente, no encontraremos mejor abogado que él! Es inclusive la única persona que se pronuncia abiertamente a su favor en la hora de la cruz, y uno puede imaginarse qué inmenso consuelo esto le pudo procurar a Jesús. Cristo está dando su vida por los pecadores, por ti y por mí, por todos nosotros. ¿Y quién se encuentra a su lado? ¡Alguien a quien puede salvar inmediatamente! Alguien en quien puede ver el fruto de su pasión. Jesús, muy contento por encontrar un corazón que acepta su sacrificio y acoge el fruto, hace de él el primer santo de la historia cristiana.

Jesús y el Buen Ladrón, © www.bradi-barth.org

¿Quién de nosotros, luchando con atroces dolores como los de los crucificados, todavía podría declarar que merece semejante suerte? La humildad de este hombre desencadena los torrentes de misericordia de Jesucristo. La humildad del pecador que reconoce sinceramente su pecado y se arrepiente de él provoca la inmensa ternura de Dios, siempre feliz de borrar nuestros pecados sea cual fuere su gravedad.

Si nos diéramos cuenta de la grandeza del corazón de Dios y de la profundidad abismal de su misericordia, nos echaríamos ciegamente en sus brazos. Pero frecuentemente nuestra falta de fe en su misericordia nos lo impide. Jesús se lo recordó a santa Faustina:

"Di a las almas que sólo pueden beber en esta fuente de misericordia con el vaso de la confianza. Si su confianza es grande, no habrá límites a mi generosidad. Lo que me causa más dolor, lo que más me hiere, aún más que el pecado, es la falta de confianza en mi misericordia" (D 1601)

¿Qué nos susurra en cambio el Demonio? "¡Olvídalo! Es demasiado tarde para ti, considerando todo lo que has hecho; no esperes que Dios detenga su mirada sobre ti. Ya estás perdido, no merece la pena que lo intentes; enojarías más a Dios". Cuántos pecadores, al escuchar este discurso venenoso, se niegan a acoger la visita de un sacerdote en el momento de su muerte ¡y se privan de la gracia que se les ofrece!

Naturalmente el Demonio está celoso por esa posibilidad que se nos da en la Tierra de convertirnos, de volver al corazón ardiente de Jesús. Dios siempre está impaciente por darnos una nueva oportunidad, hasta cien veces al día, cualquiera sea nuestra situación. ¡Dios es tan grande!

42
Bruno Cornacchiola
y los signos de los tiempos

Bruno Cornacchiola con su familia y Sor Rafaela Soma en Italia
(Foto Archivo/autorizada)

¿El Cielo quizás sienta una atracción especial por los criminales? De hecho, el mismo Jesús, desde lo alto de la cruz, canonizó a un gran bandido. El condenado a muerte Dimas, llegó a ser san Dimas, el primer santo canonizado, ¡y por Jesús en persona! *"Hoy mismo estarás conmigo en el Paraíso"*, le dijo.

En materia de crímenes, Bruno Cornacchiola no tenía mucho que envidiarle.

¿Quién era él? Bruno nació en Italia en el seno de una familia muy pobre, de un padre alcohólico y violento y de una madre que no tenía mucho tiempo para dedicarle, ni ternura para prodigarle. Después de su matrimonio con Iolanda, del que nacerían cuatro hijos, Bruno se comprometió con los nacionalistas de Franco en la guerra de España en 1936. Allí, conoció a un protestante que le trasmitió un odio feroz hacia la Iglesia católica y el Papa Pío XII.

A partir de allí, Bruno alimentará un gran proyecto: eliminar al Papa de la faz de la Tierra. Además, la fe de su piadosa esposa lo exasperaba. Un día, en un arrebato de cólera, tomó un crucifijo, lo arrojó al suelo con una sonrisa burlona y lo rompió en mil pedazos. Luego, mientras comenzaba a escribir un discurso contra la Inmaculada Concepción de María, decidió matar al Papa Pío XII. Se procuró un cuchillo bien afilado, sobre el cual grabó las palabras: ¡Muerte al Papa[58]!

El sábado 12 de abril de 1947, se encontraba con sus hijos en los alrededores de Roma, cerca de la abadía de Tre Fontane, que debe su nombre al martirio de san Pablo. En efecto, allí fue donde el apóstol de los gentiles fue decapitado, durante la persecución del emperador Nerón. La tradición afirma que su cabeza rebotó tres veces en el suelo y que al instante allí brotaron tres fuentes de agua.

Bruno tenía treinta y tres años. Sus tres hijos estaban jugando a la pelota cerca de una gruta, (el cuarto hijo nacería más tarde), pero la pelota se perdió en un matorral y Bruno fue a buscarla. Mientras tanto los niños entraron en la gruta y sucesivamente cayeron de rodillas. Permanecían allí como estatuas, las manos juntas y, embelesados, los tres repetían las mismas palabras: "Bella Señora, Bella Señora". Bruno los llamaba desde afuera, pero en vano.

---

[58] Un año más tarde, iría a ver a Pío XII para entregarle el cuchillo y pedirle perdón.

Furioso, se dirigió rápidamente hacia la gruta y los encontró arrodillados, con la mirada extática: "¿Qué hacen aquí?, les preguntó. ¡Éste no es un lugar para rezar!" Pero ellos permanecían sordos a los gritos y ni siquiera se dieron vuelta para mirar a su padre. Cada vez más enojado, Bruno intentó agarrarlos, pero estaban rígidos y pesados, como si fueran de piedra. En aquel momento él mismo fue proyectado a tierra involuntariamente y cayó de rodillas mirando hacia el fondo de la gruta. La Santísima Virgen estaba allí, majestuosa, seria, extremadamente hermosa, con un vestido color marfil y un largo velo verde esmeralda que le llegaba al suelo. Llevaba un cinturón de color rosa viejo. La Virgen miró a Bruno y le dijo: *"Yo soy aquella que mora en la Trinidad divina. Soy la Virgen de la Revelación. Tú me persigues; ¡ahora basta! ¡Entra en el rebaño santo!"*[59]

Bruno contaba que la Virgen hizo un gesto con su brazo derecho, señalando el suelo con el índice. Entonces a sus pies, vio un crucifijo roto, el mismo que él había arrojado tiempo atrás. Vio también un pedazo de paño negro y una sotana abandonada. La Virgen entonces le dijo: *"Ya ves, la Iglesia será perseguida, desgarrada; éste es el signo que mis hijos abandonarán... ¡Tú, sé fuerte en la Fe!"* (los "hijos" de los que habla aquí María son los miembros del clero). Luego la Virgen le reveló lo que sucedería, en particular la deserción de muchos sacerdotes; y cómo él, Bruno, debía amar y servir a la Iglesia a pesar de todo lo que ocurriría en ella. El crucifijo roto significaba el martirio de los sacerdotes que permanecerían fieles a Cristo en la persecución. *"Los sacerdotes* – le dijo María –, *aun si se encuentran en el torbellino infernal, me son muy queridos. Los pisotearán y matarán. Ese crucifijo roto, junto a la sotana, es señal del despojamiento sacerdotal"*. La sotana tirada en el suelo significaba el abandono del sacerdocio

---

[59] Esta aparición ha sido reconocida informalmente por el papa Pío XII, cuando en 1956, bendijo la estatua de la Virgen que se encuentra actualmente en la gruta. El culto está autorizado en la pequeña capilla.

por muchos sacerdotes. El paño negro indicaba que la Iglesia se quedaría viuda, que sería dejada a merced del mundo.

Bruno se convirtió en el acto; llegó a ser un apóstol de fuego, un gran defensor de la Iglesia hasta su muerte en 2001. Durante todos aquellos años hasta junio de 2001, estuvo recibiendo palabras de la Virgen sobre todo a través de sueños, como Don Bosco. Esos mensajes proféticos se refieren al futuro próximo y lejano de la Iglesia, y a los dramas internos que atraviesa. La mayoría tienen que ver con los tiempos que estamos viviendo actualmente[60]

Ahora bien, el 2 de mayo de 2016, la vidente Mirjana Soldo recibió, durante la aparición mensual de la Virgen en Medjugorje, el siguiente mensaje:

"Queridos hijos: mi corazón maternal desea su verdadera conversión y una fe fuerte, a fin de que puedan propagar el amor y la paz a todos aquellos que los rodean. Pero, queridos hijos, no olviden que cada uno de ustedes es un universo único ante el Padre celestial. Por eso, permitan que la acción incesante del Espíritu Santo obre en ustedes...Yo los llamo, queridos hijos, a mirar bien los signos de los tiempos, a **"recoger las cruces rotas"** *y a ser* **"los apóstoles de la Revelación"**. *Les doy las gracias"*.

(Mirjana pidió que se pusieran esas palabras entre comillas, y también confirmó que se referían a las apariciones de Tre Fontane).

---

[60] Para aquellos que leen el italiano, estos mensajes se encuentran en el libro de Saverio Gaeta: *Il Veggente,il segreto delle Tre Fontane*, Salani Editore, 2016. Allí, Saverio ha recopilado de los Archivos del Vaticano todas las profecías de la Virgen a Bruno Cornacchiola

¿Es el tiempo del Apocalipsis?

¿Por qué la Virgen nos habla hoy de las cruces rotas que tenemos que recoger? Eso se parece a la señal de un faro, de parte suya, para quienes quieren servir a Cristo y a su Iglesia, en el contexto actual de una gran confusión de los espíritus y de un profundo dolor. Nuestro mundo nada en aguas turbulentas. Ya no se trata de un solo crucifijo roto, como aquel que le mostró a Bruno en 1947, sino de numerosas cruces rotas; las que están rompiendo hoy en los países que quieren echar a Cristo fuera de sus fronteras. María nos expresa también su inmenso dolor frente al abandono de muchos cristianos, sacerdotes y laicos, frente a las traiciones en el seno mismo de la Iglesia, y frente a la gran apostasía de nuestra época.

María le revela a Bruno el nombre con el cual desea ser invocada en ese lugar: "Yo soy la *Virgen de la Revelación*" Tiene en sus manos un librito el *Apocalipsis de san Juan*, llamado también *El libro de la Revelación.*

La *Virgen de la Revelación* nos invita hoy a ser *"los apóstoles de la Revelación"*. Nos indica lo que caracteriza a los apóstoles que tendrán que permanecer fieles en el seno de la tribulación. Le precisa a Bruno qué rasgos de carácter han de poseer, rasgos que eran los de ella durante su vida terrenal:

"No se lamentan,
se callan
y no se rebelan"

El libro del *Apocalipsis de san Juan* es un texto sagrado, en parte sellado, que anuncia el futuro de la humanidad y la victoria de Dios sobre el dragón y la bestia, después de un terrible combate. ¿Cómo no abrir los ojos y constatar que, en efecto, hoy como nunca antes, el combate contra la bestia se anuncia violento y decisivo? Satanás sabe que sus días están contados y juega sus últimas cartas con la energía de la desesperación. ¿Querrá la Virgen decirnos que estamos en un momento clave, en una encrucijada importante de la vida de la Iglesia? ¿Un tiempo en el que se acerca el Apocalipsis y en el que cada uno tendrá que tomar partido por Cristo o contra Cristo? Personalmente, lo creo así, pues en sus mensajes de Medjugorje, María nunca hizo alusión a ningún otro lugar de apariciones, excepto el de agosto de 1991, en que mencionó a Fátima. ¿Por qué retoma ahora los puntos fundamentales de Tre Fontane?

Es bueno volver a leer el libro del *Apocalipsis de San Juan*, especialmente el capítulo 12, donde la Virgen está presente. Le dijo a Bruno *"Antes de retirarme, te digo esto: la Revelación es la palabra de Dios y esta Revelación habla de mí. Por eso he tomado esta advocación: la Virgen de la Revelación"*.

También es importante captar, en el corazón a corazón de una oración ferviente, cuánto espera la Virgen que hagamos reparación por los sacrilegios y el poco caso que hacemos de Jesús presente en la Eucaristía. Reparación también por los ataques contra el sacerdocio. *"Mi Corazón Inmaculado sangra"* dijo el 25 de abril de 2016 en Medjugorje. No nos pide que *"recojamos las cruces rotas"* y después critiquemos y hagamos comentarios negativos contra ciertos sacerdotes o prelados, menos aún que caigamos en el desaliento. Por el contrario, nos invita a que hagamos todo cuanto está en nuestro poder para ayudarlos y sostenerlos mediante nuestra oración y nuestros sacrificios. ¡Qué consuelo podemos aportarle, uniendo nuestro corazón a su Corazón Inmaculado que ciertamente sangra, pero que ya ve la victoria final!

Para hacer una analogía, imaginemos que estamos en un pequeño camino de montaña, angosto y en mal estado, que da vueltas y vueltas… nos mareamos y esas curvas nos parecen interminables. De repente, se siente el mar; no se lo puede ver aún, pero se olfatea su olor iodado tan especial. Entonces recuperamos el ánimo: ya no estamos lejos, estamos llegando. Después, al final de una curva, ¡allí está el mar imponente, inmenso, magnifico!

La victoria se acerca, pero mientras tanto María busca almas que quieran hacerse una con su alma y combatir con Ella hasta que aplaste la cabeza de la serpiente. El combate se anuncia encarnizado.

Iolanda salva a su marido

La esposa de Bruno Cornacchiola, Iolanda, nos da un ejemplo admirable que será un camino de santidad para muchos cónyuges en dificultad en su matrimonio. A pesar de las reiteradas infidelidades de Bruno antes de su conversión, Iolanda permaneció fiel, rezando con fervor. A tal punto que la misma Virgen la alabó delante de Bruno: *"Las promesas de Dios son y permanecerán inmutables* – le dijo –. *¡Los nueve primeros viernes que hiciste en honor al Sagrado Corazón de Jesús, animado amorosamente por tu fiel esposa antes de que entraras por el camino del error, te han salvado!"* ¡Una sencilla práctica de piedad salvó a Bruno de la perdición![61] (La Virgen salió en defensa de Iolanda, lo que le

---

[61] En Paray-le-Monial, en 1675, Cristo confió a santa Margarita María Alacoque **12 promesas** para aquellos que veneraran su Sagrado Corazón, de manera particular durante nueve primeros viernes de mes consecutivos. La verdadera devoción al Sagrado Corazón de Jesús es también la devoción al Santísimo Sacramento. Esas promesas son también para aquellos que vivan una hora de adoración con Jesús en el Santísimo Sacramento. He aquí las promesas:
1. Les daré todas las gracias necesarias para su estado.
2. Pondré paz en sus familias.
3. Los consolaré en todas sus penas.
4. Seré su refugio seguro durante la vida y sobre todo en el momento de la muerte.
5. Derramaré abundantes bendiciones sobre todo lo que hagan.
6. Los pecadores encontrarán en mi corazón la fuente y el océano infinito de la misericordia.
7. Las almas tibias se volverán fervorosas.
8. Las almas fervorosas se elevarán a una gran perfección.
9. Bendeciré las casas donde la imagen de mi Corazón sea expuesta y honrada.
10. Daré a los sacerdotes el don de tocar los corazones más endurecidos.
11. Aquellos que propaguen esta devoción tendrán su nombre escrito en mi corazón y jamás será borrado.
12. Yo te prometo, en el exceso de la misericordia de mi corazón, que mi amor todopoderoso concederá a todos aquellos que comulguen los primeros viernes de mes, nueve veces seguidas, la gracia de la penitencia final, que no morirán en mi desgracia, ni sin haber recibido los sacramentos, y que mi corazón se volverá su refugio seguro en esa última hora.
Condiciones para alcanzar las doce promesas:
1. Comulgar sacramentalmente, en estado de gracia. Si uno está en estado de pecado mortal, es necesario hacer antes una buena confesión.
2. Hacer esta comunión durante nueve meses consecutivos. Si se interrumpe,

confirmó a Bruno que su esposa le había sido fiel y que no había cometido nunca las faltas de las que él la acusaba. En realidad, le pegaba probablemente para descargar sobre ella el remordimiento de sus propias infidelidades, y lo hizo hasta en la propia noche que precedió la aparición. (Se podría sugerir a la Santa Sede que beatificara a Iolanda al mismo tiempo que a su marido).

Y la Virgen sigue así: *"Las Avemarías que rezan con fe y amor son otras tantas flechas de oro que alcanzan el corazón de Jesús"*.

¿Qué profecías recibió Bruno?

Curiosamente el libro *Il Veggente* (El vidente)[62] fue publicado sólo cuatro meses antes de que la Virgen evocara en sus apariciones de Medjugorje las de Tre Fontane. O, por lo menos, hiciera alusión a los tres elementos centrales que caracterizan esas apariciones. Parece como si hubiera esperado a que estas profecías fueran públicas y accesibles a todos para mencionarlas. Éstos son algunos extractos de ese libro que Bruno escribió entre 1947 y 2001, con un gran sufrimiento:

"Toda la Iglesia será objeto de una terrible prueba a fin de purificarse de toda clase de concupiscencia que se ha infiltrado en sus ministros, en particular en las órdenes que han hecho voto de pobreza: será una prueba moral y una prueba espiritual. En el tiempo indicado en los libros celestiales, los sacerdotes y los fieles se encontrarán en una curva peligrosa y correrán el riesgo de caer precipitados en el mundo de los condenados (por ejemplo, los satanistas, *nota de la autora*) que los atacará por todos los medios posibles, entre otros por la falsa ideología y teología. Las

---

incluso un solo mes, por olvido o por otra razón, es necesario volver a comenzar desde el principio.
3. Comulgar cada primer viernes de mes. Esta piadosa práctica puede comenzar a partir de cualquier mes del año.
[62] Saverio Gaeta, *Il Veggente, il segreto delle Tre Fontane,* Salani Editore, 2016

súplicas vendrán de dos lados, tanto de los fieles, como de los infieles, a medida que las pruebas se vayan presentando. Yo (la Virgen) estaré en medio de ustedes, los elegidos; Cristo será nuestro capitán y combatiremos por ustedes..."

"La cólera de Satanás ya no está contenida, el Espíritu de Dios se ha retirado de la Tierra, la Iglesia quedará viuda, ahí tienes su mortaja. Quedará a la merced del mundo. Hijos, empéñense en ser santos y santificarse más, ámense siempre unos a otros (...) Movilícense bajo la bandera de Cristo. Obrando de esta manera, verán los frutos de la victoria en el despertar de las conciencias para el bien; a pesar del mal ambiental verán, gracias a su cooperación eficaz y altruista, pecadores convertidos y al rebaño que se llenará de almas salvadas". (Cáp. 4, p. 81)

"Habrá días de sufrimiento y de duelo. Del Oriente se levantará un pueblo fuerte pero alejado de Dios, que lanzará un ataque aterrador y romperá las cosas más santas y sagradas, cuando le sea permitido hacerlo" (Cáp. 10, p. 192)

"¡Mira!" Miro y veo una multitud de personas en movimiento que parecen hormigas; van y vienen, trajinan, están cansados... Algunos caen al suelo y veo que se echan unos sobre otros golpeándose entre ellos, y oigo también sus voces exaltadas, llenas de ira; blasfeman y se acusan mutuamente del mal que existe en el mundo. Algunos tienen en la mano armas especiales, están en guerra. Veo sangre, muertos... por todas partes... De repente oigo temblar la tierra bajo mis pies; me agito... estoy asustado. La Virgen me dice *"No tengas miedo. Es un terremoto, señal de aviso para el mundo entero"* Yo pregunto: ¿Son avisos con vistas a la conversión?, ¿o llamados para volver a la doctrina, al Espíritu de la verdad que han combatido? La Virgen me contesta: "¡Están sordos y faltos de inteligencia! Ven las señales que son un aviso, pero no reflexionan sobre esta realidad. Tú reza y ofrece" (Cáp. 10, p. 195).

1º de enero de 1990: "Los hombres de Dios, los llamados a salvar a los hombres, encontrarán obstáculos para cumplir su misión; y no hablarán de Dios, ni de Jesucristo, ni del Espíritu Santo. No podrán tampoco hablar de mí que soy verdaderamente la Madre de

Dios, la esposa de Dios, la hija de Dios. Se lo impedirán y no podrán hablar de los sacramentos, ni de los sacramentales. Los que hablen de estas cosas serán perseguidos física y moralmente, y llegarán a ser verdaderos confesores de Jesucristo" (Cáp. 11, p. 218).

María le dijo a Bruno el 31 de diciembre de 1990: "Ya están trabajando los falsos profetas que tratan, por todos los medios, de envenenar a las almas, reemplazando la doctrina de Jesús, mi Hijo bien amado, por doctrinas satánicas. ¡Suprimirán el sacrificio de la cruz que se perpetúa sobre todos los altares del mundo! Esos envenenadores suprimirán los medios de la salvación; y ya han penetrado en la luz de la Iglesia, que es divina, fundada sobre mi Hijo, la piedra angular, la piedra que Él ha depositado sobre las espaldas de Pedro y de los apóstoles". Pero al mismo tiempo la Virgen ha precisado que "Jesús ha prometido que los enemigos pueden estropear a las almas, alterar la esperanza, pero no pueden dañar a la Iglesia ni prevalecer contra ella. Y el Infierno, con todo su poder, no podrá nada contra la Iglesia de mi Hijo. Aquel que viva en ella será salvado" (Cáp. 11, p. 221).

Bruno Cornacchiola durante una misión (Foto Archivo/autorizada)

43
¿NOS LIBRAREMOS DE LA AMENAZA?

Tiene veintinueve años, está casado y es padre de familia. Delgado y nervioso, de tez curtida y cabello negro, tiene la mirada fija y decidida. De su boca salen palabras aterradoras con un tono monótono y de manera mecánica. Estamos en junio de 2016, en una prisión de Libia. Este kamikaze del Daes (Isis) acaba de ser arrestado cuando preparaba un atentado en Trípoli (Libia) contra el general Serra. En la entrevista transmitida por la televisión italiana, lo que llama la atención es la absoluta tranquilidad con la cual expresa su proyecto de inmolarse en nombre de Alá.

"Mi miedo no importa – declara al periodista del *Corriere della Sera* –. Yo hago lo que es justo a los ojos de nuestra religión. Moriré e iré al paraíso. Es lo que está escrito; es lo que pide el Corán. Pronto llegaremos a Roma, la ciudad que simboliza el Occidente infiel. Desde allí, tomaremos toda Europa; desde Libia, ¡es fácil! Para los cristianos y los infieles, quedarán tres posibilidades: convertirse al Islam, pagar el impuesto previsto por nuestra ley religiosa, o morir si no se someten".

¡Ese kamikaze no podía ser más claro! Su discurso constituye hoy en día un cliché. ¡Nada nuevo! Sin embargo, el hecho de afirmar esto en directo en la televisión resuena diferente y puede llevar a la reflexión. Se trataba de asesinar, entre otros, al general italiano Paolo Serra, consejero militar de Martin Kobler, el enviado de la ONU para Libia.

Confiarse a Dios no quiere decir enterrar la cabeza como el avestruz ni permanecer ciego frente a las amenazas reales que pesan sobre nosotros.

Tuve la alegría de encontrarme en febrero de 2016 con Fabio Gregori, uno de los dos videntes de Civitavecchia (cerca de Roma) junto con su hija Jessica[63]. Estas apariciones fueron precedidas, en febrero de 1995, por una lacrimación de sangre en una estatua de María en el jardín de los Gregori. Tal como en Fátima o en Medjugorje, la Virgen nos interpela y da nuevamente los medios más seguros para evitar las destrucciones, las guerras y toda clase de males, al tiempo que promete también su fiel protección maternal "SI" hacemos lo que Ella dice. *"Yo no puedo ayudarlos* – dice en Medjugorje – *si no viven los mandamientos de Dios, si no renuncian al pecado y si no viven la misa"* (25 de octubre de 1993). En efecto, ella no puede actuar si rechazamos el designio de Dios sobre nosotros. ¡La Virgen no es un electrón suelto en medio de la corte celestial!

En pocas palabras, desde 1995, la Virgen de Civitavecchia, bajo la advocación de *Reina de las familias,* nos previene de la amenaza de un conflicto nuclear entre Oriente y Occidente. Por otra parte, el Demonio lo hará todo para minar la unidad de la familia cristiana fundada en el matrimonio. Y, sin un nuevo impulso de conversión, muchos sacerdotes traicionarán su vocación e incluso provocarán graves escándalos. La Iglesia conocerá una gran apostasía, es decir, la negación de las verdades cristianas fundamentales, reafirmadas a lo largo de los siglos en la tradición y en la doctrina.[64]

---

[63] Estas apariciones han sido reconocidas, sólo a nivel diocesano, por Mons. Grillo. Juan Pablo II tenía una estrecha relación con esta familia excepcional. Fue personalmente a la parroquia de San Agustín donde la estatua está expuesta al culto público. En su libro *Diario del Vescovo,* Mons. Grillo cuenta también "que dos veces", el papa Juan Pablo II fue de incógnito a Civitavecchia, en el transcurso de sus numerosas "fugas fuera de los muros".

[64] Léase *La Madonna di Civitavecchia* del padre Flavio Ubodi, Edizioni Ares www.amazon.it (en italiano). Se encuentra en él una gran parte de las profecías de la Virgen. Otras profecías han sido mantenidas secretas por el obispo del lugar. Léase también *La Madonna si fa la strada, Civitavecchia nel tempo di Maria* de Riccardo Caniato, Edizioni Ares. También la entrevista de Ricardo Caniato publicada en *Studi catolici,* número 652, junio 2015, htt://ares.mi.it/riviste-652-187.html

Entre los mensajes proféticos recibidos por Fabio y Jessica desde 1995, ¿dos de ellos no se están realizando ya con fuerza?

– La destrucción de la familia por Satanás a causa de su odio contra el Creador. En efecto, la familia está en el corazón del plan de Dios para la humanidad; es el nido de la vida para el hombre creado a imagen de Dios. "De la unidad de la familia – afirma san Juan Pablo II – depende el provenir de la Iglesia y del mundo" ¡Lo que está en juego es por lo tanto crucial!

– La pérdida de la fe y una gran apostasía, así como escándalos en el mismo seno de la Iglesia.

Sor Lucía, la vidente de Fátima lo confirma. En efecto, cuando Juan Pablo II le pidió al cardenal Caffarra que fundara el Instituto Pontificio de Estudios sobre el Matrimonio y la Familia, éste le escribió a sor Lucía de Fátima para solicitar su oración. Para su gran sorpresa, recibió de ella una larga carta escrita de su puño y letra, actualmente conservada en los archivos del Instituto. Veamos un extracto:

"La batalla final entre el Señor y el reino de Satanás se librará sobre el matrimonio y la familia. No teman, porque todos los que trabajen por el carácter sagrado del matrimonio y de la familia siempre serán combatidos y odiados de todas maneras por ser el punto crucial".

Concluía agregando:

"Sin embargo, nuestra Señora ya le ha aplastado la cabeza".

Lucía prevenía también que, al tocar a la familia, se tocaba la columna que sostiene toda la Creación, la verdad sobre la relación entre el hombre y la mujer y el nexo entre las generaciones. Cuando se toca la columna central, todo el edificio se derrumba; y eso es lo que estamos presenciando hoy.

Por su lado, Bruno Cornacchiola cita claramente las profecías recibidas de la Virgen de la Revelación, entre otras sobre el hecho de que en Roma correrán ríos de sangre (véase el capítulo 42).

Ante la amenaza de catástrofes naturales y de guerras, la angustia frente al porvenir crece cada vez más. La paz en Europa es bastante frágil. Los musulmanes extremistas quieren hacer desaparecer completamente la cultura cristiana de Occidente. Nos encontramos aquí en pleno corazón de un gigantesco combate espiritual.

En 1976, el cardenal Karol Wojtyla se expresaba ya abiertamente: "Nos hallamos actualmente ante la mayor confrontación que la historia de la humanidad haya jamás conocido. Yo no pienso que la mayoría de la sociedad americana, como tampoco el conjunto de la cristiandad, hayan captado toda la dimensión del problema. Estamos actualmente frente al combate final, aquel de la Iglesia y la anti-Iglesia, del Evangelio y del anti-Evangelio, de Cristo y del Anticristo. Esta confrontación se incluye en los designios de la providencia divina. Por eso está en el plan de Dios. Es necesario que haya un combate que la Iglesia asuma y lleve adelante con coraje..."

En Lourdes, en 2007, el cardenal Iván Días concluyó su homilía con estas palabras de Juan Pablo II, para nuestro consuelo: "De todos modos, una cosa es segura: la victoria final le pertenece a Dios y esta victoria final será ganada por la intercesión de la Virgen María, la mujer del Génesis y del Apocalipsis que combatirá a la cabeza de sus ejércitos, de sus hijos e hijas contra el poder de Satanás. Ella aplastará la cabeza de la serpiente".

En Medjugorje, los videntes han recibido secretos sobre el porvenir del mundo. Han llorado copiosamente al recibir uno de los últimos secretos. Evidentemente, no han revelado su contenido, pero tiempo después la Virgen les dijo que ese secreto había sido suavizado gracias a las oraciones y a los ayunos, pero que no había sido completamente suprimido. En los inicios de las apariciones, la Virgen dio a conocer que, cuando sean revelados los secretos, veríamos el fin del poder de Satanás. Y el vidente Ivan Dragicevic también declaró: "Cuando los secretos sean revelados, volveremos a recuperar la fe de nuestros padres".

No olvidemos que las verdaderas profecías que anuncian desgracias y sufrimientos son dadas por Dios para que no se realicen.

Siempre van acompañadas por una apertura a la misericordia, una invitación a la conversión y a volver al cumplimiento de los mandamientos de Dios. Si nos arrepentimos y hacemos penitencia, Dios impedirá que el mal se concrete. ¡La Biblia y la historia de la Iglesia nos dan muchos ejemplos de ello!

Pero, salvo error de mi parte, nuestro mundo de hoy no parece acercarse al Señor, por lo menos en Occidente, donde se prefiere dar culto a los dioses Dinero y Poder. En 1981, la Virgen en Medjugorje decía: *"He venido para acercar el mundo al Corazón de Dios"*. Pero en 2012 afirmaba: *"El mundo se aleja cada día más del Corazón de Dios"* ¿La Reina de la Paz habría fracasado en su misión? No, somos nosotros quienes hemos prestado poca atención a su voz maternal que nos invitaba a seguir los verdaderos caminos de la paz. Estamos demasiado ocupados por otros objetivos y no por conseguir la santidad.

Bajo el manto de María

Mi propósito no es insistir aquí sobre las amenazas que pesan sobre el mundo, ni sobre las continuas ofensas que le damos a beber al corazón infinitamente amoroso de nuestro Dios. Prefiero más bien recordar una vez más que la Virgen María, Madre de misericordia y Refugio de los pecadores, es "LA" respuesta providencial a las angustias de nuestros contemporáneos. Examinemos el recorrido de esta perfecta discípula de Jesús. Ella es la Esposa por excelencia y, como los discípulos de Cristo, es la primera en *"seguir al Cordero donde quiera que vaya"* (Ap. 14, 4). Efectivamente, María nunca ha dejado de seguir a su Hijo por todos los caminos, ¡y qué caminos! Él nació en Belén en una extrema pobreza; escapó por poco a la masacre de los santos inocentes; huyó a Egipto con sus padres, sobreviviendo con dificultades como tantos refugiados lejos de su patria; treinta años de vida oculta en Nazaret y luego tres años de predicación. De repente, se deja arrestar sin oponer la menor resistencia, como un cordero llevado al matadero. Allí, ya sin escapatoria, será entregado en manos de los pecadores y conducido a la más ignominiosa de las muertes…

Su hora ha llegado. ¡El Cordero es inmolado sobre el altar de la cruz! Para los suyos, el mundo se derrumba. Están abrumados por el dolor y la desesperación. Todo ha terminado. Nadie entiende más nada. Es el horror absoluto. Sin embargo, alguien no vacila. María se mantiene allí de pie, junto a la cruz, erguida, tranquila. Conserva su gran dignidad ante todos y su actitud es tan hermosa y ejemplar que sólo ella, la Madre de Jesús, puede tenerla en semejante grado. La sostiene una esperanza o más bien una certeza indefectible: el plan del Padre se cumple ante sus ojos; la salvación del mundo se juega en el Gólgota; su Hijo está realizando su misión perfectamente, derrotando a la muerte en su propio terreno y rescatando a la humanidad.

Bajo el manto de María, © *www.bradi-barth.org*

He aquí como Marthe Robin[65] describía lo que había en el corazón de la Virgen en aquel momento:

"El dolor de María es infinito. Sin embargo, no habría que representarse su sufrimiento como un océano de amargura que no es iluminado por ninguna luz proveniente de lo Alto. ¡No, en absoluto! Ella es perfectamente feliz, en su inmenso dolor, por cumplir hasta el final con la voluntad del Padre; y contribuir ampliamente, por su amor y su ofrenda, al plan redentor y eterno de Dios, engendrando, junto con Jesús, la nueva humanidad a la vida divina. También preveía la próxima resurrección y la exaltación universal del Divino Crucificado".

La Madre que Jesús nos entregó desde lo alto de la cruz no es un símbolo ni una simple madre sustituta. Es una verdadera madre, es decir, una mujer que concibe al niño en ella, lo lleva en su seno, lo da a luz al mundo y lo acompaña con solicitud. Nuestra madre terrenal ya nos ha dado la vida, pero el cuerpo que hemos recibido de ella, un día morirá. Al contrario, la vida a la que la Virgen nos da a luz es una vida que no terminará: la vida en el Espíritu cuyo manantial tiene su origen en Dios creador y que se desarrolla plenamente en la vida eterna.

"Cuando estamos en la Tierra – dice san Bernardo de Claraval – aún no hemos nacido. Nacemos cuando entramos en el Cielo. En la Tierra somos llevados en el seno de la Madre de Dios". María es, por lo tanto, nuestra verdadera Madre en el orden sobrenatural y divino, tal como nuestra madre terrenal lo es en el orden de la naturaleza. María nos da infinitamente más que nuestra madre de la Tierra. ¡Ella nos está gestando para una vida sin fin, divinamente hermosa y feliz!

Con María y como Ella, la Iglesia sigue al Cordero por todas partes, adónde Él vaya. ¿Adónde vaya? Llegará forzosamente un

---

[65] *La douloureuse Passion du Sauveur*, ed. Foyers de Charité, www.martherobin.com

momento en que, a la zaga de su Maestro, la Iglesia que María lleva en sí tendrá también que vivir la condenación a muerte de Cristo, antes de su triunfo. Es la noche del sábado santo. Es el silencio de Dios.

Por lo tanto, si en un futuro cercano, la Iglesia parece estar aplastada como su Maestro, si parece estar aniquilada e incluso destruida, al igual que su Maestro, si asistimos a la confusión y a la desbandada del clero, si nuestras iglesias son requisadas o atacadas, si nuestras seguridades desaparecen, si finalmente no vemos más que tinieblas a nuestro alrededor, entonces siempre nos quedará el más seguro de los refugios: el manto maternal de María que fue hecha Madre nuestra en la cruz[66]. Es decir, vivir con Ella, en Ella, por Ella, seguir sus instrucciones como nos invita a hacerlo[67]. Los dardos ardientes del Maligno jamás han podido penetrar el manto de la Virgen, porque este manto es la nube del Espíritu Santo que la cubrió con su sombra desde la Anunciación y que nunca más la ha abandonado, como está escrito: *"El Espíritu Santo te cubrirá con su sombra"* (Lc 1, 35). Felices, bienaventu-

---

[66] El 13 de enero de 1864, el venerable padre Louis Cestac (fundador de la congregación de las Siervas de María) tuvo una visión que le mostraba demonios causando estragos indescriptibles sobre la Tierra. Al mismo tiempo, tuvo una visión de la Virgen María que le dijo que, en efecto, los demonios estaban desencadenados en el mundo, que había llegado la hora de rezarle a Ella como Reina de los ángeles y de pedirle que mandara a las legiones santas para derribar los poderes del Infierno. "Madre mía -dijo el sacerdote- tú que eres tan buena, no podrías mandarlos sin que se te pida" "No -contestó ella-, la oración es la condición puesta por Dios mismo para la obtención de las gracias". "Pues bien, Madre mía, ¿podrías enseñarme tú misma cómo hay que orar?" Entonces recibió de la Virgen María esta oración: "Augusta Reina de los Cielos y Maestra de los ángeles, tú que has recibido de Dios el poder y la misión de aplastar la cabeza de la serpiente, te suplicamos humildemente que mandes a las legiones celestiales para que, bajo tus órdenes, persigan a los demonios, los combatan en todas partes, repriman su audacia y los lancen al abismo. ¿Quién como Dios? Oh, buena y tierna Madre, sé siempre nuestro amor y nuestra esperanza. ¡Oh divina Madre, envía a los santos ángeles para defendernos y apartar de nosotros al cruel enemigo! ¡Santos ángeles y arcángeles, defiéndannos y guárdennos!

[67] *"Quien reza no le teme al futuro; quien ayuna, no le teme al mal"*, nos dice la Virgen en Medjugorje (mensaje del 25 de enero de 2001)

rados, los que acogen a María como a su Madre; no serán confundidos en medio de las tempestades[68]

¡Difícil sin el Arcángel Miguel!

El nombre de Miguel aparece citado por primera vez en la Escritura en el Libro de Daniel:

"En aquel tiempo, se levantará Miguel... que se mantiene junto a los hijos de tu pueblo. Porque será un tiempo de desamparo como no lo hubo jamás desde que existen las naciones" (Dn 12, 1)

Que hemos entrado en ese tiempo, alrededor de dos mil cuatrocientos años más tarde, nos lo ha confirmado el gran papa mariano León XIII (1810-1903). El 13 de octubre de 1884, exactamente treinta y tres años antes del milagro del sol en Fátima, recibió en efecto una visión profética – siendo que por naturaleza era muy mesurado y circunspecto – que comunicó a su confesor. Éste hizo de aquello un "legado espiritual" que transmitió, a su vez, al cardenal Pietro Boetto, quien lo publicó después de la Segunda Guerra Mundial.

El papa León XIII tuvo esa visión después de celebrar la misa. De repente vio desarrollarse un acontecimiento del cual, parece ser, era el único testigo. Su rostro empalideció y dejó transparentar el espanto y el asombro. A continuación, se dirigió directamente a su despacho, donde, de un tirón, escribió dos oraciones: "Oh Dios mío, tú que eres nuestro socorro" y "San Miguel Arcángel, príncipe de la milicia celestial". ¿Qué vio el Papa?

Vio abrirse la Tierra como una granada. De la hendidura de una profundidad abisal, subían legiones de demonios que invadían

---

[68] Texto inspirado del Triunfo del Corazón, revista editada por la Familia de María, www.de-vrouwe.info septiembre/octubre 2016. Fuentes: Ildebrando A. Santagelo, Il ritorno di Gesú, Adrano/Catania, pág 14 y siguientes.

toda su superficie, difundiendo mentiras por todas partes y provocando insurrecciones, guerras y revoluciones. Una bruma de una amplitud inmensa se extendía sobre la Tierra. Había tantos muertos que la Tierra parecía estar sumergida en sangre. Entonces vio cómo una multitud de demonios se abalanzaban sobre la Iglesia, representada bajo el signo de la basílica de San Pedro. La Iglesia estaba tan sacudida que parecía derrumbarse. Fue el momento en que el santo padre exclamó en su visión: "¿No hay ningún medio para salvar a la Iglesia?" Entonces vio bajar del Cielo al arcángel san Miguel, que entablaba un combate contra los demonios y los vencía. Los demonios volvían a entrar poco a poco en la hendidura abisal de la Tierra, que enseguida se volvió a cerrar. La sangre fue absorbida por la tierra; la bruma desapareció y un día radiante amaneció. Entonces, oyó una voz: "Todo eso comenzará bajo el pontificado de uno de los próximos papas y Rusia será la causante de ello".

No se puede dudar de que León XIII haya vivido esto verdaderamente. El cardenal Nasalli Rocca, arzobispo de Boloña afirma en su carta de Cuaresma de 1946:

"León XIII escribió él mismo esta oración. Las palabras "arroja al Infierno a Satanás y a los demás espíritus malignos que andan dispersos por el mundo para la perdición de las almas" tienen una explicación histórica. León XIII tuvo realmente la visión de los espíritus infernales agrupados por encima de la Ciudad Eterna de Roma. Al ver esto, escribió esta súplica que quiso hacer rezar a toda la Iglesia. El mismo papa León XIII la rezaba con una voz temblorosa y fuerte a la vez. Hemos oído comentar este hecho repetidas veces en la basílica vaticana de San Pedro".

En 1886, se envió un escrito a todas las diócesis del mundo en el cual León XIII pedía que se rezara esta oración de rodillas después de cada misa. Desde la reforma litúrgica de 1969-1970, ya no se ha tenido en cuenta esta poderosa oración.

El papa Juan Pablo II también creía en la autenticidad de aquella visión. Ya cuando era cardenal, estaba convencido de "encontrarse ante la mayor confrontación jamás vivida de toda la historia de la humanidad". Algunos decenios más tarde, agregó: "Dejémonos fortalecer por la oración para afrontar el combate espiritual. El *Libro del Apocalipsis* se refiere al combate cuando nos presenta la figura de San Miguel Arcángel (Ap. 12, 7). Seguramente en esa escena pensaba el papa León XIII al introducir en toda la Iglesia una oración particular a San Miguel: "San Miguel Arcángel, defiéndenos en la batalla. Sé nuestro amparo contra la perversidad y las asechanzas del Demonio. Reprímale Dios, te pedimos suplicantes, y tú, príncipe de la milicia celestial, arroja al Infierno con el divino poder a Satanás y a los otros espíritus malignos que andan dispersos por el mundo para la perdición de las almas. Amén". A pesar de que esta oración ya no se reza al finalizar la celebración Eucarística, invito a todo el mundo a no olvidarla y a rezarla para obtener la ayuda en el combate contra el poder de las tinieblas y la secularización" (Juan Pablo II, 24 de abril de 1994, plaza de San Pedro).

Estudiando la Torá en Jerusalén (Foto Archivo/Feu et Lumière)

¡Volver a Jerusalén!

Sabemos que la Virgen cuenta mucho con los pequeños grupos de oración que se fueron formando por todas partes en el mundo. *"Los grupos de oración son fuertes y a través de ellos, yo puedo ver, hijitos, que el Espíritu Santo actúa en el mundo"* (24 de junio de 2004). Si la Iglesia debe pasar por una gran prueba siguiendo los pasos de su Maestro, como ha comenzado ya a ocurrir en varios países; cuanto más pequeños seamos, más invisibles seremos para el enemigo.

Ya el joven Ratzinger había hablado de una Iglesia pobre, despojada de sus bienes y de sus prerrogativas, perseguida, pero ferviente[69]. Esa Iglesia habrá perdido su "poder" a cambio de una gran autoridad espiritual. Jesús no tenía dónde reposar la cabeza, no tenía poder terrenal, ni bienes materiales, pero ¡qué autoridad en su enseñanza y en su testimonio!

Mejor dicho, la Iglesia está invitada a *volver a Jerusalén*. No al lugar de la Ciudad Santa sino tras sus huellas, las huellas de los primeros cristianos que ciertamente no poseían bienes materiales, pero que vivían de tal forma bajo la moción del Espíritu Santo, a imitación de Cristo, que inundaron el mundo con su luz. De esos "pequeños islotes de fervor", como los veía Marthe Robin, resurgirá una Iglesia purificada, renovada, humilde y fuerte como su Maestro, fiel al Espíritu Santo, su fundador. Gracias a la oración fervorosa y a vivir el amor fraterno, la Iglesia se adaptará al desamparo presente y todo hombre de buena voluntad reconocerá en ella el verdadero mensaje de paz, de consuelo y de amor. Desde hoy, volviendo a leer los Hechos de los Apóstoles podemos percibir la belleza de semejante Iglesia y preparar sus comienzos en nuestro corazón.

---

[69] Ver cap. 45 "La profecía olvidada de Ratzinger", en *La paz tendrá la última palabra,* de Sor Emmanuel Maillard, Ed. Paulinas.

44
Sus estolas empapadas de lágrimas

Confesión en Medjugorje (Foto/Bernard Gallagher)

A principios de agosto de 1984, la Virgen reveló a los videntes la fecha exacta de su nacimiento. La Iglesia celebra la natividad de María el 8 de septiembre, pero es una fecha litúrgica y no histórica. Según los videntes, la Virgen María nació el 5 de agosto y aquel año, en 1984 celebraba su 2000° aniversario, ¡sin una sola arruga!

La víspera de aquel día, el grupo de oración se había reunido y Jelena Vasilj, responsable de ese grupo, tuvo una experiencia inhabitual. Desde hacía dos años, aquella joven del pueblo había recibido el don, no de ver a la Virgen en una aparición como los seis videntes, sino de verla, como así también a Jesús, en su corazón y de recibir locuciones interiores que corroboraban y enriquecían los mensajes recibidos por los videntes. Estos mensajes estaban destinados al crecimiento del grupo de oración que María había formado bajo la dirección de Jelena y que, en su mayoría, eran adolescentes.

Era por lo tanto el 4 de agosto de 1984 y se encontraban en un oratorio muy sobrio en el jardín de la familia Vasilj. Los jóvenes estaban sentados en el suelo y rezaban el rosario con todo el corazón. Jelena comenzó a rezar el Padrenuestro, pero de repente vio a Satanás que le impedía rezar a toda costa. Sólo tenía catorce años y ya tenía que enfrentarse al enemigo del género humano. En vano trataba de pronunciar las palabras de esta oración. Satanás se retorcía por el suelo y parecía estar muy descontento. Le dijo a Jelena: "Pídele a la Virgen que mañana no bendiga al mundo".

Pero Jelena, que estaba bien formada en la escuela de María, no hizo caso de sus palabras. Enseguida la Virgen se le manifestó y le regaló la más hermosa de sus sonrisas. *"Él sabe por qué te pidió esto,* – le dice –. *El Altísimo me ha permitido que mañana dé al mundo mi bendición solemne. Satanás sabe que ese día, estará amarrado y no podrá actuar".* Jelena terminó su Padrenuestro en paz y se alegró a la espera de aquel día tan particular. Se puede suponer que, para celebrar el aniversario de su Madre, Jesús haya suspendido por un tiempo el impacto del enemigo sobre las almas y les haya permitido ir hacia Él libremente y sin trabas.

Al día siguiente, la gracia corría tan a raudales, que quienes se encontraban en Medjugorje experimentaron el Cielo en la Tierra. Los setenta sacerdotes presentes confesaron durante todo el día, porque las personas se sentían impelidas desde el interior a hacer las paces con Dios en el sacramento de la reconciliación. La unción del Espíritu Santo era tan fuerte que todos lloraban sus pecados ante los sacerdotes. Por su parte, los sacerdotes daban testimonio de que sus estolas estaban bañadas en lágrimas y que mezclaban sus propias lágrimas con las de los penitentes. Algunas personas que habían venido como turistas a orillas del Adriático se sintieron movidas irresistiblemente a venir a Medjugorje y se unieron a las filas de los penitentes para llorar, también ellos, sus pecados y recibir de Dios la paz del perdón. ¡Cuántas almas reencontraron el estado de gracia aquel día! ¡Fue una cosecha espectacular.

¿Cómo no relacionar la promesa de que Satanás estaría atado con los frutos asombrosos de esa bendición? ¿Cómo no caer en la cuenta de que el día en que Satanás estuvo amarrado e incapaz de actuar, la misericordia divina se derramó tan copiosamente sobre todos los que estaban en Medjugorje y en sus alrededores? ¿Cómo extrañarnos de que nuestro enemigo deteste la misericordia que nos hace caer en los brazos de Dios y no en sus propias garras? ¿Cómo extrañarnos de que todos los bloqueos que nos impiden acoger la misericordia hayan saltado en el momento en que Satanás estaba amarrado?

¿No es acaso él, con sus discursos insidiosos en nuestra conciencia, el responsable de hacernos creer que el pecado es muy normal y humano, y que no tenemos ninguna necesidad de abandonarlo? ¡Menos aún de quemarlo en la hoguera ardiente del Corazón de Jesús por el sacramento de la confesión!

¡No esperemos que la Virgen cumpla tres mil años para acogernos a la misericordia!

Confesiones en Medjugorje en los años 80 (Foto Archivo/autorizada)

45

LA ILUMINACIÓN DE LAS CONCIENCIAS

Desde hace mucho tiempo, viendo la degradación de nuestra sociedad donde, como dice la Virgen, (¡y no sólo Ella!), "todo se derrumba", frecuentemente he interrogado al Señor sobre su visión de nuestro porvenir, diciéndole muy sencillamente: "¡No veo en absoluto cómo nos vas a sacar de todo esto!" y atisbaba indicios de respuesta de parte suya. Sin tener visiones o locuciones, me es suficiente abrir los ojos para constatar que asistimos hoy en día a un fenómeno espiritual muy notable, que concierne cada vez a más personas, independientemente de su cultura o de su religión. Le doy la bienvenida a este fenómeno con alegría porque me parece que es un inmenso regalo del Cielo.

Podemos designar este fenómeno como un "aviso" o una "iluminación de las conciencias", poco importa la etiqueta que queramos ponerle.

Cuando fui a visitar a la venerable Marthe Robin, le conté mi conversión y también el florecimiento de dones y carismas en el seno de los grupos de la Renovación Carismática en el Espíritu Santo de París, donde había vivido esa conversión[70]. Creía estar exponiéndole algo maravilloso, fantástico, nunca visto… Ella me contestó en el tono más natural del mundo: "¡Eso no es nada al lado de lo que prepara el Señor!"

---

[70] Veáse el cap. 4 del libro *El niño escondido de Medjugorje,* donde la autora cuenta su conversión. Ediciones Paulinas.

Cuando Marthe hablaba del porvenir, evocaba la llegada de un "nuevo pentecostés de amor". Tenía una fe inquebrantable en la promesa que le había hecho Jesucristo. ¿Ese pentecostés se producirá acaso en un puñado de hombres reunidos en un cenáculo, como ocurrió en el primer pentecostés en Jerusalén? Es poco probable. Tenemos muchas razones para creer que será diferente, totalmente inédito y de una amplitud considerable. Marthe sufría profundamente al ver cómo se extendía la apostasía y llegaba a decir, a propósito de la Iglesia de Francia: "No quedará nada, tan sólo unos pequeños islotes de fervor". Estos pequeños grupos, humildes y pobres, frecuentemente escondidos a los ojos del enemigo, son las piedras indicadoras de este nuevo pentecostés de amor.

Los miles de grupos de oración suscitados por Medjugorje en el mundo entero pertenecen ciertamente a estos pequeños islotes de fervor.

San Luis María Grignon de Montfort profetizó sobre los "apóstoles de los últimos tiempos" e hizo una descripción precisa, ¡como para dar envidia a los apóstoles de los primeros tiempos! "Evangelizarán con la autoridad de Cristo y con el poder del Espíritu Santo"[71]

En **La Salette,** en 1846, María se expresaba así:

"Finalmente llamo a los apóstoles de los últimos tiempos, a los fieles discípulos de Jesucristo que han vivido en un desapego del mundo y de sí mismos, en la pobreza y en la humildad, en el desprecio y el silencio, en la oración y en la mortificación, en la castidad y en la unión con Dios, en el sufrimiento y desconocidos del mundo. Es tiempo de que salgan y que iluminen la Tierra. Vayan y háganse ver como mis hijos queridos, yo estoy con ustedes, en ustedes, para que así su fe sea la luz que los alumbre en estos días

---

[71] Ver en *El Secreto de María* las páginas sobre los apóstoles de los últimos tiempos.

de desgracias. Que su celo los vuelva hambrientos de la gloria y del honor de Jesucristo. Combatan, hijos de la luz, ustedes, el pequeño número de los que ven; porque he aquí que llega el tiempo de los tiempos, el fin de los fines".

Figliola, una gran mística francesa del siglo XX, recibió de Cristo revelaciones sobre la Iglesia y, en particular, sobre Francia[72]. Habló también de la "Iglesia de la Luz" que Jesús prepara en secreto y de "un nuevo pentecostés", después de una gran apostasía. Ha visto con anticipación a algunas personas elegidas por Dios que serán puntales de esta *Iglesia de Luz*. Incluso ha invitado a algunas de ellas a ir a visitarla, lo que nos hace pensar que este nuevo pentecostés está cerca y concierne a nuestra generación.

Por mi parte, compruebo que esta realidad de la iluminación de las conciencias ya ha comenzado, de manera aún tenue, pero real e innegable.

Síntomas comunes a esas experiencias

La iluminación de las conciencias siempre es inesperada y sorprendente. Inclusive si la persona vive en pecado se ve de repente, a la luz de Dios, tal como Jesús la está viendo. Experimenta la realidad de su alma con una nitidez desconocida hasta el momento. Siente como nunca el inmenso amor de Dios para con ella. Este amor, que no es sino dulzura y misericordia, la estremece. Esta revelación sobrepasa todo lo que podía imaginar y no encuentra palabras para describirla.

En un instante, ve también la película de su vida en la que se proyectan hasta los más mínimos detalles y, por amor a Dios, sufre terriblemente por el mal que ha cometido contra Él, contra los demás y contra sí misma. Se humilla y llora abundantemente sus pecados con una verdadera contrición, a veces durante varios

---

[72] Figliola (1888-1976). Ver *Chemins de Lumière* y *Qui est Figliola?* éd. Téqui, 1999.

días (don de lágrimas o compunción). Concibe un feroz horror al pecado y un vivo deseo de confesarlo lo antes posible.

A partir de esa experiencia, la persona cambia radicalmente de vida y la ordena, sin componendas, poniendo a Dios y su amor en primer lugar. Tiene sed de su palabra y de los sacramentos. La opinión de los demás, que a veces la critican, no tiene ya poder sobre ella; está decidida. Siente un gran deseo de Dios y aspira a unirse a Él, tanto es así que la nostalgia del Cielo llega a serle como una quemadura dolorosa. Reza mucho y con el corazón, y ha experimentado qué bueno es el Señor. Sedienta de la salvación de las almas, desea evangelizarlas, desechando todo respeto humano.

Algunos ejemplos

Entre las personas que he conocido personalmente:

Nuestro amigo **Patrick Latta**, canadiense, que vive en Medjugorje desde 1993 y que declara: "¡Tenía un pie en el Infierno y no lo sabía!". En su negocio de venta de automóviles ganaba dinero a manos llenas. Vendía más de cincuenta autos por semana. El dinero era el centro de su vida y Dios, el gran ausente. Multiplicaba los adulterios; en pocas palabras: vivía como un ateo a pesar de haber sido bautizado católico en su infancia. Un día en que tenía entre sus manos una pila de papeles para tirarlos a la basura, se le cayó uno: era un mensaje de María en Medjugorje, enviado por su cuñado croata. Lo leyó: *"He venido a llamar al mundo a la conversión por última vez..."* Y luego: *"He venido a decirles que Dios existe".* Patrick quedó petrificado como si hubiera sido fulminado por un rayo. Comenzó a sollozar, sin poder parar. Aquello duró días. Me dijo: "En un instante, supe que Dios existía, que la Biblia era verdadera, que María es real y que Dios es amor..." Su vida cambió totalmente, como lo hemos dicho antes. Treinta años más tarde, Patrick no se ha retractado y da testimonio del amor de Dios y de María ¡A cuántos corazones habrá tocado![73]

Nuestro amigo **Samuel Jintoni.** Me presentaron a Samuel en el año 2015 y conozco bien a su familia. Este joven padre de familia católica llevaba una vida de pecado en Kota Kinabalu, Malasia. En el fondo tenía buen corazón, pero se había unido a un grupo de malos amigos y era muy busca pleitos. En 2014, enfermó de cáncer en los testículos, que luego produjo metástasis en los pulmones y en el hígado. Estaba muy confundido y no tenía paz. Sentimientos contradictorios combatían en su interior y su angustia aumentaba de día en día. Decidió participar con sus padres en la oración de la mañana, pero les dijo: "¡No consigo encontrar la paz! Tengo que perdonar a todos los que me han hecho daño; tengo la lista en la cabeza, pero no logro perdonarlos; aún les tengo rencor". En su desesperación, dirigió esta oración a Cristo: "¿Por qué no consigo encontrar la paz? ¿Qué es lo que me bloquea? ¡Libérame, Señor!

Cierto día, Samuel tuvo que hacerse una resonancia magnética en el hospital. Cuando se encontró en esa máquina temible y claustrofóbica, estrecha y cerrada como una tumba, le invadió el miedo. De repente, tuvo un flash y vio toda su vida de pecado durante su juventud desfilando ante sus ojos. Eso fue extremadamente doloroso para él. Todo se desarrollaba como en un videoclip, según su expresión. Se veía a sí mismo mirando aquel video. Estaba profundamente avergonzado y destrozado. Se consideraba un verdadero desastre y el sufrimiento que aquello le producía era insoportable. Entonces recibió la gracia de arrepentirse muy sinceramente de todos aquellos horribles pecados y pidió perdón a Dios. Hizo la confesión más hermosa de su vida y comprendió que también él debía perdonar; un perdón que se articulaba en dos niveles: tenía que perdonarse a sí mismo y debía perdonar a los que lo habían herido. (Entre otras cosas, había sido víctima de

---

[73] El testimonio completo de Patrick se encuentra en *Medjugorje, el triunfo del corazón,* de sor Emmanuel Maillard. Ed. Paulinas.

un falso testimonio por parte de un joven después de un robo, algo que injustamente le había costado varios días de cárcel). Finalmente, tuvo la gracia de perdonar de todo corazón.

Luego, de improviso, estando aún dentro de la máquina, vio a Jesús en la cruz, ensangrentado, con la carne hecha jirones, sufriendo atrozmente. Samuel se sintió trastornado. Comenzó a sollozar. Luego la máquina desapareció de su vista y fue reemplazada por un hermoso cielo azul. Fue entonces cuando escuchó la voz de Jesús que le decía desde lo alto de la cruz: "¡Tu fe te ha salvado!". Un río de paz divina fluyó en él, una paz indescriptible, que nunca había conocido hasta el momento, lo inundó por completo. Desde aquel día, Samuel se vio profundamente transformado. ¡Sus amigos venían a estar con él para recibir las ondas de paz que irradiaba! El cáncer continuaba extendiéndose por su cuerpo, pero no salía ni una sola queja de su boca.

Poco después, como en el hospital ya no podían hacer nada por él, Samuel volvió a su casa y allí reunió a toda su familia para compartir con ellos su experiencia. Todos lloraban a la vez de pena y de alegría: de pena porque pronto moriría y de alegría por el trabajo increíble que Dios había realizado en él. ¡Habían rezado tanto por él en los últimos años! Samuel regresó al Señor el 7 de marzo de 2016, poco después del testimonio que había dado a su familia. Tenía veintinueve años. Dos días después de su muerte, su tía, que tenía graves problemas financieros, lo vio en sueños. Vio como Samuel se le acercaba y le decía con inmenso amor: "En la vida hay que hacer lo máximo que podamos. No somos nada sin Dios. ¡Si debes amar, ama! ¡La vida es tan corta! No te preocupes por el dinero, ¡ama!; ¡da lo mejor de ti misma!"

Podríamos hacer una larga lista de personas que han vivido una iluminación de la conciencia. Por ejemplo, el colombiano **Marino Restrepo,** un notorio malhechor, cuyo testimonio se encuentra en internet.

He conocido también a varios judíos, practicantes o no, que han llegado a ser *judíos mesiánicos* después de haber encontrado a Cristo en la intimidad de una experiencia vivida con Él. Nunca vacilaron en proclamar su señorío, incluso en Israel, donde son rechazados casi siempre por sus conciudadanos. ¡Sería necesario un libro para contarlo todo!

Entre los que han vivido una experiencia de muerte inminente y luego han dado su testimonio están:

Gloria Polo (Ver cáp. 5). Me he encontrado varias veces con ella. Si se considera la mujer tan petulante y engreída que era antes de ser fulminada por un rayo, es imposible, al ver su comportamiento de hoy, comprender que se trate de la misma persona. ¡Está completamente cambiada! ¡Después de haberla escuchado, la mayoría de las personas corre al confesionario para hacer la confesión de su vida!

El padre **James Manjakal,** originario de la India y mundialmente conocido por sus fogosas predicaciones y su don de sanación. En África, durante una misión, fue envenenado por un brujo, celoso de su éxito con la gente. No murió, pero permaneció en un coma profundo durante un año. Al salir del coma, contó lo que había vivido: una visita detallada al Cielo, al Purgatorio y al Infierno. También recibió luces y conocimientos extraordinarios sobre las realidades del Más Allá. Da testimonio de ello en su libro *He visto la eternidad.*

¿Podríamos decir que el **Buen Ladrón** también se benefició de una iluminación de su conciencia en el momento en que el cielo se oscureció y todos los asistentes presentes en el Gólgota comenzaron curiosamente a golpearse el pecho? ¿O en el momento en el que miró a Jesús con los ojos del corazón? Por mi parte así lo creo, aunque sólo lo sabremos verdaderamente en el Cielo…

El **padre Steven,** cuya historia se encuentra relatada en el capítulo 30.

¿Por qué algunos sí y otros no?

Esto sigue siendo un misterio y un secreto de Dios. Cuando los videntes de Medjugorje le preguntaron a la Virgen: "¿Por qué a nosotros?", les contestó: "¡Es la voluntad de Dios!". Sin embargo, constato que esa gracia insigne se multiplica a ojos vistas. La Virgen no le da un nombre particular. Que yo sepa, en sus mensajes en Medjugorje, no ha hablado de "iluminación de las conciencias". ¡Pero se la hace vivir a algunos peregrinos!

Es urgente que nosotros, que tenemos la suerte – o más bien la gracia – de conocer a Jesús y a su Madre, nos preparemos para vivir este nuevo pentecostés de amor. ¡Porque puede producirse en el mundo en el momento menos pensado! Me imagino que muchedumbres considerables vendrán a pedir ayuda como sucedió en el primer pentecostés, cuando miles de personas preguntaron a los Apóstoles: *"¿Qué debemos hacer?"* (Hechos 2, 37).

Los que se encuentren en estado de gracia estarán profundamente felices de encontrarse con su Salvador bien amado y de entregarse a Él. Serán confirmados en su fe. Para los demás, será la ocasión de hacer la elección entre Dios y las tinieblas. Para ellos será la prueba de la verdad. Muchos se arrepentirán y se convertirán. Necesitarán ser escuchados, apoyados, consolados, apaciguados, fortalecidos, alentados y evangelizados. Otros se obstinarán en su rechazo a Dios, porque todos hemos recibido la libertad.

Estamos entonces llamados a rezar mucho, a adorar, a escuchar a Dios en el silencio interior para recibir su paz y las gracias necesarias para atravesar positivamente esta "prueba de misericordia". Dejarnos instruir y formar, especialmente por María. Santa Faustina cuenta: "Por la noche, cuando rezaba la Virgen María me dijo: *'Tu vida debe ser semejante a la mía: dulce, oculta, en unión incesante con Dios, intercediendo por la humanidad y preparando al mundo para la segunda venida de Dios'"* (D 624).

¡Por María, en María, con María!

La Virgen era para los apóstoles la imagen de la Iglesia en oración, en el pequeño cenáculo de Jerusalén, a la espera del Espíritu Santo prometido por Jesús, el Paráclito que el Padre enviaría. María dirigió la primera novena de la historia, entre la Ascensión y Pentecostés. Como un nuevo precursor, también es Ella quien prepara hoy al mundo para este nuevo pentecostés, llamando a todos sus hijos a volver a Dios, a recuperar el estado de gracia y a poner a Dios en el primer lugar en sus vidas. ¡Sus intervenciones maternales se multiplican hoy de manera evidente! Lourdes, Fátima, Medjugorje… Es todo el Evangelio contado con sus palabras de Madre, es la invitación presurosa de una mamá que ve que el tiempo se acorta y que no hay ni un minuto más que perder.

¡Ese movimiento de la iluminación de las conciencias o avisos nos introducirá poco a poco en la *Civilización del amor* de la que hablaba Juan Pablo II; en la Nueva Evangelización, el Pentecostés de Amor, la primavera de la Iglesia, el triunfo del Corazón Inmaculado de María!

46
¡ESCANDALOSA MISERICORDIA!

Como han podido apreciar, la misericordia de Dios no tiene nada que ver con la justicia de los hombres, ni tampoco con la simple moral. Un último ejemplo, como si fuera un relato periodístico, permitirá ilustrarlo. Un hecho totalmente inédito porque es puro producto de mi imaginación. ¿Imaginación? Sí y no, porque un acontecimiento similar hubiera podido acontecer perfectamente. ¿Y quién sabe si algunos lectores no puedan identificarse con este personaje?

Volvamos juntos dos mil años atrás, un viernes en el que la historia de la humanidad dio un vuelco y se ha convertido en el punto culminante de la misericordia.

Abigail apuraba el paso en la Jerusalén populosa de los días de fiesta: Pesach, (Pésaj - viernes), Chag Hamotzi, (Fiesta del Pan sin Levadura – sábado), y Yom Habbikkurim (Fiesta de los Primeros Frutos – domingo) ¡Es el Oriente Medio con sus sonidos, sus colores y sus olores! En sus callejuelas estrechas, hombres y animales se abrían camino entre los niños que se interpelaban gritando. Estaban a miles de leguas de saber lo que ocurriría ese día.

En esa Pascua del año 33 de nuestra era[74], la atmósfera estaba

---

[74] Los exégetas e historiadores actuales ponen en duda esta fecha porque sitúan el nacimiento de Jesús varios años antes.

cargada con serios interrogantes: "¿Vendrá a la fiesta?" El corazón de Abigail se debatía entre el amor y el odio. Amaba a Jesús de Nazaret, ese *Ieshua* al que admiraba por ser un gran profeta. ¿Acaso no había sanado a su primo Aarón de una parálisis y le había devuelto la vista a su hermanita? Desde hacía más de un año lo seguía, en la medida de sus posibilidades, para captar cada palabra que salía de su boca. Lo conocía bien, porque ella también procedía de Galilea. Además, se decía que era el Hijo de Dios y Abigail estaba íntimamente convencida de ello. Nadie podía realizar las obras que Él hacía si no tenía a Dios consigo. Nadie podía hablar como hablaba Él, mezclando la dulzura con el poder, la humildad con la autoridad. ¡Majestuoso! ¡Ni qué decir cuando las miradas se entrecruzaban! El Cielo mismo penetraba dentro de uno y uno se sentía transportado. Los escribas y fariseos pueden decir lo que quieran; una mirada así no engaña.

En los últimos tiempos, Abigail había estado observando a Myriam, la madre del profeta Ieshua, que era muy discreta. Habían trabado amistad durante las largas caminatas con Jesús por las orillas del lago de Tiberíades. Había percibido la inmensa bondad que emanaba de esa madre tan sencilla, bella y pura, que siempre sabía decir la palabra que reconfortaba y regalar la sonrisa que hacía recuperar la esperanza; sí, la madre del profeta era una mujer de corazón con quien a Abigail le gustaba abrirse.

Pero unos días antes, no lejos de la pequeña aldea de Caná de Galilea, un delincuente había violado y asesinado salvajemente a su hija, de dieciséis años, y su corazón de madre estaba destrozado por el dolor. Tenía otros hijos maravillosos, pero Raquel era su única hija. Después del funeral Abigail se dio prisa para llegar a Jerusalén para la fiesta de Pésaj. Se había enterado de que habían detenido y condenado a muerte a aquel criminal y de que iba a ser crucificado con otro de su misma catadura. Abigail pensó: "¡Me alegro, es lo que se merece!" No queriendo perderse el espectáculo, se dirigió corriendo hacia el Gólgota donde el asesino de su hija agonizaría durante largas horas antes de morir en la cruz. "¡Bien hecho!", se repetía con una satisfacción que, de todas maneras, no aliviaba ni su dolor ni su angustia.

Era más o menos el mediodía. Las trompetas del templo resonaban con fuerza porque era la hora del sacrificio y el cordero pascual iba a ser inmolado. Al acercarse al Gólgota, Abigail nota algo inesperado: ve a una mujer muy noble de unos cuarenta años y cree reconocerla... Sí, ¡es Myriam, la Madre del profeta! ¿Qué hace allí, al lado de los soldados romanos? Parece tan afligida... A su lado un joven la sostiene y está tan triste como ella. "¡Dios mío, no es posible! ¿No habrán condenado a muerte también a mi Jesús? ¡No, no es posible!" ¡Pero sí!

Al acercarse al Gólgota lo reconoce, crucificado entre dos ladrones: ¡no había duda, era Él: Jesús!

Abigail está destruida. Él lo era todo para ella y representaba una gran esperanza para la nación. ¿Cómo habían podido condenar a semejante inocente? ¡Habían perdido la cabeza! Se acerca un poco más y, de repente, se le hiela la sangre. Atontada, murmura con un hilo de voz: "¡Allí está el asesino de mi hija, el famoso Dimas, el horrible criminal!". Se acerca un poco más y se coloca no lejos de la Madre de Jesús, detrás de ella. Sentimientos contrarios combaten en su interior: su corazón oscila entre el amor por Jesús y el odio por el asesino de su hija. Oye la voz de Jesús que exclama: "*¡Padre perdónalos, porque no saben lo que hacen!*" Pero, absorta en Dimas, el asesino, y en su odio hacia él, no presta atención a esas palabras.

Lo que sigue entrará para ella en el rango de lo insoportable, lo escandaloso, lo impensable. ¿Habrá escuchado bien? Dimas ha hablado. En voz baja, después de haber sido tocado por la mirada de Jesús, ese bandido se ha puesto a defenderlo ante el otro ladrón que lo insultaba. Los dolores de la crucifixión alteraban su respiración, pero Abigail percibe lo esencial de sus palabras. No se lo esperaba en absoluto: ¡Dimas acababa de reconocer que merecía esa muerte horrible por el mal que había cometido! ¡Qué extraño, pide públicamente perdón! Y la respuesta de Jesús la sorprende mucho más aún: "*¡Hoy mismo estarás conmigo en el Paraíso!*"

"¿¿Qué?? ¿Ese criminal? ¿Ese sádico? ¡Estoy alucinando!

¡Voy a enloquecer! ¿¡Dimas hoy mismo en el Paraíso!? ¡Qué escándalo! ¿Cómo es posible? ¡Es el mundo del revés!"

Abigail permanece allí petrificada, como atontada. Su cuerpo ya no le responde y, de repente, se queda inerte; el shock ha sido de una violencia inaudita.

Pero su Jesús lo ha previsto todo. Desde toda la eternidad sabía, veía y preparaba. Sabía que al pie de la cruz otra madre, además de la suya, perdería a su niña en circunstancias atroces. Se dirige a Myriam, su Madre y le dice:"¡*Mujer, aquí tienes a tu hijo!*" Y luego a Juan, su discípulo: "¡*Aquí tienes a tu Madre!*" Mediante estas palabras también le da su Madre a Abigail, al igual que a todos los hombres hasta el final de los tiempos.

Myriam se convierte en "la Madre" al pie de esta cruz, esa triple cruz que reúne en un mismo devenir a un Dios y a dos malhechores. Jesús lo ha cumplido todo y ahora entrega su último aliento profiriendo un gran grito, un grito tal que ni siquiera un hombre en buena salud podría emitir. Satanás se frota las manos, seguro de su victoria: ¡por fin acaba de matar a su peor enemigo! Pero no sabe que, actuando así, matando al autor de la vida, es él quien lo pierde todo, y para siempre: la muerte ha sido vencida en su propio terreno. ¡El adversario es aniquilado en el mismo momento en que cree haber conseguido la victoria!

Myriam mira. También a ella acababan de asesinarle a su Hijo bien amado, a su Jesús, su único hijo. Sólo lo tenía a Él. Quebrada de dolor, permanece de pie y observa en silencio. Luego, como empujada desde su interior, desbordante de esa unción maternal y universal que su divino hijo acaba de conferirle, se da vuelta. Allí está Abigail, tiesa, desolada, con una mueca en la boca. Un cruce de miradas es suficiente y – oh milagro – ¡la Madre del crucificado se dirige hacia ella tendiéndole los brazos!

"*¿Quién es ésta que surge como la aurora, bella como la luna, resplandeciente como el sol?*" (Cantar 6, 10).

Los miembros de Abigail se distienden nuevamente. Ambas mujeres se estrechan en un prolongado abrazo. Silencio. Lágrimas de paz y de dolor se entremezclan. Ni una sola palabra se pronuncia. Poco a poco, como un agua pura que fluye en ella, Abigail comprende. A partir de ese momento ya no habrá más amor y odio litigando en su corazón. Una chispa de misericordia ha surgido desde las profundidades de su ser. Recostada sobre el corazón de María, su alma agitada por fin encuentra reposo. Sólo el amor permanece. El corazón de María arde como una antorcha. Junto a aquel fuego, ¿cómo podía subsistir en Abigail una mínima partícula de odio hacia Dimas, el criminal? La rebeldía, la frustración, el odio, la desesperación, todas esas inmundicias se han derretido como nieve al sol. Junto al corazón de María, Abigail perdona lo imperdonable.

Jesús todo lo ha hecho bien. En el momento de su último grito, cuando el velo del Templo se rasgaba y las rocas se resquebrajaban, ¿no le daría su propia Madre a su destrozada Abigail, lanzándole así la soga de salvataje de su misericordia? ¡Y qué misericordia! ¡Escandalosa misericordia!

ANEXO

¡Santa Faustina se destacó por cantarle a la Divina Misericordia! Dejó brotar estas Letanías de su corazón y nos hizo esta promesa: "El amor divino es la flor y la misericordia, el fruto. Que el alma que tenga dudas, lea estas meditaciones sobre la misericordia y se volverá confiada" (Diario, 949)

(Se repite: *en ti confío* al final de cada invocación)

Divina Misericordia, que brota del seno del Padre, *en ti confío*.

Divina Misericordia, el mayor atributo de Dios,

Divina Misericordia, misterio inconcebible,

Divina Misericordia, fuente que brota del misterio de la Santísima Trinidad,

Divina Misericordia, insondable a todo espíritu humano o angélico,

Divina Misericordia, de donde brotan la vida y la felicidad,

Divina Misericordia, por encima de los cielos,

Divina Misericordia, fuente de milagros y de maravillas,

Divina Misericordia, que envuelve al mundo entero,

Divina Misericordia, venida a la Tierra en la persona del Verbo encarnado,

Divina Misericordia, que se derrama por la herida abierta del corazón de Jesús,

Divina Misericordia, contenida en el corazón de Jesús para los pecadores,

Divina Misericordia, insondable en la institución de la Santa Eucaristía,

Divina Misericordia, en la institución de la Santa Iglesia,

Divina Misericordia, en el sacramento del santo bautismo,

Divina Misericordia, nuestra justificación por medio de Jesucristo,

Divina Misericordia, que nos acompaña a lo largo de toda la vida,

Divina Misericordia, que nos envuelve especialmente en la hora de la muerte,

Divina Misericordia, que nos regala la vida eterna,

Divina Misericordia, presente en cada momento de la vida,

Divina Misericordia, que nos preserva del fuego infernal,

Divina Misericordia, para la conversión de los pecadores insensibles,

Divina Misericordia, sorprendente para los ángeles, inconcebible para los santos,

Divina Misericordia, insondable en todos los misterios divinos,

Divina Misericordia, que nos levanta de toda miseria,

Divina Misericordia, fuente de nuestra felicidad y alegría,

Divina Misericordia, que nos llama de la nada a la existencia,

Divina Misericordia, que abarca todas las obras de sus manos,

Divina Misericordia, coronando todo lo que existe y existirá,

Divina Misericordia, en la cual estamos todos inmersos,

Divina Misericordia, dulce paz de los corazones atormentados,

Divina Misericordia, única esperanza de las almas desesperadas,

Divina Misericordia, reposo de los corazones, paz en las angustias,

Divina Misericordia, delicia y maravilla de las almas santas,

Divina Misericordia, que despierta la confianza contra toda esperanza.

INFORMACIONES

Material para seguir profundizando
los temas de este libro:

En español:
Florida Center for Peace - info@fcpeace.com - www.fcpeace.com
(ir luego a Tienda/Medjugorje)

En francés:
Maria Multimedia, Tel (33) 2 99 09 92 10 - Fax (33) 2 99 09 92 29
www.mariamultimedia.com - Mucho del material puede ser bajado
directamente por Internet adquiriéndolo en el sitio católico:
www.exultet.net

En inglés:
Children of Medjugorje inc USA - www.sremmanuel.org

Información de interés sobre Medjugorje
¿Cómo conocer el mensaje del 25?
En español: www.centromedjugorje.org
Distintos idiomas: www.medjugorje.hr

Para suscribirse al **Boletín de Sor Emmanuel**
y recibirlo por mail: gisele.riverti@gmail.com

LA AUTORA

 SOR EMMANUEL MAILLARD nació en Francia en 1947. Obtuvo una licenciatura en literatura e historia del arte en la Universidad de la Sorbona en 1971. Es miembro de la Comunidad de las Bienaventuranzas desde 1976. A partir de 1989 se estableció en Medjugorje y de allí viaja por el mundo entero para evangelizar. Sus libros, traducidos en diversos idiomas, se han convertido rápidamente en best sellers por su capacidad de llegar al corazón de sus lectores al igual que sus numerosos testimonios transmitidos por los distintos medios de comunicación.

OTRAS OBRAS

Argentina:
Editorial Paulinas - Larrea 44/50
Buenos Aires - Tel/fax (54 11) 4952-5924
editorial@paulinas.org.ar - www.paulinas.org.ar
– *Medjugorje, el triunfo del corazón*
– *El Niño escondido de Medjugorje*
– *La Paz tendrá la última palabra*
– *Fátima explicada a los niños,*
  ¡Ayuden a que triunfe mi Corazón!

Alba Impresores - Avda. Amancio Alcorta 3910
Tel (54 11) 4562-4100 - albaimpresores@gmail.com
– *El sorprendente secreto del Purgatorio*
– *El poder desconocido del ayuno:*
  curación - liberación - alegría.
– *Mariam de Belén, "la Pequeña Árabe"*

España:
ADADP, c/Alicante 3, 08195 Sant Cugat del Vallès (Barcelona)
Tel (34) 629 792 849 - (34) 609 283 706 -
afpersona@gmail.com - www.hijosdemedjugorje.com

– *Medjugorje, el triunfo del corazón*
– *El Niño escondido de Medjugorje*

– ¡Niños, Ayudad a mi Corazón a vencer!!
– La extrema misericordia: ¡No Judas, no es demasiado tarde!
– El maravilloso secreto de las almas del Purgatorio
– Mariam de Belén, "La pequeña árabe"
– Contemplación de los misterios del Rosario
– Los misterios de la compasión y de la misericordia
– Familia, no te dejes destruir
– La bonita historia de Medjugorje contada
a los niños de 7 a 97 años
– La Paz tendrá la última palabra
– El poder desconocido del ayuno:
curación - liberación - alegría
– Escandalosa Misericordia:
cuando el Señor rompe moldes

En otros países de habla hispana:

Chile: Foyer de Caridad Nuestra Señora del Carmen,
Casilla 15, Tomé, VIII Región
Tel (56) 41 265 1332 - Fax (56) 42 265 1127,
foyertome@gmail.com - www.foyerdecaridad.cl

Ecuador: Fundación Jesús de la Misericordia,
P.O. Box 6252 CCI, Quito,
Tel (593) 2 226 4519- Fax (593) 2 256 1445
info@fundacionjesusdelamisericordia.com

Estados Unidos: Florida Center for Peace,
Miami 9779 SW St, Miami, Fl 33173
Tel (1) 305 412 1700, Fax (1) 305 412-1777,
info@fcpeace.com - www.fcpeace.com

México: Dulce María Landa - Tel (52) 33 31 223 223,
dulcelanda@hotmail.com

Perú: Librería Magnificat - Tel (51) 1448 1789,
lilypesa@hotmail.com

El poder desconocido del ayuno: curación - liberación - alegría

"Leí su libro del principio al fin. Sus palabras me cautivaron y me convencieron sobre la importancia del ayuno. Ya conocía sus beneficios, pero no era consciente de todos sus atributos, que usted explica tan bien. Sabemos que Nuestra Señora en Medjugore insiste mucho en la importancia del mismo, pero evitamos llevar algo a la práctica cuando implica un sacrificio de parte nuestra. Las razones y los ejemplos presentados en este libro muestran muy claramente el motivo por el cual la Santísima Virgen insiste reiteradamente con algo tan valioso para el alma y el cuerpo, para el apostolado en la Tierra, y para llevar alivio a las almas del Purgatorio. Le agradezco por ilustrarnos sobre tan importante práctica, muy frecuentemente mencionada en la Sagrada Escritura. La parte final de su obra, con los testimonios de los santos, convencerá hasta al lector más reticente. Para quien lo lea, este libro será un verdadero descubrimiento del ayuno". *Don Gabriele Amorth*

Sor Emmanuel Maillard

Children of Medjugorje – Argentina
albaimpresores@gmail.com

Hijos de Medjugorje – España
www.hijosdemedjugorje.com

Mariam de Belén, la Pequeña Árabe

¿Quién es la Pequeña Árabe? Mariam Baouardy nació en Galilea de una familia pobre y muy creyente. Su vida es una sucesión de manifestaciones sobrenaturales dignas de una Catalina de Siena o de una Teresa de Avila, desde los estigmas hasta los combates singulares contra Satanás. Nos enseña a vencerlo con las armas apropiadas, algo sumamente valioso hoy en un día, ya que estamos todos en un verdadero campo de batalla. Fue canonizada en Roma el 17 de mayo de 2015. Es difícil descubrir a Mariam sin enamorarse de ella, sin desear llegar a ser santo viviendo sus enseñanzas. Éste es un librito verdaderamente imperdible.

Sor Emmanuel Maillard

Children of Medjugorje – Argentina
albaimpresores@gmail.com

Hijos de Medjugorje – España
www.hijosdemedjugorje.com

El Niño escondido de Medjugorje

"La lectura de *Medjugorje, el triunfo del corazón*, me dejó tan deslumbrado y tan profundamente impresionado que me empujó a ir a Medjugorje. Tenía que ver con mis propios ojos las maravillas espirituales que se contaban en el libro. Ahora, con *El Niño escondido*, el rescoldo de amor hacia María recibe un nuevo aire fresco, un viento de Pentecostés. ¡Sor Emmanuel es realmente uno de los mejores ecos de María! ¡Enhorabuena por este testimonio maravilloso! No me sorprendería que la misma Gospa se convirtiera en su más ávida lectora". *Mons. Denis Croteau, OMI*

"Algunos libros están tan llenos de riquezas y tan bien escritos, que esconden perlas únicas. El libro de sor Emmanuel es uno de ellos; contiene las más bellas perlas con las que enriquece al lector. A través de sus narraciones y anécdotas, éste disfruta al conocer a gente de gran valía, a la vez que aprende de las distintas vivencias narradas. Este libro te ayudará a conocer más profundamente un camino aún muy poco transitado: el camino de la Reina de la Paz". *Padre Jozo Zovko, ofm*

"¡Qué increíble fuerza narrativa la de sor Emmanuel! Con su extraordinario don de saber contar al mundo los maravillosos frutos del amor divino, consigue con ésta, su nueva obra, colmar al lector de una sorprendente alegría, enorme paz y dulce esperanza. ¡Ningún regalo podría venir mejor al corazón herido del hombre de hoy! Empiezo a sospechar que tiene enchufe en el Cielo, y que son los mismos ángeles los que le susurran cada capítulo al oído…". *María Vallejo-Nágera*

Sor Emmanuel Maillard

Ediciones Paulinas, Argentina
www.paulinas.org.ar

Hijos de Medjugorje – España
www.hijosdemedjugorje.com

Medjugorje, el triunfo del corazón

Con los años este libro se ha convertido en un clásico. No solamente inspira a los peregrinos a profundizar en sus propias experiencias, sino que también Sor Emmanuel nos ofrece ecos de Medjugorje y de los acontecimientos que se produjeron en aquella aldea desde el inicio de las apariciones en 1981. Comparte algunos de los testimonios personales de los pobladores, de los videntes, y de los peregrinos que acuden de a miles recibiendo grandes sanaciones. Ha sido traducido en 27 idiomas. Estas 89 historias ofrecen un pantallazo de los milagros del amor maternal de María.

Sor Emmanuel Maillard

Ediciones Paulinas, Argentina
www.paulinas.org.ar

Hijos de Medjugorje – España
www.hijosdemedjugorje.com

El sorprendente secreto del Purgatorio

No es frecuente que un libro toque profundamente el alma, como sucede en este caso. María Simma, fallecida en marzo del 2004 vivió humildemente en las montañas de Austria. Cuando tenía 25 años, le fue concedido el muy especial carisma de ser visitada por las almas del Purgatorio y poder comunicarse con ellas. María comparte, con sus propias palabras, algunos de los increíbes secretos de las almas en el Purgatorio. Contesta a muchas preguntas como: ¿qué es el Purgatorio?, ¿cómo llegan las almas allí?, ¿quién decide si un alma va al Purgatorio?, ¿cómo podemos ayudar a las almas a liberarse del Purgatorio?

Sor Emmanuel Maillard

Children of Medjugorje – Argentina
albaimpresores@gmail.com

Hijos de Medjugorje – España
www.hijosdemedjugorje.com

Fátima explicada a los niños, ¡ayuden a que triunfe mi corazón!

Cuando la Madre Teresa de Calcuta conoció este libro, se conmovió tanto que envió la siguiente carta a los niños que ayudarían a la Virgen:

"Queridos niños: ¡Mantengan en sus corazones la alegría de amar a Jesús y compártanla con todos! La Virgen María es nuestra madre. Conságrense a su Corazón Inmaculado para crecer en santidad. Oren siempre juntos en familia y ámense los unos a los otros como Dios los ama a cada uno de ustedes. ¡Que Dios los bendiga!"

Sor Emmanuel Maillard

Ediciones Paulinas, Argentina
www.paulinas.org.ar

¡Niños, ayudad a mi corazón a vencer!
Hijos de Medjugorje – España
www.hijosdemedjugorje.com

La Paz
tendrá la última palabra

¡Sor Emmanuel nos ofrece relatos conmovedores que nos conducen tanto a las cárceles de Nueva York como al confesionario de los santos! El lector se encuentra con las profundidades del corazón humano, absorto en situaciones contemporáneas o del pasado, tan variadas como motivadoras.
En un estilo incisivo y vivaz vemos esa paz tan deseada, que viene de Lo Alto, ir de victoria en victoria venciendo al vacío, al hastío y al miedo.
Palabras que muchos no se atreven a pronunciar y que, sin embargo, tienen el poder de reconstruir una sociedad dislocada.
Una inyección de esperanza que apresura el tiempo en que, en el corazón de todos, la paz tendrá la última palabra.

Sor Emmanuel Maillard
Ediciones Paulinas, Argentina
www.paulinas.org.ar
Hijos de Medjugorje – España
www.hijosdemedjugorje.com
Próximamente disponible en e-book en Amazon

La bonita historia de Medjugorje
contada a los niños de 7 a 97

En este libro compartirás las experiencias de seis jóvenes elegidos por el Cielo, su *shock* ante la "hermosa Señora" que se les apareció de improviso en 1981 y su vida muy sencilla. Verás como Vicka y Jakov nos abren los ojos sobre las realidades del Más Allá, a raíz del viaje más conmovedor de su vida cuando la Sma. Virgen los llevó consigo a visitar el Cielo, el Purgatorio y el Infierno. Comprobarás su valentía bajo la persecución del régimen comunista. Descubrirás con alegría los mensajes de una Madre que sólo piensa en ayudarnos y que nos ama mucho a cada uno, -a ti y a mí- de una manera muy especial. Te enterarás de las sanaciones de cuerpos y almas que suceden allí, al igual que en Lourdes. Es una historia de aventuras, pero es real y está ocurriendo ahora mismo.

Sor Emmanuel Maillard

www.hijosdemedjugorje.com
España

ACERCA DE LA AUTORA

Sor Emmanuel Maillard nació en Francia en 1947. Estudió teología con el Cardenal Daniélou y en 1971 obtuvo una licenciatura en literatura e historia del arte en la Universidad de la Sorbonne. En 1973 tuvo una fuerte experiencia del amor de Jesús, y en respuesta consagró su vida a Dios. Fue uno de los primeros miembros de la Comunidad de las Bienaventuranzas en Francia en 1976 y sigue siendo hoy en día un pilar en esa Comunidad. Después de varios años en Israel, en 1989 Sor Emmanuel sintió el llamado de ir a Medjugorje. Fue enviada allí por su superior para fundar una casa de la Comunidad y servir a la Virgen María de distintas maneras. Desde 1992 viaja por el mundo evangelizando y llevando esperanza en el curso de sus misiones. Sus libros han sido traducidos en varios idiomas y tocan los corazones de los lectores por doquier, transformándose rápidamente en best sellers. Sus charlas y testimonios han sido publicados en CDs, shows televisivos,Internet y otros medios de comunicación.

Para recibir el Boletin mensual de Sor Emmanuel, por favor envíanos tu dirección e-mail:
En español *gisele.riverti@gmail.com*
En francés *gospa.fr@gmail.com*
En inglés y en alemán *commentscom@childrenofmedjugorje.com*
En italiano *vannalvisepg@gmail.com*
En flamenco *gclaes@scarlet.be*
En croata *djeca.medjugorja@gmail.com*
En árabe *friendsofmary@live.com*
En portugués *medjugorje.portugal@gmail.com*
En chino *teresamedj@gmail.com*

Printed in Great Britain
by Amazon